スポーツ・マネジメント と メガイベント

Jリーグ・サッカーと
アジアのメガスポーツ・イベント

高橋由明　早川宏子　H.ドレス　S.ゾェダーマン　編著
高橋由明　早川宏子　編訳

執筆者
　V.マンツェンライター，C.ラックスマン，S.テーリエセン
　B.プレス，C.ゲマインダー，V.セギン

翻訳協力者
　孫　榮振（ソン・ヨンジン）

文眞堂

はしがき

　2011年7月FIFA女子ワールド・カップ・ドイツ大会の決勝戦で，なでしこジャパンは，延長戦終了数分前に劇的な同点ゴールを決め，ペナルティー・キック戦で強豪アメリカを打ち破り世界を驚かせた。なでしこジャパンは，予選リーグではイギリスに敗れたものの，決勝リーグでは前回の覇者ドイツと対戦しやはり延長戦後半でゴールを決め勝ち進んだ。さらにスウェーデンに勝ち，決勝では過去3回の対戦（ゴールの合計1対6）で敗退していたアメリカに競り勝ち，アジアで最初の女子ワールド・カップ・チャンピオンとなった。終了後，「To Our Friends Around the World Thank You for Your Support」と書かれた白い横断幕を手にメンバー全員でグランドを一周する姿は，日本人だけでなく，ドイツ・フランクフルトのアリーナを訪れた観衆，さらに世界のサッカー・ファンを感動させた。女子ワールド・サッカーが民間・公共テレビで世界に向けてハイビジョン・テレビで配信されたのは，歴史上初めてのことであった。アメリカのスポーツ・テレビ・ネットワーク（Entertainment and Sports Programming Network, ESPN）によれば，日本の勝利と最終戦に関して1秒間に7,196のツィートがあり，FacebookやTwitterなどのソーシャルメディアの新しいレコードを記録したということである。

　予想外ともいうべきなでしこジャパンの優勝はなぜ実現したのか。なでしこジャパンの監督は，チームの強弱が非常に接近している男子Jリーグとは違い，強弱の差がかなり大きい女子チームの異なったクラブに属するなでしこのメンバーを，どのような視点から選抜し指導・監督し，試合直前のメンバーにどのようなモチベーションを与え勝利できたのか。日本の女子サッカー・リーグの各選手の練習条件は諸外国に比べ良好かといった疑問が生じてくる。また，2010年8月に全日本男子プロサッカー代表チームの監督に就任したイタリア人指導者は，2011年11月15日までは，16戦無敗を記録していた。彼はどのような経歴をもった人で，日本の選手を指導・監督をするさいにその経歴

がどのように生かされているのか。こうした内容の解明は，日本とヨーロッパおよびアメリカなどの外国のプロサッカーリーグでの指導・監督体制，クラブ・マネジメント，さらに国家レベルのサッカー協会ないし連盟の態様との比較なしにはできないであろう。

現在，サッカーだけでなく，各種のスポーツは，1つの産業として重要性を増してきている。人々は，映画を観るか，ディズニーランドへ行くか，スポーツを観に行くかというふうに，スポーツはサービス産業，エンターテイメント産業として発展してきている。スポーツは，「観る」，「する」，「支える」スポーツとなっており，国民の余暇活動において重要な位置を占めている。さらに，「国民向けのスポーツ関連総生産」（GDSP）は，その国の経済規模の基準となる「国内総生産」（GDP）において無視できない比率を占めている。その意味で，スポーツを，科学として，経済学として，経営学として，研究することの重要性が増大しており，欧米の大学の多くの関係学部では「スポーツ・マネジメント」，「スポーツ・ビジネス論」などの科目が設置されているのである。

本書は，第Ⅰ部でスポーツとは何か，その本質，日本でのスポーツの歴史，スポーツ・ビジネスの発展，さらにスポーツ・マネジメントの対象や領域について，日本プロサッカー（Jリーグ）に視点を合わせて考察している。また，世界と日本のプロスポーツの動向，さらにたとえば，ヨーロッパとアメリカのリーグ・マネジメントの比較を行っている。

第Ⅱ部では，オリンピック，サッカー・ワールド・カップ大会，さらにインドのクリケット・ワールド・カップ大会，韓国のウルトラマラソン大会などの巨大スポーツ大会の運営に関して，アジアのメガイベントとして取り上げ，そこでの種々の問題を経済学的，経営学的，社会学的（文化的），かつ環境的視点から考察し論じている。

本書の第Ⅰ部1章から3章までは，4人の編著訳者が，主に日本のプロサッカーに関する問題を取り上げて考察している。第1章（高橋由明）では，これまでのスポーツ・マネジメント論において重要な課題として取り上げられることがなかったスポーツの本質について，それが労働であること，観戦のためのプロプレーヤーの提供する競技活動であっても，一般の人々が実施する余暇

スポーツとしての活動であっても，国民総生産（GDP）の形成と密接に関係していること，Ｊリーグのマネジメント組織をコーポレート・ガバナンスの視点から，さらにリーグの財政状態について詳論している。第 2 章（早川宏子）では，プロサッカーだけでなく，日本でのスポーツの歴史を考察し，日本のスポーツが，学校スポーツ，実業団スポーツ，そしてプロスポーツに発展したことを明らかにしている。それとともに，日本のプロサッカーと欧米のプロサッカーの比較も行っている。第 3 章（ハラルド・ドレスとステン・ゾェダーマン）では，特に日本のプロサッカー（Ｊリーグ）のマネジメントに焦点をあわせ経済価値獲得のフレーム・ワークとして「ビジョンと戦略」，「サッカー関連商品」，「顧客」の 3 要素を設定しその視点から考察している。

第Ⅱ部のアジアのメガイベントに関する第 4 章から第 9 章までの論稿のうち第 4 章から第 8 章は，2007 年編著者の 1 人であるハラルド・ドレスが勤務していたドイツ，ハイリボーン・ビジネス・スクールで開催されたワークショップに参加した各報告者がそこで発表した論稿を，ドレスとゾェダーマンの編集で「アジアのメガイベント――ビジネス，社会，経営への影響」という特集として *Asian Business & Management*（vol. 7, no. 2, June 2008）に掲載されたものである。これら掲載論文は，ハラルド・ドレス，ステン・ゾェダーマン，高橋由明と早川宏子が本書の主旨に合うように論文を選抜，抄訳し，各著者からの同意を得て掲載している。英語論文の翻訳は，高橋，早川によって互いにチェックし実施された。この 2 人以外に孫　榮振（ソンヨンジン）氏が，第 4 章，第 5 章，第 9 章の翻訳に協力してくれた。ここに記して感謝したい。

第 4 章（ドレス・ゾェダーマン）は，アジアのメガスポーツ・イベントの動向を紹介し，メガスポーツ・イベントの経済への影響に関する研究方法などについて概説している。第 5 章（ヴォルフラム・マンツェンライター）は，2002 年の日本でのサッカー・ワールド・カップ開催が全国レベルと地方レベルの政治，経済，文化へ与えた影響について，理論的かつ経験的・実証的に明らかにしている。第 6 章（C. ラックスマン）は，インドの国民的スポーツであるクリケット世界大会と日本でのサッカー・ワールド・カップ開催が経済に及ぼした影響について比較し，そこにみられる重要な相異を，M. ポーターのダイヤモンド・モデルに依拠し分析している。第 7 章（シリ・テーリエセン）は，韓

国における超長距離走（ウルトラマラソン）の開催が起業家精神と強く結びついていること，それを促進した国民経済的かつ文化的要素，さらに草の根的な個人的要素との関係を多くの人々へのインタビューに基づき明らかにしている。第8章（ホルガー・プレス，カイ・ゲマインダー，ベノイト・ゼグイン）は，中華人民共和国における公式オリンピック放送（CCTV5）でのコマーシャル放送について，過去のオリンピックに関するほかの国におけるコマーシャル放送と比較し，スポンサー企業の立場を弱める宣伝行為をアンブッシュ・マーケティングと呼び，それが多く発生する中国の文化的背景を分析している。第9章（ドレスとゼダーマン）は，2008年の北京オリンピック開催前後の新聞や広告に掲載された広告文章を分析し，オリンピック・スポンサー企業の広告のパターンにおいて各企業のブランド訴求の仕方に相違があることに注意を向けている。顧客獲得のための自社製品ブランド訴求，顧客獲得のための会社名ブランド訴求，さらに会社名ブランドと総合イメージの訴求などといった戦略の相異が存在するが，その相異は，スポンサー契約の締結日とイベント開催時期との間隔の長・短と関係するといった結論を提示している。

　第3章と，メガスポーツ・イベントに関する第4章から第9章の翻訳部分に関しては，日本におけるスポーツ・マネジメントの若手研究者などのことを考慮して，本文中の括弧内に参照文献を提示するとともに，本書の巻末には多くの頁数をとり英語参照文献を掲載した。

　1984年にロサンゼルスで開催されたオリンピック以降，いわゆるオリンピックの商業化が始まったとされている。それ以降，アマチュア選手とプロ選手との垣根も次第に取り外され，このことも商業化を促したが，この兆候は必ずしもスポーツの健全な発展に良好なものとはいえないという考え方が一部にあることは事実である。世界経済のグローバル化は，スポーツにも例外なく影響を及ぼしているが，筆者たちは，経済の領域では極めて重要な発明・開発によって生み出されたれた技術や製品に対して特許が認められ，一定期間は他の企業がそれを模倣することがないよう保証されているように，スポーツ選手が長年の鍛錬の結果生み出す天才的な特技・技能は，彼・彼女にしかできない特技であり，それゆえ世界のファンの目を驚かせるのであり，一定の経済的評価が与えられるのは必然的と考える立場をとっている。

メガイベントでの，高額なスポンサーシップ（大会運営費，開催機関やクラブの運営費など），高額の放映権料（多くは大会運営費やFIFAやIOCの組織運営費），一流選手への肖像権費（多くの場合一定比率でクラブ運営費にまわされる），一流選手の移籍に対する法外な移籍料と年俸などは，庶民レベルでは考えられないほど高額になり，商業化が促進されている。一部のトップ選手獲得のために法外な移籍金とか，高額の年俸を支払うことによって，チームの財政状態を厳しくさせる可能性があり，プロリーグの運営を危機に陥れる現象も生じている。日本においても，今後多くのスポーツのプロ化が予想される。日本のスポーツ・ビジネスの望ましい発展のためにも，エスカレートする選手獲得の際の高額の年俸決定については，プロリーグは今後一定の基準を設けるなど，対策を検討すべきであろう。スポーツ・ビジネスでは，国境を越える選手の高額の移籍金，高額の年俸の支払いの問題は，FIFAなどのプロスポーツの関係者が世界的視点から検討すべき緊急の問題であろう。また，メガスポーツの放映権料の高騰は，テレビが現在普及し始めている発展途上国において，先のなでしこジャパンなど感動を与える世界のスポーツをテレビで自由に観戦できる機会を阻んでいる。その意味で，今回日本のプロサッカー（Jリーグ）理事会が，タイ，マレーシア，インドネシア，ベトナムの人々にJリーグの試合を無料配信し，費用は進出先の企業のコマーシャル料で賄う方式を決定したことは，スポーツの普及という意味で，高く評価できよう。EUの主要国が野放図になされている証券金融取引の規制を検討しているように，スポーツの領域での世界的ガバナンスについて検討されるべきであろう。

　筆者たちが本書で分析したところによれば，たとえばJリーグのように，理事会，事務局と各クラブから組織される実行委員会の運営では，種々の工夫により，Jリーグ規約上の特別なアスリート（外国人選手など3人の枠）を除けば，このような選手間での異常な所得格差を生み出す運営とはなってはいない。スポーツは，芸術（音楽，演劇，文学など）と同じように，本来国民の心身の健全な発達に寄与し，またそれを通じて国際親善を豊かにするものである。スポーツは国民のものであり，スポーツをすることは国民の権利である。スポーツの商業化が行き過ぎ，国民・選手間に異常な不平等を生じさせる場合には，スポーツ・マネジメントの研究者が，その理由やプロスポーツ界のガバ

ナンスの態様を分析し，警告を発すべきであろう。その意味で，「スポーツ・マネジメント論」の研究は，この30年間で極度に進行した自然環境破壊を食い止めるため，遅れ気味であるが深められた「環境経済学」，「環境経営学」のように，より注目され，深化させられるべきといえよう。

　本書の出版にあたり，編者の1人であるハラルド・ドレスの勤務大学であるドイツのハイリボーン・ビジネス・スクールから翻訳料などで資金援助を受けた。ここに記して感謝したい。また，本書の体裁，レイアウト，校正に関して貴重な意見と手直しについて助言をいただいた方にも感謝する。最後になったが，出版事情が厳しいおり，本書の出版を快諾していただいた文眞堂社長以下スタッフの方に，特に本書の出版に関わった前野弘太氏に深く感謝したい。

2012年1月

　　　日本語編著訳者　　　　　英語編著者
　　　　高橋　由明　　　　　　ハラルド・ドレス
　　　　早川　宏子　　　　　　ステン・ゾェダーマン

目　　次

はしがき ………………………………………………………………………… i

第Ⅰ部　日本のスポーツ・マネジメント ……………………………… 1

第1章　スポーツの本質とスポーツ・マネジメントの研究対象と領域 ……………………………………………………… 3
──日本プロサッカーを一例として──

1. はじめに ………………………………………………………………… 3
2. スポーツの本質 ………………………………………………………… 4
   (1) スポーツ行為は労働である ……………………………………… 4
   (2) 余暇としてのスポーツ活動 ……………………………………… 6
   (3) 観戦者にプレーをみせるスポーツ行為はサービス労働である … 6
   (4) 観戦する観客の行為は明日の仕事への糧となる ……………… 8
   (5) イベント・スポーツの提供にはマネジメントが必要 ………… 9
3. 日本におけるスポーツ産業とスポーツ・マネジメントの登場 …… 9
   (1) 日本におけるスポーツ産業とスポーツ・マネジメント成立 … 9
   (2) スポーツ産業論の領域 …………………………………………… 15
4. 日本のプロサッカー組織と事業経営（イベント提供者） ………… 17
   (1) 日本のサッカー団体 ……………………………………………… 17
   (2) 日本サッカー協会とＪリーグとの関係 ………………………… 18
   (3) Ｊリーグの事業目的と従来の企業スポーツ …………………… 20
   (4) Ｊリーグの会員（クラブ）の資格要件 ………………………… 21
   (5) Ｊリーグの入会金・年会費と報奨制度 ………………………… 23
   (6) クラブに要請される健全財政と株式所有状況の報告 ………… 24
   (7) Ｊ１クラブの株式所有状況 ……………………………………… 25

(8)　Jリーグのコーポレート・ガバナンス……………………… 27
　5. 日本のプロサッカー・マネジメント（Jリーグのマネジメント）… 31
　　　(1)　クラブ統括者としてのJリーグのマネジメント……………… 31
　　　(2)　Jリーグの競技・事業の領域………………………………… 33
　　　(3)　Jリーグ本部とJ1各クラブの財政状況…………………… 35
　　　(4)　ヨーロッパ・リーグの財政状況……………………………… 40
　6. おわりに——Jリーグ「百年構想」…………………………… 42

第2章　日本のスポーツ・ビジネスとマネジメント…………… 47

　1. はじめに………………………………………………………… 48
　2. 日本におけるスポーツの歴史…………………………………… 48
　　　(1)　日本のスポーツは学校教育に根ざしてきた………………… 50
　　　(2)　実業団運動部（企業スポーツ）が大学スポーツの受け皿に
　　　　　なる………………………………………………………… 53
　　　(3)　日本のスポーツ法………………………………………… 55
　3. スポーツ・ビジネス……………………………………………… 57
　　　(1)　日本のスポーツ・ビジネス…………………………………… 57
　　　(2)　日本のスポーツ・ビジネスの歴史…………………………… 59
　　　(3)　スポーツ・ビジネスの領域………………………………… 60
　　　(4)　スポーツの商品特性……………………………………… 61
　4. スポーツ・マネジメント……………………………………… 63
　　　(1)　「する・行う」スポーツのマネジメント………………………… 64
　　　(2)　「観る」スポーツのマネジメント……………………………… 65
　　　(3)　「支える」スポーツのマネジメント…………………………… 78
　5. おわりに………………………………………………………… 80

第3章　プロサッカーのマネジメントにおける
　　　　　経済価値獲得のネットワーク……………………………… 85
　　　　　——日本プロサッカーリーグ発展の分析——

　1. グローバル化——サッカーのグローバルな普及……………… 86

 2．研究のフレームワークと方法論研究……………………………… 90
 3．プロサッカーにおける経済価値獲得ネットワーク …………… 93
 4．日本のプロサッカー発展の分析 ………………………………… 97
 5．サッカー・ビジネスにおける国際的趨勢の優位性 …………… 103
  (1)　新しいマーケットの創造 ………………………………… 103
  (2)　グローバル・ブランドの開発 …………………………… 106
 6．おわりに ……………………………………………………………… 108

第Ⅱ部　アジアのメガスポーツ・イベント …………………… 111

第4章　アジアにおけるメガスポーツ・イベント社会，ビジネス，そして経営に及ぼす影響 …………………… 113

 1．はじめに……………………………………………………………… 113
 2．問題関心の焦点としてのアジアのメガスポーツ・イベント ……… 114
 3．アジアにおけるメガスポーツ・イベントの発展 ……………… 118
 4．メガスポーツ・イベントの分析 ………………………………… 122

第5章　2002年ワールド・カップ開催の日本の経験 ………… 129
  ――招致による「利益」――

 1．はじめに――名の知られたスポーツ・イベントに投資する理由 … 130
 2．2002 FIFA ワールド・カップの共同開催とビジネス …………… 133
 3．ワールド・カップの国民経済への影響 ………………………… 136
 4．ワールド・カップの地域経済への影響 ………………………… 140
 5．政策目標とその実際の結果 ……………………………………… 143
 6．ワールド・カップの成功（勝者）と失敗（敗者）に対する評価 … 148
 7．おわりに――招致による利益 …………………………………… 150

第6章　日本とインド間比較にみるメガスポーツ・イベントの経済への影響 …………………………… 153

 1．はじめに……………………………………………………………… 153

2. 関連文献のレビューと命題 …………………………………… 155
　(1) 関連文献レビュー ………………………………………… 155
　(2) 主要命題 ………………………………………………… 156
3. メガスポーツ・イベントの経済に及ぼす地域差異 …………… 157
　——日本（サッカー）とインド（クリケット）の例——
　(1) 先進国と発展途上国という相違 ………………………… 157
　(2) 日本のサッカーとインドのクリケット ………………… 158
4. ポーターのダイヤモンド理論に依拠しての日本とインドの分析 … 162
　(1) ダイヤモンド理論での日本の分析 ……………………… 162
　(2) ダイヤモンド理論によるインドの分析 ………………… 167
　(3) ダイヤモンド理論からみた日本とインドの分析の結論 … 170
5. おわりに ………………………………………………………… 171

第7章　ウルトラマラソン・ワールド・カップ韓国大会と起業家精神 …………………………………… 175

1. はじめに ………………………………………………………… 175
2. 研究方法 ………………………………………………………… 179
3. 韓国における社会文化，スポーツ，およびウルトラマラソンの成長 ……………………………………………………………… 179
　(1) 社会文化とスポーツ環境 ………………………………… 180
　(2) 韓国のウルトラマラソンの成長に貢献するマクロ経済的環境要因 …………………………………………………… 181
　(3) 韓国の文化 ……………………………………………… 183
　(4) 関連した産業での起業家精神 …………………………… 184
4. 個人レベルの要因がもたらすウルトラマラソンの成長への貢献 ……………………………………………………… 185
　(1) 自己統率力 ……………………………………………… 186
　(2) セルフ・リーダーシップ ………………………………… 186
　(3) 粘り強さ ………………………………………………… 188
　(4) チームダイナミズム ……………………………………… 188

(5)　KUMFのメンバーのチーム像……………………………189
　　(6)　資源へのアクセス…………………………………………189
　5.　検討すべき問題………………………………………………191
　6.　おわりに………………………………………………………193

第8章　中国におけるアンブッシュ・マーケティング………197
──オリンピック・スポンサー企業への対抗企業──

　1.　はじめに………………………………………………………198
　2.　アンブッシュ・マーケティング文献の概要…………………200
　3.　アンブッシュ・マーケティングの特質………………………202
　4.　アンブッシュ・マーケティングを防ぐための処置…………206
　5.　中華人民共和国の知的財産権………………………………209
　6.　研究方法………………………………………………………212
　7.　結果……………………………………………………………215
　8.　おわりに………………………………………………………220

第9章　北京オリンピック・スポンサー企業のブランド訴求…223
──スポンサー企業の広告パターンの比較研究──

　1.　はじめに………………………………………………………224
　2.　先行研究の考察………………………………………………227
　　(1)　スポンサー関連マーケティング…………………………227
　　(2)　スポンサーシップとブランド……………………………228
　　(3)　ブランドとマーケティング・コミュニケーション………229
　3.　分析枠組み……………………………………………………231
　　(1)　3つの手段要素 (means factors)…………………………231
　　(2)　3つの目的要素……………………………………………232
　　(3)　分析デザイン………………………………………………233
　4.　分析から得られたもの………………………………………237
　5.　おわりに………………………………………………………239
　　(1)　コカコーラ社の戦略………………………………………240

(2) 中国移動通信集団公司の戦略･････････････････････････241
　　(3) 恒源祥公司の戦略････････････････････････････････241
　　(4) スポンサー企業の戦略の決定要因･････････････････････243

参考文献･･247
索引･･263

第Ⅰ部

日本のスポーツ・マネジメント

第1章

スポーツの本質とスポーツ・マネジメントの研究対象と領域
―― 日本プロサッカーを一例として ――

高橋　由明

要　　約

　本書では，スポーツとは何かについて，それは目的意識的な肉体エネルギーの支出であり，それがスポーツ・イベントであっても余暇活動であっても価値をつくり出すので労働であること，したがってスポーツ・イベントはサービスの提供であること，について説明している。さらに，日本においてスポーツが産業として登場してくるのは，1964年のオリンピック以降であり，スポーツ関連消費の支出の増大，スポーツ関連市場の拡大により，ますます全体経済においても無視できないほどに発展している。こうした背景で，スポーツ・マネジメントに関する研究や文献が出版されるようになった。スポーツ・マネジメントに関して，特に日本プロサッカーリーグのマネジメントに焦点を合わせ，Ｊリーグチェアマン（事務局）と各クラブの関係について，Ｊリーグのマネジメントをコーポレート・ガバナンスの視点から論じている。また，Ｊリーグは，各クラブの財務健全性を重視しており，ヨーロッパのプロサッカーのクラブに比べ，極めて健全なマネジメントをしていることについて，考察している。

1. はじめに

　1990年代の初めごろから，日本では「スポーツ産業論」，「スポーツ・マネ

ジメント」のタイトルの著作が出版されてきている。筆者は，このスポーツ・マネジメントは，1970年代の初めごろから展開されるレジャー産業，スポーツ関連産業と関連して論じられ，本格的には90年代になり著作が出版されたと考えている。本章は，以下第2節で，従来のスポーツ・マネジメント論ではあまり考察されることがなかった「スポーツ」の経済学的意味を検討し，第3節では，スポーツ産業論，スポーツ・マネジメント論が展開される契機が，1964年の東京オリンピック，1972年の札幌冬季オリンピックに始まり，さらに1993年Jリーグの創立，1998年の長野冬季オリンピック，さらに2002年のFIFAワールドカップの日韓共同開催でピークに達し，その過程でレジャー・スポーツ用品産業の発展，スポーツ施設の建設の増大，イベントとしてのスポーツ大会の開催でのメディアでの放送権料，広告分野での選手の肖像権などへの支払金額が増大してきたことなどについて論じている。

　第4節では，イベント提供者であるスポーツ団体の行うマネジメントについて，1993年に発足した日本プロサッカーリーグ（Jリーグ）を一例として検討している。Jリーグ組織と日本のサッカー全体に関与する日本サッカー協会（JFA）と組織的な関係を示し，Jリーグの事業目的が「サッカー競技の普及」により「国民の心身の健全な発達」と「国際親善」に寄与するといった公共的な主旨が明確に謳われていることなどを示す。第5節では，プロサッカーとして創立されたこの組織の定款と規約を詳細に検討し，Jリーグ理事会，チェアマンと各クラブ（J1クラブチームとJ2クラブチーム）の関係が，ガバナンスの視点から見ると非常に民主的であること，さらに各部門のマネジメントの領域について考察している。

2. スポーツの本質

(1) スポーツ行為は労働である

　経済学的に考えると，労働の概念とは，① 肉体エネルギーの支出であること，② 目的意識的行為であること，③ その結果生み出されるものは他の人にとって価値のあるものであり，その対価としてお金の支払いが行われること，であるといえる[1]。そのように考えるなら，スポーツ競技を行う選手の活動

は，①プレーヤーの手足，頭などの肉体的エネルギーの支出であり，②監督とプレーヤーが頭と手足を使用し競技で勝利を獲得するための目的的行為であり，それは，何かを製造するとか，映画を製作するといった目的意識的行為と同じであり，しかも，③競技によって提供される試合は，製造される製品，ホテルのサービス，さらに創造される小説（本）や映画と同じであり，他人にとって有用であり，有用であるがゆえにお金の支払いを受けるような経済的価値を生み出すものである。スポーツ競技としての試合は，お金を支払ってまで観たいと考えてスタジアムに来る観衆に対して，プレー（サービス労働）を提供するという経済行為ということができる。

　ところで，『平凡社百科事典』によると，スポーツ（sports）という用語は，19世紀以来世界共通に使用されるようになったが，中世フランス語の desport をイギリス人が disport と変化させ，縮小し sport としたということである。〈デスポール〉は，気晴らしする遊びを総称し，その語源はラテン語の portare から出ている。スポーツは，古代ギリシャでその基礎がつくられたが，その時代にはスポーツという語はなく，跳躍，やり投げ，短距離競争，円盤投げの五種は，〈ギュムナステュコス＝ gymnastikos〉と呼ばれた。それに対し一技一芸を主とするものを〈アトレティコス＝ athletikos〉，レスリングのように勝敗を争うものを〈アゴニスティコス＝ agonistikos〉と呼んだ。これらの言葉は，ローマ時代，中世を通じて今日にもなお残っているということである[2]。

　このように，その語源にもあるように，スポーツとは，気晴らしで体を動かすだけでなく，将棋やトランプなど精神的な満足を与える，余暇活動一般を指していたのである。したがって，スポーツについて議論をする場合，自分の余暇活動としてのスポーツ（体を動かし鍛錬する活動）と，プロのプレーヤーとして観客にみせるためのスポーツを区別して考察することが必要となる。しかし，そのように区別しても，スポーツは，それが自ら活動する余暇活動としてのランニングや野球であっても，また，人にみせるためのプロのプレーヤーとしての野球であっても，経済学的な労働の概念からみて，両者は，労働といえるのであろうか。

(2) 余暇としてのスポーツ活動

　個人が余暇活動として実施するスポーツは，① 肉体エネルギーの支出，② 目的意識的活動（体力をつけるとか記録を伸ばすとか）であっても，③ 他人に有用な価値物を与えるであろうか？　この活動は他人にとって直接的には有用なものではない。しかし，この活動は，家庭で料理をつくり子供を養育する主婦の料理活動と同じ役割をもち，明日の労働を再生産する意味で将来の価値物をつくり出すと考えられる。家庭で料理を作る労働や，余暇活動としてのスポーツは，企業や事業所での労働とは違うが，明日や将来に事業所で正常な価値物をつくりだすのに必要な健全な労働を提供できるためになされる労働といえる。

　経済の歴史をたどると，資本家（雇い主）は，奴隷労働のように1日に睡眠時間以外の残りの16時間以上も働かせることがあった。しかし，そのような不健全な労働を労働者に強制すると，この過重な労働は，労働者が本来もっている労働能力を短期間に摩滅させ，正常な生産（労働）を実現できなくさせることを，資本家自身が知るようになる。それゆえ，強欲な資本家も，14時間，12時間であった当時の労働時間に対して，労働組合の要求する労働時間短縮を受け入れ，正常な生産活動を維持するため現在の標準時間労働（1日8時間）の設定を認めざるをえなくなったのである。

　現在多くの先進国では，労働者は，事業所での労働時間のほかに，十分な睡眠時間，食事の時間，余暇活動の時間をもてるようになり，明日の労働のために余暇活動を行うようになっている。国家も企業も，国民や従業員が健康な体力を維持することは，国や企業の経済活動だけでなく文化を高める意味で重要と考え，スポーツの振興を国家の政策の一部に採用するようになっている。経済の発展により衣・食・住が満たされると，国民は積極的に余暇活動をするようになったが，それは，経済的にみると明日の健全な労働の再生産のために不可欠なものなのである。

(3) 観戦者にプレーをみせるスポーツ行為はサービス労働である

　もちろん，この個人の行う明日の労働のための余暇活動と，観客にチケットを購入してもらいプロのスポーツとしてプレーをみせるための選手の競技活動は同じとはいえない。チケットを購入し観客が競技を観戦する行為は，工場で

生産された商品を購入する消費者の行為と同じといえる。製造企業では，管理者，労働者が，工場で材料，機械・設備を結合して（マネジメントをして）製品（商品）を生産し，顧客に貨幣と引き換えに売却する。観戦者にスポーツ競技を提供する場合も，製造業とは違うが，たとえばプロサッカーの場合は，日本サッカー協会やJリーグ（社団法人：日本プロサッカーリーグ）が中心になり，イベントとしてのプロサッカーを組織し，毎年シーズンになるとチケットと引き換えに，サッカープレーを提供する。製造企業の場合，欠陥商品を販売すると不買活動に遭うように，そのプレー（商品）が観客（消費者）の効用を満足させない限り，観客は継続して試合の観戦のチケットを購入しなくなるであろう。

　それでは，観客が試合のプレー（競技）に満足するとはどういうことか。映画を観に行く観客は，これから観る映画の物語の内容を具体的には知らない。映画館に行って観終わってその内容を知り，感動したり落胆したりする。しかし，映画監督やシナリオ・ライターはその内容をあらかじめ知っているが，観客が感動するか落胆するかは知らない。スポーツ（たとえばワールド・サッカー）の観客は，もちろん，これからスタジアムで展開される試合の内容を予測できないし，また両チームの監督も，望ましい試合の内容について選手にその戦略・戦術を説明し勝って欲しいと希望するが，実際の試合内容を具体的に予測し知りえることはできない。しかし，試合後には，勝ちか負けか，引き分けかを知るのである。サッカーを観戦し，観客の得たいものは，満足（感動，喜び，激励など）であり，その満足が高い場合はその経済効果（消費者の効用）は高かったと評価する。試合（競技）の内容がつまらないときには，不満足（落胆，時間の浪費等）を感じ，経済効果（効用）は低かったと評価する。この場合に観客に提供しているのは，サッカーの場合は，相手チームと勝負をかけゴールへのパスと素晴らしいキックの技をみせることである。スポーツ競技の場合は，各プレーヤーのその場のとっさの判断でのプレーが劇的に競技内容を変化させるので，映画や小説とは違った感動を与える。最近では懸命に競技する各プレーヤーの生みだす「すじ書きのないドラマ」から与えられる感動，勇気，激励を求めてスポーツ・ファンの数は増大し，映画産業と同じようにスポーツ産業といわれるほどに発展してきているのである。いずれにしろ，

人にみせるスポーツは，人間労働の生み出す「サービス」労働といえ，そのサービスの良否により観客が増加したり減少したりするのは，ホテルのサービスの良否と同じである。

(4) 観戦する観客の行為は明日の仕事への糧となる

　商品として企業が提供する製造物やホテルのサービスは，顧客に与えるモノやサービスの条件（品質，設備の便宜性，雰囲気の良さ）であるのに対して，スポーツ（たとえばサッカー）競技の提供者は，観客がスポーツ観戦のためにチケットを購入し，その対価として経済効果の高い精神的満足を要求していることに十分に応えなければならない。競技提供者が，観戦者に経済効果（消費効用）の高いサービス（満足）を与えたとしても，この満足とは，経済学的にはどのような意味をもっているのか。

　スポーツ競技を観に行く行為は，やはり肉体エネルギーの支出であり，目的意識的である。しかし価値を生み出すであろうか。その観客が賃金労働者やサラリーマンである場合は，余暇活動の一種であり，明日の労働・勤務への糧となり生命の再生産のために必要なものであるという意味で，価値的である。なぜ生命の再生産に寄与するかというと，余暇を過ごすために試合を観戦するという行為は，誰からも束縛されない自己の自由な決定によるものであり，試合に感激し歓喜し，明日の生活（労働）に勇気や激励を与えられるのである。この状態は他面からすると，それは自己実現であり，生きていることを喜びあえるという「生命の享受」の一種といえるからである。

　それは，ストレス解消のため旅に出るといった行為と同じである。また，レストランの料理を食べに行く顧客の行為と似ている。サラリーマンが，家族と食事をするのは，彼（または彼女）が結婚し子供を出産し，その子供に対して愛情をもって養育・教育をするのも，将来の健全な労働力の再生産のために不可欠なものである。しかし，近年日本でみられる，過労死は余暇活動の時間をももちえず余暇活動の貧困さを示すものである。さらに，近年日本社会でみられる少子化減少は，人間のもつ本来の生殖活動が妨げられていることを意味し，やがて明日の生産に必要な労働力を減少させ，国家の経済を危うくさせる危険性さえをもたらすのである。

(5) イベント・スポーツの提供にはマネジメントが必要

明日の労働を再生産するための食事行為としてレストランに行って，提供される料理があまり満足できるものでなければ，顧客はこのレストランを敬遠し，このレストランの営業は難しくなるであろう。その意味で，リーグと各クラブチームの代表者が舞台裏で組織し，さらに表舞台で監督とスポーツ・プレーヤーが競技場で見せるプレーが観戦者の期待を満足させ，さらにスポーツを観戦したいという観戦者の数を増加させるにはマネジメントが不可欠である。イベントとしてスポーツ競技を提供するため，計画し，組織し，実施し，その結果をチェックし，つぎの計画に生かしさらに観戦者の数を増大させるためには，近代的マネジメント（経営管理）を実施することが肝要となるのである。良好な試合を演出するには，競技場内だけでなくそれ以前に準備すべきマネジメントが必要なのである。

そこで，スポーツ・イベントの組織者にとっては，顧客（観客）の要求するサービス（試合）をどのように演出し提供するかというマネジメント（計画，執行＝組織・指揮・調整，統制）のあり方が最大の課題となる。イベントから得られる売り上げがどのくらいかを見積もり，そのイベントを実施するに必要な費用を計算し，それに必要な資金をどこから調達するかが問題となる。集まった資金で，イベントを実施するための人員を何人雇い（賃金），ピッチに立つプレーヤーと監督，コーチ，スタッフにどのくらい支払うのか，さらに優秀なアスリートをチームに迎えるために移籍金を準備するとか，観客を集めるための広告宣伝費用にいくら支払うかを，計画しなければならない。また，スポーツ・イベントを行うオーナーがいるなら，彼らはどのように資金を集めているのかを，明らかにしなければならない。スポーツを，イベントとして持続的に提供していくには，マネジメントが不可欠なのである。

3. 日本におけるスポーツ産業とスポーツ・マネジメントの登場

(1) 日本におけるスポーツ産業とスポーツ・マネジメント成立

経営学が成立した歴史をふり返ると，ドイツでもアメリカでも19世紀の終わりから20世紀の初めに成立している。この世紀の転換期にアメリカでは科

学的管理の父といわれるF. ティーラが，現場作業の科学化に努力しそれを論文として発表し始め，1911年に『科学的管理』の名で体系化した著作を出版している。その後H. フォードが，T型自動車を開発し，工場での大量生産を可能にするフォードシステムを確立し，自己の経営理念の内容を説明した自伝的著作を出版している。ドイツでもニックリシュ，シュマーレンバッハなどの大学の教授（経営経済学者）が，企業組織や原価計算の研究をして，経営を効率化させる理論を展開した。なぜ，ドイツでもアメリカでも経営学が世紀の転換期に研究され専門書が出版されるようになったのであろうか。1770年ごろに始まるイギリスの産業革命期においては，企業は200〜300人規模の工場をもつ中・小企業であったのに対して，アメリカの1990年代の終わりになると産業企業は，規模を拡大するために，強い企業が弱小企業を吸収合併しいわゆる独占大企業に発展し，地域を越えていくつもの工場や販売営業所をもつようになったからである。100〜1,000人規模のいくつもの事業所（工場，営業所）を傘下に持つ大企業が登場すると，従業員の数も3,000人から1万人を超えるようになる。こうなると，原料を安く購入するとか，新しい機械を導入し生産効率を上げることとかのほかに，地域を越えて立地するいくつもの事業所の従業員を本社がいかに統一的に管理するかが最大の重要性をおびてくるのである。こうして，近代的マネジメント（経営管理）の必要性が生じ，アメリカでは企業の経営者や管理者の実践家たちが，最初に経営学の本を出版するようになり，それが他の経営者・管理者に読まれ，経営学は普及するのである。

このように考えるなら，日本におけるスポーツ産業論とマネジメント論の成立は，最近のことで，日本経済が発展し国民の所得が増大し，国民の1人ひとりが余暇時間をもてるようになりその余暇時間を，自ら健康や体力維持のためのスポーツ活動に費やすとかスポーツ観戦に充てられるようになってからである。そうなると，まず，スポーツに必要な用具やウエアを生産・販売するスポーツ用品企業が規模を拡大し，本社が地域を超えて立地する事業所（工場，販売営業所）を管理しなければならなくなる。スポーツ用品店の店舗数も急速に増大する。それは，人々が余暇活動でテニス，スキー，ゴルフなどを楽しむためスポーツ用品を購入する消費者人口が次第に増加し，スポーツ用品への需要が増大し，スポー

ツ関連用品や，スポーツを学ぶための月謝，さらにスポーツの観戦などに，所得の一部を振り向ける金額が多くなるからである（図表1-1参照）。したがって，日本でのスポーツ用品企業の発展は，1960年代に始まり70年代の高度経済成長の過程で一般消費者家庭の所得が一定程度増大し，余暇活動のためにスポーツ用品を積極的に購入できるようになってからだといえよう。

　スポーツ用品企業を含めてスポーツ産業が日本において次第に発展するのは，日本の高度経済成長の発展と並行している。1960年に現在の天皇が民間出身の皇后と結婚するが，両者が知り合ったのはテニスを介してであったことから若者の間にテニスブームが起き，さらに1964年に東京夏季オリンピックが，1972年に札幌冬季オリンピックが開催されたことで，スポーツの大衆化，余暇・レジャーの普及化・進行の契機となり，ゴルフ，スキーその他のスポーツが多くの人々に愛好されるようになる。それまで，アメリカの野球の影響を受けて日本ではプロ野球，6大学野球，全国高校野球大会を筆頭に，さらに中学校，高校での野球が普及していた。さらに，ヨーロッパで最もポピュラーなサッカーの影響を受け，小学校，中学校，高校でのサッカーも普及し始める。1993年にJリーグが発足し，2002年FIFAワールド・カップが日韓共同開催で実現されサッカーブームは頂点に達し，現在ではサッカー人口・ファンの数は野球人口・ファンを上回るようになっている。

　こうなると，スポーツ用品産業企業だけでなく，テレビなどのメディアでも，伝統的な相撲，野球だけでなく，サッカーの放映も多くなり，野球選手だけでなくサッカー選手も大手企業のコマーシャルに登場し，放送分野での放映権，広告分野での映像権などでの取引金額も多くなり，1つの産業を形成するようになる。また，1964年の東京オリンピックは，東京の都市に大変化をもたらしたといわれるように，道路，下水などのインフラ整備の他に，スポーツ施設（千駄ヶ谷の国立競技上他の施設は東京オリンピックのときに建立）の充実が図られたのであった。さらに，スポーツ，レジャーの大衆化は，地域自治体も地域にスポーツ施設を建設し，スポーツ関連支出は，日本のGDPの重要な構成要素となっていくのである。

　ちなみに，2000年に出された総務庁「家計調査年報」に依拠すると，1世帯当たりの1年間のスポーツ関連消費支出は，1980年に2万60円だったのが，

図表 1-1　スポーツ用品市場の推移

(単位：億円)

種類 \ 年次	1985	1986	1987	1988	1989	1990	1991	1992	1993	1994	1995	1996	1997	1998	1999	2000	2001	2002	2003	2004	2005
1. 球技スポーツ用品	6,030	5,710	6,670	7,390	8,090	8,680	9,260	9,240	8,770	8,400	8,360	8,380	8,000	7,460	7,170	7,020	6,830	6,620	6,630	6,640	6,680
(1) ゴルフ用品	3,190	3,050	4,040	4,770	5,340	5,840	6,260	6,170	5,820	5,560	5,570	5,620	5,410	5,000	4,800	4,740	4,540	4,370	4,390	4,370	4,400
(2) テニス用品	1,260	1,130	1,040	1,040	1,130	1,190	1,280	1,280	1,180	1,120	1,110	1,030	940	850	810	750	760	740	740	750	750
(3) 卓球・バドミントン用品	370	330	310	310	320	330	340	350	350	350	350	350	330	330	320	310	310	310	310	320	320
(4) 野球・ソフトボール用品	920	920	1,030	1,020	1,040	1,060	1,100	1,140	1,100	1,060	1,050	1,110	1,060	1,040	1,020	1,010	1,010	990	980	990	1,000
(5) 球技ボール用品	290	280	250	250	260	260	280	300	320	310	280	270	260	240	220	210	210	210	210	210	210
2. 山岳・海洋性スポーツ用品	6,510	6,480	6,450	7,190	7,900	8,800	9,640	10,020	10,060	10,260	10,520	10,450	9,910	9,430	8,870	8,240	7,750	7,190	7,010	6,830	6,710
(1) スキー・スケート・スノーボード用品	2,770	2,640	2,510	3,130	3,510	4,010	4,290	4,280	4,170	4,100	4,100	3,720	3,210	2,870	2,600	2,390	2,240	2,050	2,000	1,910	1,860
(2) 登山・キャンプ用品	600	620	660	700	800	870	1,070	1,190	1,350	1,520	1,660	1,800	1,780	1,770	1,780	1,640	1,560	1,480	1,460	1,470	1,480
(3) 釣具	1,970	2,000	1,890	1,890	1,970	2,040	2,260	2,400	2,490	2,580	2,710	2,870	2,950	2,940	2,760	2,600	2,440	2,220	2,150	2,060	2,010
(4) 海水中用品	1,170	1,220	1,390	1,470	1,620	1,880	2,020	2,150	2,050	2,060	2,050	2,060	1,970	1,850	1,730	1,610	1,510	1,440	1,400	1,390	1,360
3. その他のスポーツ用品	1,700	1,800	2,110	2,310	2,590	2,870	3,170	3,280	3,240	3,210	3,230	3,210	3,230	3,200	3,180	3,290	3,450	3,520	3,440	3,390	3,390
(1) スポーツ自転車	610	650	890	1,010	1,120	1,260	1,390	1,440	1,400	1,390	1,440	1,400	1,400	1,460	1,420	1,510	1,550	1,520	1,430	1,340	1,320
(2) その他のスポーツ用品	1,090	1,150	1,220	1,300	1,470	1,610	1,780	1,840	1,840	1,820	1,790	1,810	1,830	1,740	1,760	1,780	1,900	2,000	2,010	2,050	2,070
4. スポーツ服等	2,580	2,580	2,640	2,690	2,900	3,160	3,470	3,700	3,850	3,820	3,820	4,050	4,010	3,790	3,590	3,530	3,560	3,570	3,530	3,610	3,720
(1) トレ競技ウェア	1,760	1,760	1,800	1,830	1,960	2,100	2,280	2,380	2,480	2,450	2,430	2,460	2,380	2,260	2,140	2,080	2,080	2,070	2,040	2,130	2,210
(2) スポーツシューズ	820	820	840	860	940	1,060	1,190	1,320	1,370	1,370	1,390	1,590	1,630	1,530	1,450	1,450	1,480	1,500	1,490	1,480	1,510

出所：『レジャー白書』1998年および2005年。

1993年には4万9,776円に増大し、経済のバブル崩壊後もそれほど減少していない（図表1-2参照）[3]。家計のスポーツ支出関連消費は、国際的にも経済の指標として使用されるようになった「国内スポーツ総生産（Gross Domestic Sports Product, GDSP）」を増大させる。このGDSPの意味は、国民がスポーツに参加する費用や、スポーツ施設の建設、スポーツ用具、ウエア広告、ス

図表1-2　1世帯当たりスポーツ関連消費支出の推移

年	運動用具	スポーツ用品	スポーツ月謝	スポーツ観覧・施設使用料	合計
1980	3,561	9,884	3,562	3,053	20,060
1981	3,728	10,695	4,369	3,380	22,172
1982	4,036	12,318	5,045	4,308	25,707
1983	4,242	13,362	5,723	4,443	27,770
1984	4,299	13,931	6,614	4,738	29,582
1985	4,559	14,416	6,683	5,743	31,401
1986	4,288	14,814	7,345	5,627	32,074
1987	4,062	14,349	7,714	6,524	32,649
1988	4,818	15,265	8,701	7,384	36,168
1989	5,036	15,759	9,432	7,738	37,965
1990	5,300	17,399	9,676	8,530	40,905
1991	6,090	18,774	10,305	10,731	45,900
1992	5,693	19,315	10,827	11,402	47,237
1993	6,681	19,319	11,202	12,574	49,776
1994	5,721	17,901	10,932	11,936	46,490
1995	5,610	16,501	10,219	13,389	45,719
1996	5,139	15,945	10,399	14,128	45,611
1997	4,946	15,016	10,806	15,022	45,790
1998	5,137	14,489	10,671	14,023	44,320
1999	5,208	15,084	11,151	15,548	49,991

出所：『スポーツ白書2010』45頁。

図表1-3 スポーツ関連市場の推移

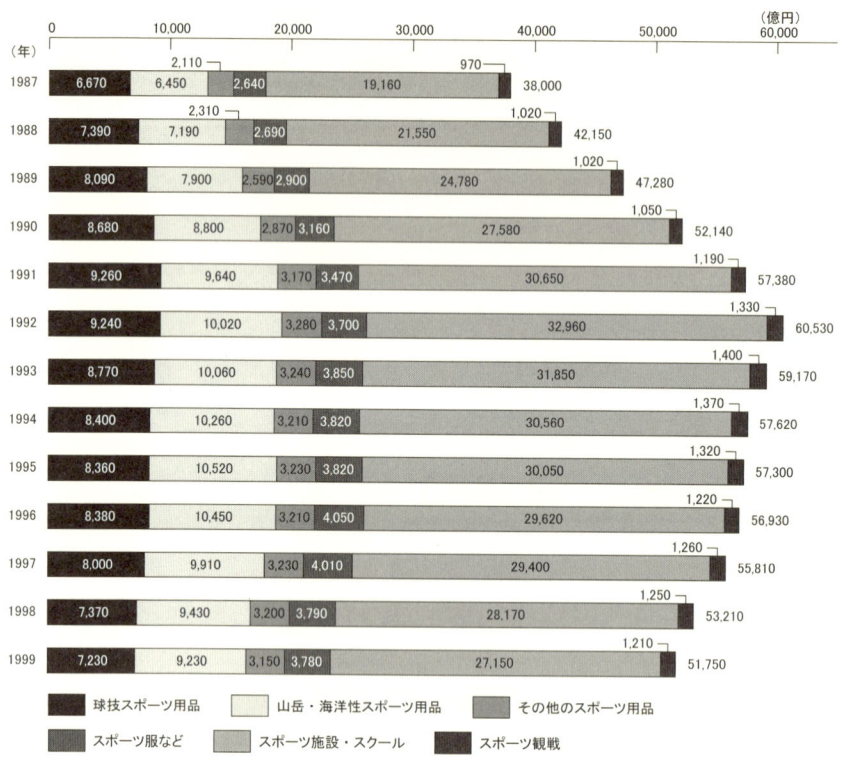

原資料：(財) 余暇開発センター「レジャー白書」(2000)。
出所：『スポーツ白書2010』146頁。

ポンサーシップ，テレビ放映権料，入場料，出版物，さらに選手の俸給など，スポーツ関連産業における産出（支出）の年間総額を推計し，国内総生産（GDP）内のスポーツ経済規模からスポーツの動向を把握しようとすることでつくり出された概念である。余暇開発センター（自由時間デザイン研究所）の調査によれば，1980年に国民が1年間にスポーツ関連の財やサービスに支払ったGDSPは2兆円であったが，1989年には，3.7兆円，1997年には4.5兆円に達していた（図表1-2参照）[4]。また，1989年に国民が余暇のために支出した総額は63兆円（総国民総支出に対して16％）であったが，そのうちスポーツ向け支出は4.3兆円（同1.1％）であったのに対して，1997年にはそれ

それ83兆円（16%），5.7兆円（1.1%）と増大していた。つまり，スポーツ関連支出は，GDPの約1%を構成するようになっているのである。文部省（当時）も，「スポーツ振興基本計画」（2000年）で，スポーツの振興が国民経済に貢献するとして，医療費の抑制効果，雇用の創出などの経済効果をもたらすとしている[5]。

　他方で，スポーツは，余暇に自分が「する」スポーツだけでなく「観る」スポーツとしても発展する。野球のリーグ（セントラル，パシフィック）と同様にサッカーもリーグを結成し，各チーム（クラブ）間での競技をイベントとして組織しそれをチケットで販売し1つの事業として運営するようになる。つまり，リーグは，スポーツにおける競技をイベントとして提供し対価として受けとった資金や，スポンサーからの資金で，リーグを運営・マネジメントしなければならなくなる。たとえば，Jリーグ（J1）を例に考えると，J1に属する18チームの年間2回総当り306試合のスケジュールや，入会金6,000万円，年会費4,000万円を徴収し，優勝チーム，準優勝チーム以下7位までの報奨金，さらに最高殊勲選手（MVP）他への報奨金，施設運営の管理・監督など，日本プロサッカーリーグ（Jリーグ）は，チェアマンと常務理事，さらに事務局が中心としてマネジメントをしているのである。したがって，日本でのスポーツ産業とスポーツ・マネジメントの成立は，国民生活における余暇活動の発展とともに展開されたといえる。

(2) スポーツ産業論の領域

　原田宗彦の『スポーツ産業論〔第4版〕』によれば，スポーツ産業（スポーツビジネス）として，①スポーツ用品産業，②スポーツサービス・情報産業，③スポーツ施設・空間産業の3つの伝統的領域が発展したということである。原田は，この「3つの領域におけるスポーツ産業の萌芽」について，明治時代以後から丹念に跡づけており，この分野の研究に貴重な知識を提供している[6]。しかし，スポーツ産業論やスポーツ・マネジメント論の発生は，上記にみた経営学の成立の歴史と照応させるなら，スポーツ用品産業企業，スポーツサービス・情報産業企業，スポーツ施設・空間産業のいずれかに属するスポーツ諸企業が規模を拡大し，すでに日本の国内総生産（GDP）の構成において無視で

きないほどに大きな位置を占めるようになったときであり（前掲図表1-3参照），このころから，上記3つの領域を総合的に研究する著作が出版されるようになったものと思われる。しかし，この場合も，この3つの領域に属する企業経営者は，スポーツという領域の特殊性を考慮はしたものの，事業の生産性，効率性の達成については，多くは従来の経営学での成果を基礎に展開されたといえよう。1980年代の後半から論文や著作として出版されたスポーツ産業論とかスポーツ・マネジメント論という学問は，主に欧米のスポーツ・マネジメントを研究した人達とか，日本の大学のスポーツ・体育科目担当の研究者によってなされてきたものといえる。

　原田の挙げているスポーツ産業の3つの領域のうち図表1-3にある市場規模を比較してみると，①スポーツ用品産業は，1992年にバブル経済の崩壊したときに約2兆7000億ドルを記録してからはある程度減少傾向を示しているが，1999年でも2兆円以上の売上金額を記録している。③スポーツ施設・空間産業は，同じく1992年に3兆2,960億円を記録し1999年には2兆7,150億円まで減少している。②スポーツサービス・情報産業においては，放送権料や，メディアなど情報関連の取引額が，市場規模でどのくらいの額に達するかについての資料を持ち合わせていない。オリンピック，サッカー・ワールドカップの放送権料は相当の金額であろう。

　上記の3つのスポーツビジネスは，オリンピック，ワールドカップなど世界から注目されるメガイベントの開催や，日本のプロスポーツを核とするスポーツ・エンターテイメントの場合は，①，②，③の産業領域が重複した活動となる。先の原田によれば，創設当時のJリーグ関連の市場で，スポーツ用品産業として「サッカー用具」（580億円）と「キャラクター商品売り上げ」（1,150億円），スポーツサービス・情報産業として「リーグ・チーム関連」（185億円），「マスメディア関連」（200億円），「観客支出」（270億円），そしてスポーツ施設・空間産業として「施設関係」（100億円）といった3つの領域にまたがる諸費用額の数字が，1994年に通産省サービス産業課の資料に提示されたということである[7]。筆者の印象では，これからのスポーツ産業論やスポーツ・マネジメント論では，過去において行われた北京オリンピックとか南アフリカでのサッカー・ワールドカップなどのメガイベントに関して，スポーツ産

業上の特徴，さらにこれらのマーケティングやリーグ・マネジメントの特徴や問題点を詳細に分析することが，将来のメガイベントの開催関係者に対して一定の貢献をするものと考える（本著第4章以下を参照）。

4. 日本のプロサッカー組織と事業経営（イベント提供者）

(1) 日本のサッカー団体

イベントを実施するプロスポーツとして，日本では，古くからはプロ野球，相撲が，1993年からはそれに加えてプロサッカーがポピュラーとなってい

図表1-4　日本サッカー協会（JFA）の組織と他のスポーツ団体との関連

```
FIFA                    IOC
国際サッカー連盟         国際オリンピック委員会
    │                       │
    │               ┌───────┴───────┐
    │               OCA             FISU
    │           アジアオリンピック   国際大学
    │               評議会           スポーツ連合
    │                   │               │
AFC                     ├───────────────┤
アジアサッカー連盟      JASA 日本体育協会
    │                   JOC 日本オリンピック委員会
    │                   JUSB 日本ユニバーシアード委員会
    │                       │
EAFF                    47 都道府県体育協会
東アジアサッカー連盟        │
    │                       │
    └───────────────────────┤
            日本サッカー協会（JFA）
            ┌─────────────────────────┐
            │ J.LEAGUE（J1・J2） │ 日本女子サッカーリーグ │
            │ 日本フットボールリーグ │ 日本フットサルリーグ │
            │ 各種サッカー連盟 │
            └─────────────────────────┘
                        │
            9 地域サッカー協会 │ 9 地域各種サッカー連盟
            47 都道府県サッカー協会 │ 47 都道府県各種サッカー連盟
                        │
                  加盟登録チーム
```

出所：http://www.jfa.or.jp/jfa/organization/outline1.html（2011年9月4日アクセス）

る。ここでは，サッカーを例として，スポーツ・マネジメントの研究対象と領域の概要について検討する前提として，日本のサッカー団体の内容を概観しよう。

日本におけるプロサッカー（Japan Professional Football League）は，1991年11月に「社団法人日本プロサッカーリーグ」として設立され，92年に前哨戦の「92Ｊリーグヤマザキナビスコカップ」などが行われたが，プロサッカーとしてのリーグ戦の開催は，1993年の「93Ｊリーグサントリーシリーズ」が最初であった。このＪリーグは，「日本サッカー協会（JFA）」に属する１つの組織として存在する。サッカー競技をスポーツ・マネジメントの研究対象として分析するうえで，日本サッカー協会とＪリーグとの関係を明らかにしておくことは重要である。この２つの団体の関係は，図表１-４に示される。

(2) 日本サッカー協会とＪリーグとの関係

「日本サッカー協会（Japan Football Association）」は，その「寄付行為」の「目的」で，「この法人は，日本サッカー界を代表する団体として，サッカー競技の普及および振興を図り，もって国民の心身の健全な発達に寄与することを目的とする」と述べている。また「事業」では，サッカー技術の研究指導，競技規則，審判の養成，各種競技大会の開催，外国へのチームの派遣，外国からのチームの受け入れ，およびアマチュアなどの規定，アマチュア資格の認定をすることなどを挙げている。さらに，11項と12項で，「日本サッカー界を代表する唯一の団体として，財団法人日本体育協会および財団法人日本オリンピック協会に加盟すること」，さらにワールド・サッカーの組織団体である「国際サッカー連盟（FIFA）に加盟」と「アジアサッカー連盟（AFC）に加盟」することと規定している。したがって，「日本サッカー協会」は，日本のサッカー競技に関する全般的問題を処理し，外国とのプロサッカー競技に関してはＪリーグと協議のうえで直接的に関わる団体である。

それゆえ，プロスポーツの「社団法人日本プロサッカーリーグ」（Ｊリーグ）は，日本サッカー協会の傘下に一組織として属しており，Ｊ１（デビジョン１），Ｊ２（デビジョン２），さらに「日本フットボールリーグ（JFL）」，「日本女子サッカー連盟」，「日本クラブユースサッカー連盟」，「その他各種サッカー連

第1章　スポーツの本質とスポーツ・マネジメントの研究対象と領域　19

図表1-5　社団法人日本プロサッカーリーグの組織図

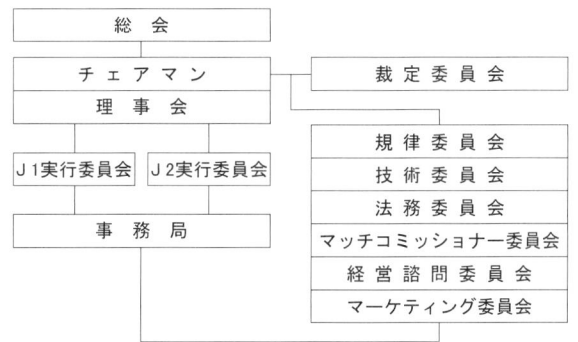

出所：http://www.j-league.or.jp/　Ｊリーグ公式ホームページ
（一部図の変更，2011年9月4日アクセス）

盟」から構成されている（図表1-4，図表1-5参照）[8]。

　「社団法人日本プロサッカーリーグ」（以下Ｊリーグとする）の定款においても，設立主旨としてはつぎのように書かれている。「この法人は，財団法人日本サッカー協会の傘下団体として，プロサッカー（この法人の正会員となった団体に所属するサッカーチームが業務として行うサッカーをいう）を通じて日本のサッカーの水準の向上及びサッカーの普及を図ることにより，豊かなスポーツ文化の振興及び国民の心身の健全な発達に寄与するとともに，国際社会における交流及び親善に貢献することを目的とする」。この目的を達成するために，①「プロサッカーの試合の主宰」，②「プロサッカーに関する諸規約の制定」，③「プロサッカーの選手，監督及び審判等の養成，資格認定及び登録」，④「試合の施設の検定及び用具の認定」，⑤「放送等を通じたプロサッカーの試合の広報普及」，⑥「選手，監督及び関係者の福利厚生事業の実施」，⑦「スポーツの振興及び援助」などを含む9つの事業を行う[9]。このようにプロサッカーであっても，Ｊリーグは，サッカーという競技を主宰し（計画，組織し，実施）普及しながらも，スポーツの振興と国民の心身の健全な発達に寄

与し，かつ国際社会での交流と親善に貢献することを目的としている。したがって，Jリーグを構成する各クラブ（J1の場合18チーム）は，多くは株式会社の形態を採用しているが，普通の企業の目的が生産財・サービスを顧客に提供することで利益を獲得することと違い，最初から「国民の心身の健全な発達に寄与し」，「国際交流と親善に貢献する」という公共性をもっていることに注意しなければならない。

(3) Jリーグの事業目的と従来の企業スポーツ

上記に紹介したように「日本サッカー協会（JFA）」とその傘下にある「日本プロサッカーリーグ（JFL）」の事業目的に，「サッカー競技の普及」により「国民の心身の健全な発達」と「国際親善」に寄与するといった主旨が明記されていることは，本来のスポーツのもつ性格を実現しようとする意思が強く現われている。この思想は，サッカーのプロ化に努力した人々が，それまでは，実業団ないし大学のアマチュアサッカーを中心としていた「日本サッカー協会」を主導してきたスポーツマンであり，しかも，ヨーロッパを中心に進展していたプロサッカーの研究に努力したことに起因していると思われる。

Jリーグとしてのプロサッカー化への発展過程について，多くの関係者へのインタビューを基にまとめた広瀬一郎氏による『Jリーグのマネジメント』に依拠すると，日本サッカー協会での副会長（長沼健，以下敬称略），特任理事（小倉純二），理事（川淵三郎）など多くの関係者が，1991年初頭に，日本プロサッカーの設立準備に関わり，しかもイギリスやドイツのプロサッカーを参考にしてプロ化の準備が行われた[10]。そのことにより，設立されるべきプロサッカーは，全国の各地域で展開されるべきであり，また各地域のアリーナ（施設）の利用を考慮すれば，自治体との連携強化が必須の条件であった。「サッカーの振興」を全面に出さず，「地域の振興」を訴えた。このことは，サッカーの振興の「公共性」を強調し，従来の企業スポーツの志向を弱め，チーム名から企業名をはずす方向へと進んだというのである[11]。

周知のとおり，「日本サッカー協会」は，サッカーのプロ化の前は，実業団と大学・高校のアマチュアスポーツに関わってきたのであり，特に実業団の場合は，企業側からすると，福利厚生政策およびブランド（広告・宣伝）の効果

を期待してチームを企業内に抱えてきたといえる。そのため，不景気になるなど企業の営業成績が悪化すると，企業全体の収益状況を考慮し，チームを解散せざるをえなくなることが一般的にみられた。特に，1992年の日本経済のバブル崩壊後は，こうしたことはよく新聞でも報道されてきたとおりである。そんな状況で，日本においてサッカーのプロ化を準備した関係者が，公共性を押し出すために，クラブの財政の大部分を賄う資金を提供する企業に対して，企業名をはずしたいというJリーグ側の要求を受け入れさせるには，多くの困難があったと思われる[12]。とにかく，Jリーグにおいては，サッカーに関心を示しよくテレビ観戦をする筆者でも各チームの主要スポンサー企業を知らないほどに，新聞や放送には出てこない。これは，Jリーグ関係者のメディアへの働きかけの結果を示すものといえよう。それにもかかわらず，今日これまで発展してきた理由は何であろうか。まず，Jリーグの組織と機構について説明しよう。

(4) Jリーグの会員（クラブ）の資格要件

　Jリーグが試合を主催し，スタジアムにやってくる観戦者にゲームを提供するには，競技をする複数のチームが存在しなければならないが，Jリーグの定款では，それを構成する「会員」として，J1会員，J2会員，さらにこれらのチームを賛助する個人または法人が存在すべきことなどが規定されている。2011年現在では，法人会員として，J1として18会員，J2として19会員と，クラブをもたず会員となっている法人と個人（具体的な数は不明）がそれぞれ挙げられる。規約では「J1会員たるクラブ」とも表現されているのでチームを構成する会員は「クラブ」とも呼ばれる（図表1-6参照）。

　J1クラブの資格要件は，①「発行済み株式総数の過半数を〔所有し—引用者〕日本国籍を有する者か内国法人が保有する株式会社か公益法人であること」，②「プロ選手を20名以上保有していること，そのうち15名以上はプロA契約選手で」あること。③「最高水準の競技力を保持するチーム（トップチーム）と，……その選手を養成するチーム（サテライトチーム）の双方を編成しうること」，④「ホームタウン内にスタジアムを確保していること」などであり，J1クラブの数は最大18とされている（「Jリーグ規約，第3章，19

図表1-6　Jリーグの総会会員メンバー

J1会員・会員法人名	J2会員・会員法人名
㈳日本プロサッカーリーグ　チェアマン（大東和美）	㈱北海道フットボールクラブ
㈱ベガルタ仙台	㈱フットボールクラブ水戸ホーリーホック
㈳山形県スポーツ振興21世紀協会	㈱栃木サッカークラブ
㈱鹿島アントラーズ・エフ・シー	㈱草津温泉フットボールクラブ
㈱三菱自動車フットボールクラブ	ジェフユナイテッド㈱
エヌ・ティ・ティ・スポーツコミュニティ㈱	東京フットボールクラブ㈱
㈱日立柏レイソル	東京ヴェルディ1969フットボールクラブ㈱
㈱川崎フロンターレ	㈱横浜フリエスポーツクラブ
横浜マリノス㈱	㈱湘南ベルマーレ
㈱ヴァンフォーレ山梨スポーツクラブ	㈱カターレ富山
㈱アルビレックス新潟	㈱岐阜フットボールクラブ
㈱エスパルス	㈱京都パープルサンガ
㈱ヤマハフットボールクラブ	㈱SC鳥取
㈱名古屋グランパスエイト	㈱ファジアーノ岡山スポーツクラブ
㈱ガンバ大阪	徳島ヴォルティス㈱
大阪サッカークラブ㈱	㈱愛媛FC
㈱クリムゾンフットボールクラブ	㈱ギラヴァンツ北九州
㈱サンフレッチェ広島	㈱サガンドリームス
アビスパ福岡㈱	㈱アスリートクラブ熊本
	㈱大分フットボールクラブ

出所：http://www.j-league.or.jp/aboutj/jleague/organization.html（2011年9月4日アクセス）

条」）。ここで注意すべきは，外国人の法人を認めていないことである。

　Jリーグの理事会は，「Jリーグ準加盟規定」を設けて，J2会員（クラブ）の入会を認めるが，その条件は，Jリーグに属する日本フットボールリーグ（JFL）での競技成績だけでなく，入会直前年度のJFLのリーグ戦における1試合平均入場者数が3,000人以上であること，年間事業収入が1.5億円以上見込まれること，翌シーズンの広告料収入が1億円以上確定していることなどを条件として挙げている。つまり，プロサッカークラブ（チーム）として，健全な財政基盤の達成と地域でのチームの知名度・観客動員数（普及一般化）を条件として挙げているのである（同規約，20条）。

　J2の入会条件を規定しており，J2からJ1への入会は「クラブの入れ替え」の規定にしたがって実施される。Jリーグ規約の20条の2項では，「J1における年間順位の下位3クラブがJ2に降格し，J2における年間順位の上

位3クラブがJ1に昇格する」。ただし，クラブの財政難を理由に公式試合の運営に支障をきたすことを未然にふせぐために設けられた「公式試合安定開催基金」からの貸付を受けた場合に，「J1リーグ戦最終日までに，貸付基金を完済しないJ1クラブは，翌シーズン，J2に降格する」。また「J2リーグ戦最終日の30日前までに，基金を完済しないJ2クラブは，J1昇格を有しない」となっている。つまり財政的条件が満たされないときは，J1のクラブは降格，J2のクラブは昇格を認めない制度となっていることは，極めて重要なことといえよう[13]。現在のJ1のクラブ名とチーム，ホームタウンは図表1-6のとおりである。

(5) Jリーグの入会金・年会費と報奨制度

Jリーグ規約第23条の第3項目では「入会金および会費」の規定がされている。「J1クラブは，Jリーグに対して，①入会金6,000万円，②年会費4,000万円」を，「J2クラブは，Jリーグに対して，①入会金2,000万円，②年会費2,000万円」を納入しなければならないとされている。この規定を含めて，Jリーグ規定では，各クラブに厳しい財政基盤の条件を課しており[14]，このことが，チーム名に会社名は入っていないが，各クラブが大企業を主要な株主として出発することになった最大の理由であろう。

2009年の事業報告によれば，J1の18クラブの参加によるリーグ戦有料で，2回戦総当たりリーグ戦で，306試合を開催し，総入場者実数は585万6,600人で，1試合平均1万9,126人であった。優勝チーム（2009年は鹿島アントラーズ）には優勝銀杯とチャンピオンフラッグと2億円が授与され，2位には1億円，3位には8,000万円，4位には6,000万円，5位には4,000万円，6位には2,000万円，7位には1,000万円がそれぞれ授与された。さらに，最優秀選手には各種トロフィーのほかに200万円とカリブ海クルーズペアの旅旅行券が授与され，ベスト・イレブンに選ばれた選手には100万円，得点王にも100万円の報奨が与えられる[15]。その他，毎年実施されるJリーグヤマザキナビスコカップでの優勝チームには1億円，2位のチームには5,000万円，3位の2チームには2,000万円が与えられる。前述のように，J1チームは入会金6,000万円，年会費4,000万円の支払いがあるので，リーグでの成績は，ク

ラブチームの財政状態，選手の給料水準と関係することになる。2009年のJ2（18クラブ）の場合は，3回戦総当たりリーグ戦で，各クラブのホームタウンにおける競技場で全459試合が行われ，入場者総数は290万3,607人，1試合平均6,326人であった。J2リーグの優勝チーム（クラブ）には2,000万円，準優勝チームには1,000万円が支払われた[16]。このように，各クラブの財政状態や選手の給料は，チームが強くなり，リーグでの順位と直接的に関わっている。

(6) クラブに要請される健全財政と株式所有状況の報告――主要株主の変化に注意を向けるJリーグ規約

Jリーグ規約の23条で「Jクラブの健全経営」について規定されている。ⅰ)「Jクラブは，人件費，運営費その他の経費の設定に際し，健全な財政状態の維持に配慮しなければならず，違反した場合，理事会は必要な措置を講ずることができる」。ⅱ)「Jクラブは，Jリーグに対して」，①「当該事業年度の貸借対照表および損益計算書」，②「主観した試合およびイベント等の収支明細書」を提出しなければならない。また，18のJ1クラブを束ねるJリーグは，各クラブの財政難により公式試合の運営に支障をきたさないために「公式試合安定開催基金」を設定している。

また24条の「Jクラブの株主」では，事業年度終了時に各クラブの株主名簿の提出を義務づけ，各クラブの株式所有状況に変更がある場合の5つのケースについてあらかじめ理事会の承認を得なければならないとされている。①株式増資の際に増資する株数が発行済み株式総数の5％を超える場合，②増資後の株式総数に対して持ち株比率が5％を超える株主が発生する場合，③発行済み株式総数のうち5％を超える株主所有者が変更される場合，④増資後の変更された発行済み株式総数の5％を越える株主が新たに発生した場合，⑤既存の株主の持ち株比率が，増資または株主の変更によって5％を超えて増加する場合である[17]。このように，18のJ1クラブ，19のJ2クラブを束ねるJリーグ理事会は，各クラブの財政健全を維持するにあたり，株式会社形態を採用している各クラブの株式保有の変更に注目しているといえる。

(7) J1クラブの株式所有状況

ここで，各クラブのホームページなどからJ1リーグのいくつかのチームの例を挙げ，現在の株式所有状況の特徴を検討しよう。

① モンテディオ山形（社団法人：山形県スポーツ振興21世紀協会）

　法人向け正会員50万円，賛助会員5万円となっており，山形新聞ほか約140社余りが正会員となっている

② アビスパ福岡（株：アビスパ福岡）

　プレミアパートナー（九州電力を含む6社），オフィシャル・パートナー（九州旅客鉄道を含む4社），オフィシャル・スポンサー（アサヒビールを含む28社），サポート・カンパニー（キリンビールを含む6社）

③ 柏レイソル（株：日立柏レイソル）

　主要株主　日立製作所とのみ表示

④ 浦和レッドダイヤモンズ（株：三菱自動車）

　総株式のうち三菱自動車50.625%，三菱グループ7社とその他の出資者で40%強。

⑤ 川崎フロンターレ（株：川崎フロンターレ）

　主要株主：富士通，そのほか150社以上のサポート会社

⑥ 横浜F・マリノス（株：横浜マリノス）

　2002年日産自動車の完全（100%）出資，2005年から第三者割当増資で，相模鉄道，崎陽軒，タカナシ乳業，神奈川新聞，テレビ神奈川，TBS，横浜信用金庫，サカタのタネ各株式会社から出資を受ける

⑦ ジュビロ磐田（株：ヤマハフットボールクラブ）

　主要株主：ヤマハ発動機。そのほかに静岡新聞，サーラグループ，プーマジャパン，出資金ないし賛助金で区別していると思われるがゴールドメンバーとシルバーメンバー

⑧ 名古屋グランパス（株：名古屋グランパスエイト）

　主要株主：トヨタ自動車。そのほかにアイシン精機，東海旅客鉄道，中部電力ほか19社

⑨ ガンバ大阪（株：ガンバ大阪）

　主要株主：パナソニック70%，関西電力10%，大阪ガス10%，西日本旅

客鉄道10％
⑩　セレッソ大阪（株：大阪サッカークラブ）
　　主要株主：ヤンマーと日本ハム。そのほかにパートナーカンパニーとして大阪市を含む12社とオフィシャルスポンサーとして43社[18]

　以上J1リーグに属する10クラブの株式所有状況について列挙したが，この10社の株主の所有比率が正確に示されていないがゆえにある程度の筆者による推定が含まれるが，3つのグループに分類できるように思われる。第1のグループは，③柏レイソル，④浦和レッドダイヤモンズ，⑥横浜Fマリノス，⑦ジュビロ磐田，⑧名古屋グランパス，⑨ガンバ大阪のように，ある民間大企業ないしそのグループ企業が大部分の株式を所有している場合であるが，多くはそのなかでも最大株主が過半数を大幅に上回るケースと，④の浦和レッドダイヤモンズのように最大株主が50％より若干多いケースがある。第2のグループは，②アビスパ福岡のように最大株主が存在しておらず，所有が分散しているケースである。第3は，①モンテディオ山形のように社団法人の形態をとり，最大50万円とかそれ以下の金額で，法人会社，新聞社または個人から賛助金を集めて運営する方式である。Jリーグ理事会は，クラブが株式会社か形態で運営される場合は，クラブの最大株主が発行株式総数の50％前後が望ましいと考えている印象を受ける（＊注1，＊注2）。Jリーグが，「スポーツ文化の振興と国民の心身の健全な発達に寄与する」こと，「地域振興」を目的とし，Jリーグの公共性を強調するなら，株式所有はファンなど個人株主が増えることが望まれるが，他方でクラブ経営の健全財政の保持が重視されるなら，代表的大企業の所有比率が多いこともいたし方ないということになろう。

＊1　1991年のJリーグ設立時の初代チェアマンであった川淵三郎は，株式の多様性が望ましく，ある会社の100％所有では，その会社が撤退するとクラブの存立に危機が生ずる可能性があるとして，2000年当時つぎのように書いている。「市民，行政，企業という三位一体のもとで，行政の投資もお願いしている以上，安易に破綻する道は避けるべきだ。たとえば1社で50％以上もってはいけないといった形で株主が多様化することが，クラブの継続につながると思う。ある株主が撤退しても後に残った株主の力でやっていけるような態勢にすることが必要である」[19]。
＊2　アメリカのプロサッカー（Major League Soccer）は，2011年現在，イースタン・カンファレ

ンス（9チーム）とウエスタン・カンファレンス（9チーム）に分かれているが，リーグ運営は，Jリーグのような統一的なルールのもとで運営され，オーナーが外国から有名選手を獲得し年俸を自由に決められる選手枠は3名とか，選手の年俸の上限を決めるサラリーキャップ制度が採用されている。各クラブの所有構造は，やはり株式会社の事業体による所有と思われるが，個人の所有の方向にあるとの叙述もある（John D. Francis, Learning from Failure: Is Major League Soccer Repeating the Mistakes of North American Soccer League?, in: Harald Dolles and Sten Soenderman ed. *Sport as a Business*, palgrave macmillan, 2011, p. 220 を参照）。J. A. Winfree and M. S. Rosenstraub の著作，*Sport Finance and Management*，（CRC Press, Taylor &Francis Group, 2011 によれば，（北）アメリカフットボール・リーグ（NFL）では，所有者の家族のチーム所有を維持するため，共同所有は認めるが，最大10％の所有しか認めていないと書いている。また，スポーツチームの所有形態として，単独所有，共同所有，会社所有が一般的であるが，地域共同体所有や大学所有も少ないが存在している。

(8) Jリーグのコーポレート・ガバナンス――Jリーグ理事会と各クラブとの関係

1) Jリーグは社団法人，各クラブは株式会社

　コーポレート・ガバナンスとは，経営学の領域では，経営上の不祥事や企業の社会的責任を果たす機構を構築する目的で，アメリカでは1970年代からアメリカ法律協会や各種団体で議論され提言が発表された。日本でも，1990年代にはいり不祥事が重なって起きたこともあり広く議論されるようになった。コーポレート・ガバナンスとは，企業の利益関係者の企業運営への関与の仕方であり，それがどうあるべきかを問題とする[20]。Jリーグのガバナンスを検討する場合，社団法人としてのJリーグの機構について説明しなければならない。

　上記にみたように，Jリーグ理事会は，多くは株式会社形態をとっている各クラブに対して，その株式所有状況に重要な変化がみられたときは，直ちに報告する義務を課している。それは，各クラブが健全財政を保持することを要求しているからである。しかし，Jリーグを統括するチェアマンと理事会が中心に運営するJリーグの事業体は，株式会社ではなく社団である。

　Jリーグと各クラブの関係は，どのように位置づけられているのだろうか。民間会社における親会社と子会社の関係と比較すると明らかに異なることが分かる。民間会社が企業規模を拡大する場合，親会社は種々の理由から自己の事業部門を分割し子会社を創立するが，その場合，通常は親会社が子会社の株式総数の51％以上を所有しており，経営学的には親会社は子会社に対して支配

権を有しているといわれる。この場合の親会社の支配権とは，子会社のトップを含めて最高経営者の任免・罷免権をもつということである。なぜなら，これはＪリーグとの比較で極めて重要なことであるが，株式会社では，会社の最高機関である株主総会では，投票権の大小が所有株式数で決まるからである。つまり，51％以上をもっている親会社は，株主総会で過半数以上の投票で子会社の役員（取締役）を決定しうるのである。

　しかし，ＪリーグとＪ１クラブの関係においては，Ｊリーグ，つまり「社団法人日本プロサッカーリーグ」は，株式会社ではなく社団法人であるため，株式会社である各クラブ（たとえばＪ１クラブ）の株式を所有していない。Ｊリーグ理事会は，会員になるにあたり，各クラブに対して，上記に述べた会員資格を満たすこと，Ｊ１クラブには，入会金6,000万円（Ｊ２は2,000万円），年会費4,000万円（Ｊ２は2,000万円）を納入することを義務づけているだけである。さらに株式会社である各クラブの発行株数や5％以上の株式所有者の新たなる発生などについて報告を求めているだけである（それはあくまでも各クラブの財政の安定を望んでいるからと思われる）。

　その意味で，Ｊリーグのコーポレート・ガバナンスは，民間会社のそれとは著しく異なった形態を示す。先の広瀬一郎の著作で，Ｊリーグのプロ化の設立に活躍した川淵氏と小倉氏へのインタビューについて紹介している。それによると，財団法人日本サッカー協会や日本体育協会は文部省（当時）の管轄下にあり，初めて文部省に設置された「プロスポーツ官」が，川淵や小倉が「株式会社Ｊリーグ」を考えていたのに対して，「株式会社はやめてくれ，なんとか公益法人でやってくれ」といってきた。つまり「財団法人か社団法人で」といってきたので，「社団法人と決めた」というのである[21]。このことは，Ｊリーグと株式会社法人である各クラブの関係，つまりガバナンスのあり方を決める決定的な要因になった，と筆者は考えるのである。以下，社団法人としてのＪリーグの各機関の役割を説明することによってその関係を具体的に説明しよう。

2）Ｊリーグのガバナンス──総会，理事会，実行委員会

　「日本プロサッカーリーグ」定款の第5章で「総会」について規定されてい

る。「総会は，正会員をもって構成される」。正会員は，第3章で規定され，J1会員J2会員，個人または法人の賛助会員，総会の議決によって推薦された名誉会員である。総会での議決は，個人である正会員とJ1会員は，1会員につき2議決権，J2会員は1会員につき1議決権をもつとされている。広瀬の説明によれば，個人とはチェアマンを意味するようで，「総会への出席者はチェアマンと各クラブだけ」[22]である。総会の議決事項は，① 事業計画と収支予算に関すること，② 報告事項と収支決算に関する事項，③ 財産目録貸借対照表に関する事項，④ その他この法人に関する事項となっている。ここで注意すべきは，民間会社の株主総会では，株式の所有数で議決権（投票数）が決まるのとは違いJ2会員1議決権以外のチェアマンとJ1会員は2議決権を有していることであるが，「個人である正会員及びJ1会員は議決を統一して行使しなければならない」とされていることである。この意味は，個人とJ1会員の2票は異なってはならないことを意味しよう。総会の議決は，2分の1以上の出席者の過半数をもって決するとある。その意味で，総会の議決には，会員の総意が反映される極めて民主的な組織といえる。この点は，多く株式をもつ大株主の意向が反映される株式会社の総会の議決とは著しく異なることである。

　第4章「役員及び職員」では，理事は10名以上18名以内（うち理事長＝チェアマン1名，専務理事，常務理事若干名）で構成する。さらに理事でない監事2名をおく。これらの役員は，総会において選任する。理事長，専務理事および常務理事は，理事会の互選とされる。再び広瀬氏によれば，「理事会については，当初Jリーグ幹部と学識経験者5名，サッカー協会5名，クラブから5名という構成だったが，これら理事選任にあたっては，候補者リストに基づき総会で選任された」[23]ということである。現在も，それに準じた構成となっているといえよう。理事会の役割については，定款の15条「理事の職務」で，「理事は，理事会を構成し，この定款に定めるもののほか，この法人の総会の権限に属する事項以外の事項を決議し，執行する」[24]となっているが，「リーグ規約」では，より具体的に「(1) リーグ運営の基本方針の決定，(2) 正会員たるクラブから選任された実行委員の承認，(3) 諸規定の制定，(4) その他定款と本規約に関する事項」となっている。注目すべきは，理事会の議長（チェ

アマン）は70歳未満，その他の理事，監事は65歳という定年制を設けていることである。

　広瀬氏は，「総会が最高意思決定機関で，理事会は株式会社の取締役会にあたる」[25]としているが，Jリーグが社団法人であり，総会の議決権が，株式会社の総会に比べ，個人会員とJ2会員が2票の議決権，J2回会員が1票の議決権であるという違いを考慮すれば，チェアマン，専務理事，常務理事が，2年ごとに行われる選出される理事メンバー候補者リストを作成することになっているのであろう。その意味で，Jリーグは，チェアマン，専務理事，常務理事の主導権のもとで運営されている印象を受ける。しかし，それはJリーグ全体（J1，J2，日本フットボールリーグ，日本女子サッカー連盟，日本クラブユースサッカー連盟，その他各種サッカー連盟）の視野にたった主導性であり，J1，J2の運営では，実行委員会を設置しこれに委嘱している点も，注目すべきである。

　Jリーグの事業目的は，「サッカーの普及を図る」ことにより，「豊かなスポーツ文化の振興」と「国民の心身の健全な発達に寄与」し，国際「交流及び親善に貢献する」ことであった。サッカーの普及や国際親善の視野にたった運営は理事会の主要業務であり，J1，J2の運営（競技の組織化）はチェアマンと実行委員会に委嘱する方式が採用されている。

　「社団法人日本プロサッカーリーグ」の「定款」と「Jリーグ規約」に設置が規定されている「実行委員会規定」の内容は，Jリーグのガバナンスを考える意味で極めて重要である。

　「J1実行委員会」は，チェアマンと担当理事，そして各クラブからの代表（いずれも常勤の代表取締役または理事長）から構成される。別に設置される「J2実行委員会」も構成は同じである。いずれの実行委員会も，原則として月1回または必要に応じて開催される。議長はチェアマンで，理事会から委嘱された事項，さらに「次の事項は，理事会による決定に先立ち，委員会の審議を経るもの」とされ，①リーグ運営の基本方針，②事業運営および事業報告，③予算および決算，④試合実施，⑤スポンサー契約，⑥放送権，⑦商品化，⑧公式試合に派遣されるマッチコミッショナーの推薦，に関する事項について決議する権限をもっている。いずれの実行委員会でも，「議決は3分の2以

上の出席で過半数をもって決定する」となっている[26]。

このことは，Jリーグチェアマンと担当理事，さらに各クラブ代表は，同じ議決権1票で，競技やクラブ運営につき決定することを意味し，極めて平等・民主的な手続きで行われていることを示している。以上の考察により，Jリーグ内のガバナンスの内容が明らかにされたものと考える。それでは，Jリーグと各クラブのマネジメント・ガバナンスはどうなっているのか。それがつぎに考察されなければならない。

5. 日本のプロサッカー・マネジメント（Jリーグのマネジメント）

(1) クラブ統括者としてのJリーグのマネジメント

すでに紹介したように，日本プロサッカー協会（Jリーグ）の事業内容は，スポーツ文化の振興と国民の心身の健全な発展に寄与するため（設立趣旨），その第1として，「サッカー試合を主催」することおよび「公式記録」を作成することである。このことは，Jリーグが，試合というサービス労働をイベントとして提供することを主な事業内容としていることである。そのためには，プロサッカーに関する諸規約を制定し，選手，監督，審判などの養成と資格認定し登録する。また，試合の施設の検定と用具の認定，放送などを通じたプロサッカー試合の広報普及，サッカー技術の調査，研究，指導，プロサッカー選手，監督，および関係者の福利厚生事業などのプロサッカーに関わる広範な事業を実施する。また，プロサッカーを通じて「国際社会における交流および親善に貢献するために」，事業として，「サッカーに関する国際的な交流および事業を実施する」。さらに，スポーツの振興と援助，機関紙によるプロサッカーの広報普及などを行う。

これらの事業を実施するにあたり良好なマネジメント（経営管理）が必要である。つまり，「計画」し，それを「実行し（組織し，命令し，調整する）」，結果（事業内容計画と収支計算の計画と結果の差異を分析し）をつぎの計画に生かす「統制」が行われなければならない。この事業を実施するため，Jリーグには，事務局を中心として，それぞれの事業（職務）を分担するに組織図（図表1-7参照）が存在する。

32　第Ⅰ部　日本のスポーツ・マネジメント

図表1-7　Jリーグの業務組織

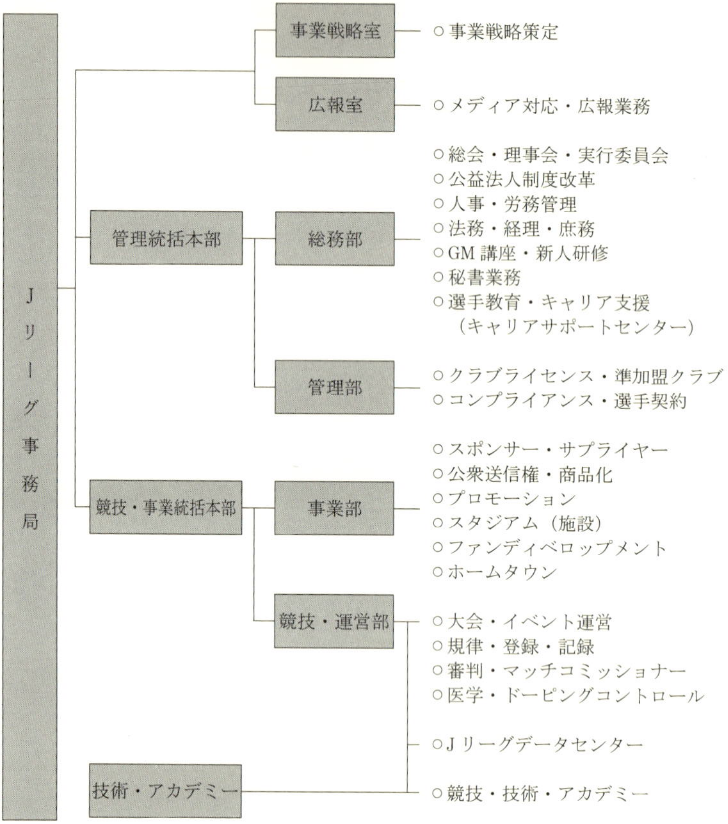

```
                    ┌─ 事業戦略室 ─── ○事業戦略策定
                    │
                    ├─ 広報室 ─────── ○メディア対応・広報業務
                    │
                    │                  ○総会・理事会・実行委員会
                    │                  ○公益法人制度改革
                    │                  ○人事・労務管理
          ┌─ 管理統括本部 ─┬─ 総務部 ─○法務・経理・庶務
          │               │          ○GM講座・新人研修
          │               │          ○秘書業務
          │               │          ○選手教育・キャリア支援
J         │               │            （キャリアサポートセンター）
リ         │               │
ー         │               └─ 管理部 ─○クラブライセンス・準加盟クラブ
グ         │                          ○コンプライアンス・選手契約
事 ───────┤
務         │                          ○スポンサー・サプライヤー
局         │                          ○公衆送信権・商品化
          │               ┌─ 事業部 ─○プロモーション
          │               │          ○スタジアム（施設）
          ├─ 競技・事業統括本部 ─┤    ○ファンディベロップメント
          │               │          ○ホームタウン
          │               │
          │               └─ 競技・運営部 ─○大会・イベント運営
          │                              ○規律・登録・記録
          │                              ○審判・マッチコミッショナー
          │                              ○医学・ドーピングコントロール
          │
          └─ 技術・アカデミー ─┬── ○Jリーグデータセンター
                              └── ○競技・技術・アカデミー
```

出所：http://www.j-league.or.jp/aboutj/jleague/organization.html（2011年9月4日アクセス）

　Jリーグ事務局が理事会とJ1実行委員会とJ2実行委員会の執行機関として関わる諸問題は，大きく2つの統括本部と，戦略室と広報室である。後者の戦略室は，チェアマンを中心に理事会に提案する長期の戦略を練るにあたってサポートをする部門であろう。広報室はやはりチェアマンを中心として，外部のメディアその他に関して日常的に対応する部署といえよう。2つの統括本部のうち管理統括本部は，総務部と管理部からなり，原則として年2回の総会，

年4回以上開催される理事会，さらに毎月招集される実行委員会の準備から，人事・労務，法務，経理，研修，選手教育，キャリア支援にまで関与する。それに対して管理部は，クラブの資格と選手契約に関与する。

(2) Jリーグの競技・事業の領域

　Jリーグのマネジメントの主要部分は，競技・事業統括本部が関わっているといえる。この統括本部は事業部と競技・運営部から構成されるが，後者の競技・運営部こそイベントとしての競技（試合）のサービスを提供する部署で，国内の試合と国際試合をどう組織化するのかが主要な業務となる。具体的には，年間にJ1リーグは2回戦総当たりで，306試合，J2は3回戦総当たりで459試合の大戦相手と日程のスケジュールなどの確定や，国際試合の交渉・開催などがマネジメントされなければならない。

　それに対して，事業部は，Jリーグを支援するスポンサーの獲得，メディアとの交渉と放送権の売買，Jリーグおよび各クラブのマーチャンダイジング（グッズなどの商品化），広告宣伝のプロモーション，ファンの開発，サッカーを普及させるためのホームタウンの交渉・開発が課題となる。

　Jリーグのホームページによれば，Jリーグの公式試合の映像・写真の記録・保存，権利の販売，肖像権などの管理については，つぎの①から④の関連会社に委託している。

① Jリーグエンタープライズ株式会社
② Jリーグメディアプロモーション株式会社
③ Jリーグフォト株式会社
④ ジェイ・セイフティ株式会社

　特に，①Jリーグエンタープライズの業務は注目すべきであろう。Jリーグエンタープライズは，Jリーグ，Jクラブ，およびサッカー日本代表のロゴ・キャラクターなどを使用した商品の開発，販売およびライセンスの管理，サッカーに関する広告・宣伝業務，試合・イベントの企画運営，試合観戦記録システムによるデータベースマーケティングなどの業務を行っている。つまり，各Jクラブのロゴ・キャラクターを使用したユニホームや関連グッズの開発・販売を統一的に行っており，この点でヨーロッパなどのサッカークラブのグッズ

の販売と異なっており注目されている。この会社は，従業員は25人とされているが，代表取締役社長は，日本プロサッカーリーグ（Jリーグ）の常務理事を兼務する人で，ほかの6人の取締役は，日本サッカー協会の常務理事，複数のJクラブの代表取締役，公式試合の写真や記録を保存する業務を委託されている下記のJリーグフォト株式会社の代表取締役等で兼務されている。

このJリーグエンタープライズで生産され販売されるグッズは，ライセンス登録され，日本代表グッズとJリーググッズの2つの種類があり，スポーツ雑貨，ファッション雑貨，食品，文具，玩具・ぬいぐるみ，出版物などであり，これらの商品を販売する店舗の数は，関東が東京の40店舗を含む110店舗，中部は名古屋21店舗を含む46店舗，近畿は大阪の25店舗を含む33店舗，東北13店舗，九州12店舗，北海道8店舗，四国3店舗，中国2店舗となっている[27]。

Jリーグがこの分野の業務を一元的に管理しているのは，世界的にみても注目されている。各チームのロゴ・キャラクターを使用した商品の販売額に応じた売上額（収益額）とチームへの配分があるのかはホームページには明記されていないが，そうした規定は内部には存在していると推定できる。このグッズの生産・販売は，さらに，試合のチケット購入分，メディア放映権に関わる取引額などは，スポーツ産業の一部を構成し，日本産業においても次第に大きくなっているといえる。

このほか，②Jリーグメディアプロモーションは，公式試合などの映像の管理・保存，販売および番組・DVDの製作，インターネット・モバイルサービス事業，公式試合の記録管理・運用，データ販売，プロモーション業務などの運営。ホームページのアドレスから接近しても，従業員数などは示されていない。委託料なども示されていない。③Jリーグフォトは，公式試合などの写真の記録・保存，サッカー写真の提供サービス，選手・監督・コーチなどの肖像管理を業務とする関連会社である。④ジェイ・セイフティーは，Jリーグ全クラブの監督，コーチ，選手および審判の損害保険，観客の安全対策に関する保険業務を扱う。

Jリーグ本部（理事会，チェアマン，事務局）と委託会社は，スポーツ競技（イベント商品）の提供のため，民間企業の行っている「人事管理」，「マーケ

ティング」,「財務管理」などを行っているが,従来のスポーツ・マネジメント論では,株式会社の形態をとった企業との違いと共通点をより考慮した分析は必ずしも十分でなかったように思われる。両者の比較の視点からこそ,スポーツ・マネジメントの特徴を明確に摘出できると思われる。

(3) Jリーグ本部とJ1各クラブの財政状況

　Jリーグホームページの「about Jリーグ」を開けば,「Jリーグの収支」と各「クラブ経営状況」が掲載されている。Jリーグの情報開示への努力は,他のスポーツ団体に比べて際立っている。「経営収支」をみると,Jリーグの事業活動収入は, ⅰ) 基本資産運用, ⅱ) 入会金, ⅲ) 会費, ⅳ) 事業収入(① 協賛金, ② Jリーグ主管入場料, ③ 放送権料, ④ 商品化権料, ⑤ その他) が主なものである。それに対して,事業活動の支出は, ⅰ) 事業費支出(① リーグ運営費, ② クラブへの配分, ③ その他) と ⅱ) 管理費支出から構成されている。事業活動収入のうち,各年度の「入会金」が1993年度から2005年度までは各年度6億円から10億円を推移していたが,J1,J2クラブが確定する2006年度から1億円を下回るようになっている。

　図表1-8をみると,2011年度の総収入119億円のうち, ⅲ) 会費収入が約11億円(約9%), ① 協賛金が43億円(37%), ② 主管試合入場料1.7億円(約1%), ③ 放送権料が48億円(40%), ④ 商品化権料6億円(5%)であった。それに対して2011年の総支出約118億円のうち, ① リーグ運営費が約30億円(25%), ② クラブへの配分70億円(59%), ⅱ) 管理費支出が約6億円(5%)である。

　このように,社団法人であるJリーグは,各クラブの運営に関して,会費J1からは,4,000万円(入会金6,000万円),J2からは2,000万円(入会金2,000万円)を徴収し,各クラブへの資金の再配分と,成績に応じて,各クラブへ報奨金を渡しているのである(優勝チーム2億円,2位チーム1億円など,上記参照)。これは,Jリーグと各クラブの運営が財政的に支障をきたさない工夫であり,このような運営法方法をとっているプロサッカーリーグは,世界的にみても稀有なものといえよう。

図表 1-8　2006 年度〜11 年度　J リーグ収支決算表

(単位：百万円)

	06年度決算	07年度決算	08年度決算	09年度決算	10年度決算	11年度予算
I. 事業活動収支の部						
1. 事業活動収入						
(1) 基本財産運用収入	0	0	0	0	0	0
(2) 入会金収入	60	40	120	20	20	0
(3) 会費収入	981	985	1,026	1,085	1,106	1,125
(4) 事業収入	11,671	11,317	11,699	11,670	11,245	10,857
協賛金収入	4,347	4,201	4,624	4,729	4,523	4,314
J リーグ主管試合入場料収入	335	209	223	172	160	170
放送権料収入	5,341	5,278	5,323	5,197	4,851	4,849
商品化権料収入	723	680	613	698	588	600
その他	925	949	916	874	1,125	924
事業活動収入計	12,712	12,342	12,845	12,776	12,372	11,982
2. 事業活動支出						
(1) 事業費支出	10,576	10,226	10,522	11,986	11,574	11,263
リーグ運営経費支出	2,791	2,627	2,966	2,970	2,646	2,790
クラブへの配分金	7,532	7,196	7,027	7,066	7,351	7,028
その他	253	403	529	1,950	1,577	1,446
(2) 管理費支出	1,731	1,973	2,073	675	688	590
事業活動支出計	12,307	12,200	12,595	12,661	12,262	11,853
事業活動収支差額	405	143	250	116	110	129
II. 投資活動収支の部						
1. 投資活動収入	269	179	119	81	226	230
2. 投資活動支出	21	281	202	694	130	24
投資活動収支差額	248	▲102	▲84	▲612	96	206
III. 財務活動収支の部						
1. 財務活動収入計	150	0	0	0	0	0
2. 財務活動支出計	140	0	1	7	15	0
財務活動収支差額	10	0	▲1	▲7	▲15	0
IV. 予備費支出	0	0	0	0	0	100
当期収支差額	663	40	166	▲504	191	235
前期繰越収支差額	534	1,197	1,237	1,403	899	784
次期繰越収支差額	1,197	1,237	1,403	899	1,090	1,019

注：2006 年度より公益法人会計基準の変更にともない，様式および科目表示が変更となり，特別会計を含んだ総括表ベースの金額で表示している。
　　四捨五入により一部合計が合わないところがある。

出所：J リーグ・ホームページ「about J リーグ」の「J リーグの収支」。

つぎに，各クラブの財政状況は，先のJリーグのホームページにある各「クラブの経営状況」（「2010年度Jクラブ個別情報開示資料」，ここではJ1のみ）に示されている（図表1-9参照）。この表では，営業収入は，ⅰ）広告料，ⅱ）入場料，ⅲ）リーグ配分金，ⅳ）その他からなり，営業費用は，ⅰ）事業費，ⅱ）選手・チームスタッフ人件費（図表注にあるように，監督・コーチの人件費，アカデミーを含むチームスタッフの人件費である），ⅲ）一般管理費となっている。

　営業収入の一番大きな「浦和」とNPO法人の「山形」を比べると，浦和が56億円で山形は12億円，広告料収入は，浦和が22億円で山形は地方であることから2億2,000万円，入場料収入も前者が22億円に対して後者は約3億5,000万円で，大きな差がある。しかし，Jリーグからの配分は，浦和は約2億8,000万円であるのに対し，山形は2億3,000万円で大差はない。リーグ配分金を比べると，この年の優勝チームの「鹿島」が4億8,000万円，「名古屋」が4億6,800万円，「G大阪」3億7,500万円である。このことからも，Jリーグの会費制，入会金制に基づき，チームへ一定金額を配分し，さらにその年のリーグ成績，優秀選手などの成績を考慮して報奨を与える現在の方式は，サッカーの普及を通じて「国民の心身の健全な発達」，「国際親善に寄与する」とするJリーグの事業目的からくるものであり，この制度の良さを改めて評価すべきであろう。

　つぎに，営業費用のうちⅱ）選手・チームスタッフ人件費に注目すると，営業収入の多い浦和は，総営業費用58億9,800万円のうち，人件費が22億8,000万円で全体の約39％であるのに対して，山形は，総営業費用13億円のうち，人件費は7億8,700万円で約60％を占めている。

　J1の各クラブの「当期純利益」をみると，18クラブのうち，赤字のクラブが11，黒字ないしわずかに採算がとれているクラブが7チームである。この財政状態は，少なくともつぎに紹介するいくつかのヨーロッパのプロサッカーを含むサッカークラブの財政状況に比べれば健全な財政といえよう。

＊Jリーグの組織に関しては，2011年時点の資料に基づく。また，Jリーグは2012年4月1日に公益社団法人となり組織体制が変更される予定となっている。

図表 1-9　2010 年

クラブ名	仙台	山形	鹿島	浦和	大宮	F東京	川崎F	横浜FM
決算期	2011年1月期	2011年1月期	2011年1月期	2011年1月期	2011年1月期	2011年1月期	2011年1月期	2011年1月期
■経営成績								
営業収入	2,041	1,229	4,466	5,625	3,308	3,671	3,540	3,565
（広告料収入）	611	228	1,561	2,256	2,286	1,372	1,856	1,414
（入場料収入）	790	349	747	2,249	375	779	603	932
（Jリーグ配分金）	233	232	480	279	220	284	298	251
（その他）	407	420	1,678	841	427	1,236	783	968
営業費用	1,863	1,302	4,449	5,898	3,290	3,274	3,493	3,905
（事業費）	1,593	1,122	3,816	5,217	2,802	2,437	2,831	2,962
うち選手・チームスタッフ人件費 (注)	858	787	2,004	2,282	1,850	1,370	1,743	1,374
（一般管理費）	270	180	633	681	488	837	667	943
営業利益	178	▲73	17	▲273	18	397	47	▲340
経常利益	193	▲73	33	▲259	0	393	47	▲339
当期純利益	192	▲73	14	▲260	▲1	361	7	▲341
■財政状態								
総資産	1,152	191	2,561	1,450	441	1,349	1,039	719
総負債	570	215	760	1,135	430	382	501	1,182
総資産（山形は正味財産）	582	▲23	1,801	315	10	967	538	▲462
資本金（山形は基本財産）	453	0	1,570	160	100	1,005	349	30
繰越利益剰余金	128	▲23	83	155	▲329	▲37	158	▲499

注：含まれる項目
・監督・コーチおよび他のチームスタッフ人件費（アカデミーを含む）。
・選手人件費（報酬の他，支度金，移籍金償却費を含む）。
出所：同リーグ・ホームページ「2010 年度（平成 22 年度）Jクラブ個別情報開示資料」。

第1章 スポーツの本質とスポーツ・マネジメントの研究対象と領域　39

度J1クラブ収支

(単位：百万円)

湘南	新潟	清水	磐田	名古屋	京都	G大阪	C大阪	神戸	広島	J1総額	J1平均
2011年1月期	2010年12月期	2011年1月期	2011年3月期	2011年1月期	2010年12月期	2011年1月期	2011年1月期	2010年12月期	2011年1月期		
1,288	2,216	3,486	3,151	4,103	2,311	3,346	2,554	2,035	2,605	54,540	3,030
430	843	1,274	1,793	1,998	1,484	1,734	1,282	710	1,231	24,363	1,354
360	770	744	408	880	348	553	428	401	560	12,276	682
209	224	304	339	468	220	375	290	210	295	5,211	290
289	379	1,164	611	757	259	684	554	714	519	12,690	705
1,342	2,341	3,567	2,901	4,198	2,416	3,380	2,528	2,275	2,853	55,275	3,071
1,041	1,850	2,984	2,308	3,677	2,030	2,626	1,938	1,810	2,385	45,429	2,524
646	910	1,498	1,254	2,133	1,308	1,773	1,301	1,167	1,372	25,630	1,424
301	491	583	593	521	386	754	590	465	468	9,846	547
▲54	▲125	▲81	250	▲96	▲105	▲34	26	▲240	▲248	▲736	▲41
▲53	5	▲79	263	▲153	▲250	11	24	▲54	▲259	▲550	▲31
▲53	4	▲80	209	▲162	▲251	11	3	▲53	▲265	▲738	41
354	897	962	948	797	1,269	1,037	724	913	977	17,780	988
307	587	477	612	378	1,497	854	554	1,774	896	13,111	728
47	309	485	336	418	▲228	182	169	▲861	80	4,665	259
574	712	550	679	400	3,605	10	315	98	2,110	12,720	707
▲732	▲403	▲64	▲342	18	▲3,833	172	▲145	▲1,520	▲2,029	▲9,242	▲513

(4) ヨーロッパ・リーグの財政状況

　2011年11月8日の『朝日新聞』は，27面に後藤太輔と平井隆介両記者の署名入りの特集記事を掲載し，欧州各国のサッカークラブの財政状況が悪化していることを報道している。それによると，欧州サッカー連盟（UEFA）は，財政を悪化させているクラブには，大会に参加させないという財務規則（フィナンシャル・フェアプレー）を適用するということである。欧州クラブの赤字は増えており，UEFAによると，2009～10年シーズンにおいて，各国の一部に属する664クラブは，半数以上が赤字を計上しており，クラブの最終損出額は約1,260億円（11億7,900万ユーロ）で，1年で約2倍になったということである。その最大の原因は，選手への年報の急騰である。欧州クラブ全体の人件費は，08年に71億ユーロ（7,600億円）に達し，前年比18.1％増で，50クラブ以上が収入以上の人件費を支払ったが，リーグの平均観客動員数は横ばいかわずかに減少しているということである。

　後藤・平井両記者は，クラブが収入以上の年報を支払うようになった理由として，クラブ所有者が個人投資家の場合に典型的に表われ，たとえば，イングランド1部のチェルシーは，4,500万ポンド（56億円）の赤字を計上したが，2003年からオーナーの座に就いたロシアの石油王ロマン・アブラモッチ氏が，その資産で穴埋めをしており，03年からこれまでに7億3,900万ポンド（約920億円）もの私費が投じられたということである。

　スペインでは，リーグ全体で200人の選手に対する5,000万ユーロ（約53億円）の給料の支払いが遅れ，選手会が開幕戦を拒否したという。イタリアでは，政府が国家財政状態の悪化から富裕層に対して新しい税金を導入したが，クラブは観客数が減少しているなど財政が苦しいため，この新税に対しては選手が給料から支払うべきという姿勢をとったため，選手とクラブ間で対立が深まり，開幕戦は選手によるストライキで中止に追い込まれたという。イタリアの場合，収益の大半は放送権料とオーナーのポケットマネーに頼る傾向があり，現在の状況では，有名選手を30億円ほどの契約金で外国に移籍する例も現われている。図表1-10に示された借入金額を図表1-9のJリーグの繰越利益余剰がマイナス（▲印）であるチームの金額を比べると，最大がマイナス38億円，つぎがマイナス20億円であるので，ヨーロッパのプロサッカークラ

図表1-10 ヨーロッパの主なサッカークラブの借金と収入

(単位：億円)

	チーム名	借金	収入	赤字
イングランド	マンチェスター・ユナイテッド	909	374	-535
	チェルシー	425	274	-151
	マンチェスター・シティー	381	163	-218
	アーセナル	372	263	-109
スペイン	レアル・マドリード	761	469	-292
	バルセロナ	545	426	-119
イタリア	インテル・ミラノ	483	241	-242
	ACミラン	435	252	-183
ドイツ	バイエルン・ミュンヘン	120	346	+226

注：借金は2009年1月，英タイムズ調べ。収入は09～10年シーズン，会計事務所デロイト調べ。
出所：『朝日新聞』2011年11月8日。

ブの借金がいかに大きいかが分かるであろう。

　こうした状況に直面した，UEFAは，「大きな危機の兆候」として重視し，2010年5月の理事会で各クラブに収支のバランスを図るよう規則を定めこれを「フィナンシャル・フェアプレー」と名づけた。それによると，クラブの3年間の赤字許容額4,500万ユーロ（約48億円）から段階的に減少させ2018年には0になるようにすることである（スタジアム建設や育成にかかる費用は対象外）。両記者によると，2013年のシーズン修了後に最初の審査があり，基準を満たさなければ欧州CLなどUEFA主催の大会への参加資格を与えないなどの制裁が科せられる。UEFAは，個人オーナーによる穴埋めも許さないとしている。

　こうした動きに対して，ドイツリーグは歓迎しており，ドイツリーグのCEOのC. ザイフェルトによれば，ドイツリーグには，赤字体質のクラブには経営権を与えない規則があり，無謀な借金で選手を獲得できない。各クラブは，地道に試合の魅力を高め，広告を中心にここ3年間でリーグ全体の収入を約22％増大させてきたという[28]。

　これまでヨーロッパにみられた，赤字でありながら高額な有名選手を獲得し

UEFAのランキングを高めるという傾向に歯止めがかけられるのか，以後注目していかねばならない。

こうしたヨーロッパのサッカークラブの財政状況に比べると，日本のJ1リーグの財政はある程度健全であり，Jリーグの会費制とJリーグによる配分という制度が，大きな赤字体質のクラブを生み出していない原因といえよう。

6. おわりに——Jリーグ「百年構想」

一般的に，スポーツの振興，たとえば，Jリーグ・各クラブへのサポーターの支出・支援金，国民の余暇のためのスポーツへの支出を含めて，全国のスポーツ関連支出は，本章の注5) で指摘したように，「国内スポーツ総生産」を増大させ，さらに雇用を増大させるだけでなく，医療費の抑制効果をもつ。したがって，地域のスポーツ・クラブの健全な育成には，政府，地域自治体，地域住民も積極的に関与していくべきである。2008年秋のリーマン・ショックの原因であったサブ・プライム・ローン（劣位住宅ローンの証券化），多額の借入金での何十倍もの金融取引を可能にさせる金融派生商品のデリバティブでの取引は，殆んど賭博と同じ性格をもち，そこから生まれる収益はなんらの付加価値を創出せず，GDPの形成にも貢献しない。人々は，このような野放図な金融派生商品取引を規制し，自然エネルギーの開発，スポーツ，音楽，演劇など芸術を育成・発展させるよう，政府，自治体に要求していくべきである。

社団法人日本プロサッカーリーグの定款第2章「目的及び事業」の第4条〔目的〕には，つぎのような記載がある。「この法人は，財団法人日本サッカー協会の傘下団体として，プロサッカー（この法人の正会員となった団体に所属するサッカーチームが業務として行うサッカーをいう）を通じて日本サッカーの水準の向上及びサッカーの普及を図ることにより，豊かなスポーツ文化の振興及び国民の心身の健全な発達に寄与するとともに，国際社会における交流及び親善に貢献することを目的とする」[29]。日本プロサッカーリーグの事業目的は，スポーツの振興と国民心身の健全な発達に寄与し，国際親善に貢献することである。こうした目的を掲げるスポーツ団体では，八百長や，ドーピング

というスポーツ・スキャンダルは生ずるはずがない。しかし，次第に地域に根ざすJリーグといえども，財政基盤は弱く，優秀選手を補強できないチームも存在する。リーグ創設に際しては，地域に根ざし地域振興をスローガンに掲げていたスポーツ団体である。地域住民自治体が，地域のクラブ（チーム）健全に発展するよう強力な支援をしていく必要があろう。

Jリーグのホームページには，「Jリーグ百年構想」が掲載されている。

>　「・あなたの町に，緑の芝生におおわれた広場やスポーツ施設をつくること。・サッカーに限らず，あなたがやりたい競技を楽しめるスポーツクラブをつくること。・『観る』『する』『参加する』。スポーツを通して世代を超えたふれ合いの輪を広げること」。
>　「誰もが気軽にスポーツを楽しめるような環境が整ってはじめて，豊かなスポーツ文化ははぐくまれます。そのためには，生活圏内にスポーツを楽しむ場が必要になります。そこには，緑の芝生におおわれた広場やアリーナやクラブハウスがあります。誰もが，年齢，体力，技能，目的に応じて，優れたコーチの下で，好きなスポーツを楽しみます。『する』『観る』『支える』，スポーツの楽しみ方も人それぞれです。世代を超えた触れ合いの輪も広がります。……Jリーグは『Jリーグ百年構想―スポーツで，もっと，幸せな国へ―』というスローガンを掲げ，『地域に根ざしたスポーツクラブ』を核としたスポーツ文化の振興活動に取り組んできました。……Jリーグがまいたスポーツ文化という種は，日本全国で着実に芽となり花となっているのです」[30]。

Jリーグの活動は，以上の構想のもとに事業運営を行っている。こうした視点から，Jリーグのマネジメントだけでなく，他のスポーツ・マネジメント，さらにオリンピック，ワールド・サッカー，さらに他のスポーツのイベントの分析をし，こうした視点からスポーツ事業が実施されているかどうかを厳格に分析し，そうでない場合は，的確に批判するのが，スポーツ・マネジメントを研究する者の責務といえよう。健全なスポーツ・マネジメントの発展を願うものである。

注

1) 髙橋由明「生協活動と生協事業運営労働の意義」『商学論纂』33 巻 6 号, 中央大学商学研究会, 1992 年, 100 頁。
2) 鈴木良徳「スポーツ」『世界大百科事典』平凡社, 1972 年「さ」行, 627 頁。
3) 藤本和延他編『スポーツ白書 2010』笹川財団, 2001 年, 145 頁。
4) 同上, 『スポーツ白書 2010』, 19 頁。
5) 1999 年 11 月 30 日から 12 月 3 日に南米のウルグアイで開催された第 3 回ユネスコ体育・スポーツ担当大臣等国際会議において「持続的な経済成長への体育・スポーツの貢献」が議題として討議され, その都市の名前を使用した「プンタ・デル・エステ宣言」のなかで「身体活動に対する 1 ドルの投資が, 医療コスト 3.2 ドルの削減につながるという経済効果について言及されている (同上『スポーツ白書 2010』, 19 頁)。
6) 原田宗彦編著『スポーツ産業論〔第 4 版〕』杏林書院, 2008 年, 7 頁。
7) 原田宗彦『前掲書』, 11 頁。
8) 財団法人日本サッカー協会「寄付行為」ホームページ。(http://www.jfa.or.jp/organization/outline1.html) 2011 年 8 月 31 日アクセス。
9) 社団法人日本プロサッカーリーグ定款と事業内容 (http://www.j-league.or.jp/aboutj/jlieague/organizaion.html) 2011 年 8 月 26 日アクセス。
10) 広瀬一郎『J リーグのマネジメント』東洋経済新報社, 2004 年, 56 頁。
11) 広瀬一郎『前掲書』, 78-80 頁。
12) 広瀬『前掲書』第 4 章「J リーグに参加した企業の動き」を参照。
13) 社団法人日本プロサッカーリーグ「J リーグ規約」
14) 同「J リーグ規約」第 3 章「J クラブ」を参照, 注 4 のホームページ・アドレス参照。
15) 社団法人日本サッカーリーグ『事業報告書 (平成 21 年度)』, 4 頁, 11 頁)。
16) 同上, 4 頁, 12 頁, 13 頁。
17) 社団法人日本プロサッカーリーグ『J リーグ規約』24 条「J クラブの株主」, 18 頁参照, 前記注 4, ホームページ参照。
18) 各クラブホーム・ページ参照。
19) 「J リーグとスポーツビジネス」, 上西康文編『ゼミナール, 現代日本のスポーツビジネス戦略』大修館, 2000 年, 第 1 章, 28 頁。
20) 髙橋由明『基礎と応用で学ぶ経営学―ひとつの国際比較―』文眞堂, 2006 年, 第 6 章 3.「コーポレート・ガバナンスとは何か」80-84 頁, 髙橋由明「最近の日本のコーポレート・ガバナンスをめぐる各種報告・提言について」前掲『商学論纂』, 1999 年, 255-279 頁。
21) 広瀬『前掲書』, 59 頁。
22) 広瀬『前掲書』, 67 頁。
23) 広瀬『前掲書』, 67 頁。
24) プロサッカー前掲「定款」第 15 条 ④ 項。
25) 広瀬『前掲書』, 67 頁。
26) J リーグ「実行委員会規定」(本稿注 4 にアクセス)。
27) J リーグエンタープライズのホームページ (htto://jle.j-league.biz/) 参照。
28) 欧州のプロサッカー・クラブの財政状況を報告した後藤太輔, 平井隆介両記者の詳細な報道記事の概要をここで紹介させていただいたことに謝意を表したい。なお, 2012 年 1 月 18 日の『朝日新聞』によれば, J リーグは, 2013 年度より, 各 J クラブが「リーグ戦安定開催融資制度」より融資が決まると同時に, チームの勝点を 10 点減らす方式を導入するということである。
29) 社団法人日本プロサッカーリーグ『前掲定款』ホームページアドレスも前掲参照。

30) 日本プロサッカーリーグ・ホームページ「Jリーグ百年構想とは」参照。

学習課題

1. 著者によるとスポーツとは労働（サービス）と定義していますが，つぎの問いに答えなさい。
   1) 労働の意味は3つの内容から構成されますが，その3つとは何ですか？
   2) 労働の意味から，①観客にプレーを見せる選手のスポーツ，②余暇活動として健康を維持するためのスポーツ，③チケットを購入して観客として観るスポーツの共通点と違いを説明しなさい。
2. 日本におけるスポーツ産業の発展と歴史を，GDP，GDSP，スポーツ関連消費市場の動向と関連させて説明しなさい。
3. Jリーグの組織運営（マネジメント）が，民主的で良好である理由について，財政の健全性，Jリーグの試合やクラブ運営の決定方法などの視点から説明しなさい。
4. 「フィナンシャル・フェアプレー」とは，どんな意味ですか？

# 第2章

日本のスポーツ・ビジネスとマネジメント

早川　宏子

要　　約

　本章では，まず日本におけるスポーツの歴史について考察し，日本のスポーツが最初は学校を中心に行われ，高校，大学のスポーツの受け皿としては企業のスポーツ（実業団運動部）が発達したことについて説明している。したがって，日本で比較的早く始まった相撲，野球以外はアマチュア・スポーツであった。そうした考えは，「スポーツ振興法」(1961年)，「スポーツ基本法」(2011年)に反映していた。しかし他面で「スポーツ基本法」では，スポーツが国民の権利として規定されたことについて述べられている。

　つぎに，スポーツ・ビジネス化は，1984年にオリンピックが商業化し，1990年に国際サッカー協会（FIFA）が世界にサッカーを普及させる政策を採るようになってから進展したこと，多国籍企業が，自己の企業ブランドを世界に認知させるため，スポンサーシップの地位を獲得するための競争が行われ，他方では放送権を取得するため，世界のメディアから多額の支払いが行われることなどが契機となっていることなどについて述べる。また，1993年の日本プロサッカー協会（Jリーグ）成立後，日本でもスポーツ・ビジネスが発展するようになったことや，スポーツ産業の領域，さらにスポーツが産業として成立するための「スポーツ商品の特性」について説明している。さらに，スポーツ・マネジメントには，「する・行う」スポーツ，「観る」スポーツ，「支える」スポーツがあり，それぞれの内容と特徴について論じる。さらに，サッカーなどリーグクラブ・マネジメントには，基本的には自由市場に基づくヨーロッパ型と，チームの強さを平均化し共存共栄のルールをもつアメリカ型があり，その特徴について，さらに，チーム・マネジメント，選手のマネジメントについ

て解説している。

1. はじめに

　1980年代の半ばごろからスポーツ・マネジメントに関する著作が出版され始め，2000年代に入ると，大学でも講義科目として設置されるようになってきた。本章は，第2節で日本におけるスポーツの歴史について考察し，第3節では1964年の東京オリンピック開催を契機に，スポーツ用品業の拡大だけでなく，スポーツ施設の増大，さらにはスポーツ・イベントがメディア産業分野でテレビ生放送され，雑誌・本の出版が増大するなど，スポーツ・ビジネスが発展した状況について考察している。第4節で，観るスポーツの発展のもとでのイベント提供者である競技団体組織のマネジメントに関して，欧米との比較をし，リーグのマネジメントとして考察をした。さらにチーム・マネジメント，選手のマネジメントについて検討している。

2. 日本におけるスポーツの歴史

　日本にスポーツが紹介されたのは明治時代（1868）になってからである。江戸の幕藩体制の崩壊とともに欧米各国から渡来してきた人々が西欧文化や文明をもたらすことになり，スポーツもその1つであった。外国人宣教師リーランドらが，学生にスポーツを教えている。外国人教師によってもたらされたスポーツは，まずは大学生やそのOBたちによって各地に広まることになる。また横浜や神戸の異人館に住む欧米人の行っていたテニスやボート，フットボール，野球などを，学生たちが真似る形で実施された。当時の大学生（旧制は中学生）たちがこれらのスポーツにまずは興味を示し，その面白さの虜になっていく[1]。そして，彼らは，自主的組織をつくりスポーツへ取り組み始めるが，これが日本でのスポーツの始まりであったといえる。彼らは，その後学生連盟を組織し競技会を開き，全国的な組織へと発展させていった。さらに，師範学校を卒業した学生らは，全国の学校へ赴任し，そこで生徒たちにスポーツを教えていったのである。

一方，スポーツのもつ文化的な特性（諸価値）に，日本の学校教育も注目するようになる。イギリスの高校（パブリック・スクール）では，すでにスポーツが重要な教育内容として取り入れられていた。スポーツに含まれる勇猛果敢な精神力と体力の育成，ルールの尊守，仲間の尊重などは，少年たちの倫理・道徳教育に欠かせない少年教育の内容を形成すると判断され取り入れられた。日本でスポーツが学校教育の内容として採用されるまでには，かなりの時間がかかっている。

日本ではスポーツを体育科目（当初は体操という科目）に取り入れる試みは，急速には広まらず漸次的であった。スポーツの内容として心身練磨・訓練を旨とする従来の体操教育（スウェーデン体操やドイツ体操など）に重きを置く人々の主張が強く，スポーツを取り入れて高度な判断力や自主性・仲間との連帯を育むべきと主張する人々の見解はあまり受け入れられなかったからである。とりわけ，第2次世界大戦へ突入する前後では，軍国主義教育が押し進められ欧米への風当たりが強くなり，スポーツは敵国（欧米）文化であるとして排除されていった。こうした状況では，体操・武道が重視され，これらの科目が義務化され強制的に実施され，スポーツ連盟・協会によるスポーツ活動は，戦後（1945）まで影を潜めざるをえなくなった。

戦後，新たな学校教育制度のもとで，体育の内容としてスポーツが取り上げられるようになると，スポーツは学校教育を舞台にその活動が始まる。スポーツ界は中止していた活動を再開する。国内では国民体育大会が盛り上がり，外に向かっては国際スポーツ組織が復活することで国民のスポーツ意識が徐々に高まっていく。1958年，アジア大会の招致・開催に成功し，1964年にはついに東京オリンピック大会の開催を実現させるにいたった。オリンピックの成功をもって我が国のスポーツは国民に浸透し始めたといえる。

東京オリンピック大会を契機にして，1970年代に入ると民間スポーツクラブが誕生してくる。「ママさんバレー」，「スイミング教室」，「体操教室」，「テニスクラブ」などが設置され，地域住民のスポーツ活動が行われるようになる。それまで野球や大相撲などでの「観る」スポーツが中心であったものから，「する」スポーツへとスポーツは拡大していく。大学生でも体育会[2]以外の「同好会（サークル）」が組織され，大学キャンパスでも，スポーツを楽し

む気運が一気に広がっていく。また東京オリンピックの招致は，高速道路や新幹線・国際空港など，我が国のインフラ整備事業が大々的に実施され，スポーツに関連するさまざまな経済活動を加速・活性化させることになり，我が国の高度経済成長期を創出するうえで大きな要因ともなった。さらに，スポーツ・イベントが開催され，これにより莫大な経済効果が生み出され，人々の生活スタイルを大きく変えることにつながった。すなわち，スポーツが経済と密接な関係をもつことが明確となり，これまで"スポーツと金"の関係を忌み嫌ってきた風潮に終止符を打つ契機となった。その始まりがまずはテレビからもたらされた。

「するスポーツ」が楽しまれるようになってきたのと同時に，「観るスポーツ」がテレビを通して一気に拡大してくる。東京オリンピックの主要競技は，カラーで全世界に中継され，世界中の選手が演ずるスポーツが地球上を駆け巡る時代に突入し，「観るスポーツ」はメディアの寵児となる。また誰もがテレビでスポーツを観るようになると，宣伝媒体としての価値はますます増大し，スポーツは，いわゆるキラー・コンテンツになっていった。テレビ局は優良なコンテンツ獲得を狙い，スポーツ放映権の獲得のために奔走するようになる。独占放送による視聴者の確保と視聴率の向上は，有力スポンサーを獲得し易くなり，スポーツの新たな付加価値がここに生まれるようになる。

(1) 日本のスポーツは学校教育に根ざしてきた

　スポーツはヨーロッパ，特にイギリスにおいて，近代的な形式を整えた。19世紀のはじめにイギリスのジェントルマンたちは，彼らが組織して生まれたクリケットやテニス，フットボール，ボートなど，各種ゲームを愛好し，カフェに集って好きなスポーツ，あるいは好きな音楽や，文学，舞台芸術などについて語りあったという。そしてヨーロッパのスポーツクラブでゲームを愛好する人々が，他のクラブと試合を進めるために，クラブ間でルールを調整することにより，統一組織をつくり，スポーツを競技として楽しむようになった。近代スポーツは，こうして生まれた統一組織・統一ルールの成立をもって世界に普及することになる。統一ルールができると，すぐに全英大会がひらかれ，翌年にはヨーロッパ大会が開催されている[3]。それは，それまでのローカルだった

ゲームが，ヨーロッパ地域全体の大会へと発展するまでに近代化されていったことを意味する。

　イギリスで成立した近代スポーツは，直ちに，明治開港（1868年）と同時に日本に導入されてくる。1898年，文部省が学校教育制度を確立し，「軍事訓練」と「保健衛生」の目的で「体操」が教科となったために，近代スポーツは「体操」のなかで若干取り入れられるようになった。1931年の『学校体操指導要領』は，「体操」，「武道」，「遊戯」がその主な内容であった。「遊戯」のなかで，欧米の文化であるスポーツが登場したが，これは学校教育として初めてスポーツが取り入れられたという意味で画期的な出来事であった。1941年には「体操」という教科が「体練科」という名称に改変され，その内容は「体練」，「体操」，「武道」に変わった。「体練」とは，日本人が"優秀民族"であり，"天皇一家"，"大和魂"などの精神性を指導するための領域で，非常に軍事的色彩の強いものであった。1944年に『体練科指導要領』が『訓練要綱』へと変わる。しかし1945年に終戦を迎えると，連合軍が日本の教育に民主教育を強制したために，「保健体育」の領域は，それまでの軍事的色彩を帯びたものがすべて払拭されていく。しかし1950年代に入ると，スポーツの国際舞台復帰への思いが強くなり，「体育」の位置づけや内容に変化が生じてくる。体育だけでなくスポーツにとっても戦前は暗い時代であり，国民がスポーツを楽しむような機会や雰囲気はほとんどなかった。戦後においても，スポーツを楽しむ場や機会は，学校のなかで行われるものがほとんどであった。東京オリンピック開催を契機にようやく地域・社会でスポーツ活動が盛んになり，民間のスポーツクラブやスポーツ教室が東京や大阪の主要都市で次第に誕生するようになる。しかし，スポーツを初めに学ぶのはあくまでも学校であり，地域で学ぶ機会は，少年野球や水泳教室くらいしかなかった。学校で学ぶスポーツは，すべて「教育的」であり，スポーツの「自由さ」が教育というフィルターで薄められることになる。

　また世界的にみても1970年代まで，スポーツは「アマチュア」であることが求められ，スポーツで賞金を稼ぐこと，すなわち商業的な行為を行うことは一切禁止されていた。だが，皮肉にも，スポーツが国際的に盛んになればなるほど，スポーツで賞金を稼いだりスポーツ・ビジネスを展開する環境は広がり

をみせるようになる。「アマチュア精神」は揺らぎ後退し、当初かたくなに禁止していた「プロ行為」が公然と行われるようになってくる。これは、スポーツのもつ競争性の素晴らしさに人々の関心が引きつけられ、魅了されるからである。しかしややもすると、スポーツの「結果」だけに目が向けられ、そのプロセスにみられる最も本質的な価値が見落とされてしまう場合もある。勝利や結果だけを評価する「勝利至上主義」や「結果主義」と短絡的に結びつき、これを売り物にした「ビジネス化」が始まる。この傾向は「スポーツをするには金がかかる」という意識を世間に広げ、資金確保にとっては少々無理なこともやむなしとして社会的な承諾を得るようになっていく。これまで、スポーツ活動に必要な資金は、自前を前提に、篤志家が援助をするいわば「タニマチ」とか「メセナ」的な援助行為によって成り立ってきたが、スポーツが国際化し、規模が大きくなると「いわゆる篤志家」の手には負えなくなるほど金額が大きくなる。近代スポーツが普及し始めたころは、個人の資金で活動費の捻出は可能であったが、それでも場所や施設は地域自治体や国家による建設や提供に依存せざるをえなかった。さらに、スポーツが国際化し競争が激化してくると、日々の弛まぬ練習が不可欠となり、選手は仕事代わりに練習時間を保障してもらえる環境を必要としてくる。プロではなく「アマチュア選手」にこのような状態が起きてきたのである。

　それは、国家が丸抱えの「ステイト・アマチュア」、大学が援助する「スカラシップ・アマチュア」、企業による「カンパニー・アマチュア（実業団）」、「ミリタリー・アマチュア」などの形で出現した。この不自然なアマチュアの存在状態は長く続くはずがない。スポーツを「アマチュア」で括りつけることがいかに無理なことであるかは社会の流れが証明している。

　すでにみたように、日本では軍国調を帯びた体育から、戦後の民主体育へ、さらには1950年代になると再度体育に「復古調」が生まれたが、近年まで文部省（当時）が教育要領の改変を行いながら、外来文化としてのスポーツを一括して学校の「保健体育」のなかで取り上げてきた。さらに、「社会体育」についても文部科学省が所管省であったため、スポーツに対する日本人の考え方、すなわち"スポーツ観"は、学校体育のなかでつくられてきたといってもいい過ぎではない。

(2) 実業団運動部（企業スポーツ）が大学スポーツの受け皿になる
1) 実業団運動部（チーム）の誕生

　日本では，スポーツが学校を基盤として行われたため，地域にスポーツ施設が準備されてこなかった。新制大学（1945年）以降，大学では一般教養科目が重視され，「保健体育」と「語学」が必修科目として制度化された。それまで，好きなだけ自分たちが所属するクラブが優先的に利用できる大学の施設を使用していた大学運動部の選手やコーチ，大学職員は，授業科目の学生が利用するようになったため，自分達の練習場を失うことになる。一方で，選手たちも大学での競技・練習期間は4年間に限られているから，多くの選手は競技・練習を継続するため，卒業後運動部のある民間一般会社へ就職をしたいと考えていた。おりしも当時の日本政府は，大企業を育成し戦後の会社基盤の拡大を優先させていたため，企業が社員の福利厚生施設建設のため土地を購入するのに対しては免税措置の方策を採った。このことにより，企業が広い土地を購入し，グラウンドや体育館を設置するようになった。企業は新しい運動施設で社員の運動会を行ったり，従業員のレクリエーションとしてスポーツクラブを組織しスポーツを奨励していく。そして，同業他社と対抗戦を行うようになると，社長以下社員が一丸となって自社を応援する。社員のスポーツ活動によって，彼らの健康管理のみならず会社への帰属意識が高まるようになり，社員の統制や士気の高揚にもつながるわけである。やがて企業は社員の採用に際し，いくつかのスポーツ種目で優秀な選手をスカウトし始める。

　このように，日本で実業団チームが組織化されたのは，朝鮮戦争の特需のころであり，日本の高度経済成長期にあたっていた（1950年代〜1970年代）。やがて強いチームで日本リーグ（社会人リーグ）を戦い勝ち上がることによって，会社の宣伝効果を上げることにつながっていき，会社がこれを認識し始める。このようにして，当初は大手企業が福利厚生目的として強い実業団チームをつくることに力を入れるようになった。戦後に出てきた「企業がスポーツ・チームを保有する」という現象は，極めて日本的現象であった。

　しかし，1990年代の半ばになるとバブル経済の崩壊に端を発して，実業団チームの崩壊が始まる。2000年まで新聞紙上に発表された崩壊企業チームは200社近くに上り，2011年現在までに347社に上った[4]。しかし復活したチー

ムや新たにリーグに参入するチームもあった。

2) アマチュアリズム

アマチュアリズムとは，生計のためにスポーツをするのでなく，楽しみの活動としてスポーツをするという考え方・態度・主張を意味する[5]。アマチュアとは，愛好家すなわち「スポーツで金品を手にしない」という態度を厳格に守ることで，この考え方はスポーツを生んだイギリスの階級社会を背景とした，ジェントルマン（や貴族）を擁護する思想であった。19世紀半ばごろ，これを起源に長期にわたって，スポーツマンはお金と結びつかない清く正しい者でなければならないという規制を受けてきた。かつて労働者（＝プロ）であることを理由に参加資格を失ったり，大会でメダルを剥奪されるなどの事件が内外で起こったといわれる[6]。IOC委員長のアベリー・ブランデージ会長は，「アマチュアリズムの権化」といわれたが[7]，彼が1972年に引退をした後，オリンピック憲章からアマチュア規定が外された（1974年）。日本では，スポーツが紹介されて以来，スポーツには，つねにアマチュアリズムが付きまとってきた。1964年に東京オリンピック，1972年に札幌冬季オリンピックが開催され，それらの大会でもアマチュア精神を掲げ，大会は神聖なもの（儀式）として受けとめられていた。

「実業団選手」に対しては，実際には企業から給料をもらっているサラリーマンであってもアマチュアであるという判断をしてきた。会社の本来の業務を免除され朝からトップアスリートとして練習をしていても，日本では実業団選手をアマチュアとみなした。実業団スポーツチームとは，日本独特のアマチュアの形態であり，世界にあまり例をみない。しかし，世界にはほかの形でアマチュアの方式をつくり上げてきた。旧共産圏の国々は選手を国が抱えてきたし（ステイト・アマチュア），大学生・高校生で国を代表するような選手の場合は，「スカラシップ・アマチュア」として学校がそうした選手をサポートしてきた。またソビエトの「ディナモ・キエフ」というクラブ（チーム）は，軍隊に所属しているサッカー強豪チームであった[8]。日本の自衛隊にも体育学校がありトップ選手を育成している。このように実際にはプロのような実力をもち，プロのような練習をしているのに，各国が「アマチュア」という形で連盟

登録をさせていた。こうした言葉のうえで帳尻を合わせたようなアマチュア連盟が各国に存在してきたのである。

　以上のように日本では，学校教育と実業団チームとの2つの領域から，日本のトップアスリート養成システムを形成してきた。

3）　実業団チームの特徴

　実業団チームへ雇用された選手は企業の社員であり，実際にはプロのような存在でありながらアマチュアを標榜した。選手は一度社員になってしまうと，日本的雇用システム（終身雇用制）のもとで，①他のチームへ移動することがない，すなわちトレードがない。②コーチやトレーナーの企業間の連係プレーがない。それぞれのチームは日本シリーズで勝つことが至上命題になるために，自分のクラブ所属の選手が全日本選抜選手として抜擢されるような場合でも，彼を連盟へ出したがらない傾向がある。コーチは，自分のチームで成功したコーチングのノウハウを他のチームへ教えたがらない。公開練習を嫌う。全体として日本選手のレベルアップにはつながりにくいという体質をもっている。③高校や大学でトップ選手として活躍をしたアスリートは，つぎに実業団へ入ることを希望した場合に，そのスポーツ種目の名門企業へ入らなければ活躍ができないから，結局職業の選択自由がなくなる。④実業団チームは，地域住民に開かれたクラブではない。企業の抱える選手だけがプレーをしている閉鎖性をもったクラブである。

　このように企業の抱えるチームが，大学スポーツの受け皿として日本のトップアスリート養成システムを形成していったといえる。言い換えるとトップアスリートの育成とその支援について，国が責任ある仕事をせずにきたという歴史をここにみることができる。

(3)　日本のスポーツ法

　「スポーツ基本法」が2011年6月17日に成立をした。これは日本で初めてのスポーツに関する法律で，1961年に制定された「スポーツ振興法」を全面改正したものであり，50年ぶりの改正であった。「スポーツ振興法」は，戦後の日本の復興を図る意味で，国民体育大会の充実や全国へのスポーツ施設

整備を充実させることに主眼を置いた法整備であった。その後約40年を経て2000年には，以前の「スポーツ振興法」には「基本計画」がなかったため，「スポーツ振興法」に「基本計画」が加えられて制定されている。この「基本計画」では，① オリンピックで取得メダルの数を増やす（スポーツ水準の向上），② 週に1回30分以上の運動をする国民を総人口の50%以上にする（底辺の拡大），という2つの目標を掲げて，その目的を達成する方法として，③ 全国に「総合型地域スポーツクラブ」を3,000カ所以上に，都道府県に1つの「広域スポーツセンター」を設置する目標が設定された。40年間も変更されなかった「振興法」であったが，この「基本計画」の整備とともに，国は2001年1月1日からtoto（サッカーくじ）の導入を認めている。

　今回の「スポーツ基本法」では，「スポーツは世界共通の人類の文化である」，さらに「スポーツはすべての人に関わる『権利』である」と提唱された。スポーツを国民の権利として理解することは，ヨーロッパのほとんどの国ですでに常識になっている[9]。それぞれの国は，国民がスポーツをする権利を保障する義務があり，その目的遂行のためにスポーツ行政を行ってきた。日本ではそれまでは「スポーツ権」が取り上げられることはなく，今回が初めてのことである。① スポーツ競技力水準の向上（スポーツの水準の高さ）と，② スポーツに親しむ国民となること（底辺の拡大）とをねらって，国および地方公共団体，独立行政法人，学校，スポーツ団体および民間事業者，その他関係団体が連携し協働するように努めなければならない。その責務が地方公共団体にはあるとしている。住民のスポーツ活動のために「学校の施設の地域への開放」を推進し，「学校体育の充実」のためには，「地域におけるスポーツの指導者の活用」が取り上げられた点が注目すべきである。さらに，「スポーツ産業事業者との連携，および協力の促進」という施策が重視されている。これらの項目は，以前の「スポーツ振興法」やその「基本計画」では取り上げられていなかった学校教育への民間活力の導入を奨励していることを示している。こうした「スポーツ法」の改正は，スポーツ行政において，時代の流れのなかで現代にマッチしたスポーツに関する基本法が必要な時期に至っていたことを示すものであった。また，「国民体育大会」に並んで「全国障害者スポーツ大会」についても規定され，それぞれの協会と開催都道府県は援助を行うべきと

いう指標を出したのは画期的であった。2000年の「スポーツ振興法基本計画」で初めて取り上げられた「総合型地域スポーツクラブ」については，今回の「スポーツ基本法」でもそのまま引き継がれているが，官主導のスポーツクラブが，設立から10年を経てどれだけ発展をしてきたかということについては，まだ整理がなされてはいない。

3. スポーツ・ビジネス

(1) 日本のスポーツ・ビジネス

日本のスポーツ産業は10兆円産業とまでいわれるようになっているが[10]，'80年代までの日本に「スポーツ・ビジネス」という言葉は存在していない（図表2-1）。「スポーツとは何か」というスポーツ観について，日本では学校と企業スポーツが中心であったから，つい最近まで「純粋なスポーツとはアマチュアの形態である」という考え方がなされてきた。世界的にみてもスポー

図表2-1　国内スポーツ産業は10兆円に迫る・スポーツ産業の内訳

スポーツ興行	2,100億円		
プロ野球	1,170億円	Jリーグ	765億円
相撲	165億円		
スポーツ用品	約2兆250億円		
ゴルフ	4,000億円	釣具・スキューバー	3,100億円
テニス・卓球・バドミントン	1,020億円	スポーツ自転車	1,560億円
野球・ソフトボール	1,050億円	スポーツウエアー	2,490億円
スキー・スケート・スノーボード	1,680億円	スポーツシューズ	1,570億円
登山・キャンプ	1,490億円	その他	2,290億円
スポーツ施設	2兆710億円		
ゴルフ場・ゴルフ練習場	1兆2,760億円	ボウリング場	910億円
フィットネスクラブ	4,160億円	その他	1,340億円
スイミングプール	1,540億円		
公営ギャンブル	5兆1,364億円		
中央競馬	2兆7,570億円	競艇	9,930億円
地方競馬	3,780億円	オートレース	1,070億円
競輪	8,100億円	サッカーくじ	948億円

出所：「レジャー白書」2008年と「スポーツ振興くじ」2008年に依拠して筆者による作成。

図表 2-2　FIFA ワールド・カップの放映権料の推移

1990年イタリア大会	76億円
1994年アメリカ大会	88億円
1998年フランス大会	108億円
2002年日韓大会	1,040億円
2006年ドイツ大会	1,660億円
2010年南アフリカ大会	2,700億円

注：20年前の35倍になっている。
出所：「FIFA 資料」。

の最高峰であるオリンピックが，オリンピック憲章の参加規程で「アマチュアであること」を掲げ，その歴史が長かった。しかしオリンピックが商業化し[11]，その後 FIFA が，サッカーを世界普及させる戦略をとるようになり，1990年代にはその目的を達成し，FIFA はスポーツ・ビジネスのうえでも大きな影響力をもつようになった。国際企業は，スポンサーとして IOC（世界オリンピック委員会）と FIFA（世界プロサッカー連盟）が開催する2つのメガイベントを特にサポートしてきた。すなわち，大企業側からすれば，世界的イベントのサポーターになる選択肢として，IOC の対抗軸として FIFA を必要としたのである。オリンピックの大型スポンサー候補は，近年では1業種1社（ワールドワイズ・パートナー）という規定であるから，多くの企業がこのパートナー・スポンサーの権利を取り逃すことになる。これに対して，パートナー・スポンサーを獲得した企業は，五輪のマークを自由に使用することができ，さらに大会会場へ自社の製品を独占的に提供できる。世界規模のマーケットを必要とする多国籍の会社にとって，このワールドワイズ・パートナーは，自社のブランドを認知させる絶好の機会になる。北京オリンピック（2008年）でパートナー・スポンサーの権利を獲得したのは，日本では松下電器産業のみであった。数多くの日本の電気機器産業企業は，このため最高位のスポンサー権を逃している。そこでオリンピック・スポンサーの機会を逃した会社は，つぎの FIFA ワールド・カップをターゲットに活動する。SONY は南アフリカのワールド・カップ（2010年）からつぎのブラジル・ワールド・カップまでの2期8年間をパックとしたスポンサー（「オフィシャル・パートナー」）を獲

得した。この間SONYは，ニュース・インターナショナル社と組んで，英国のプレミアリーグの試合を（英国のパブで）3D観戦できるようにし，ワールド・カップ南アフリカ大会では，大会を3Dで視聴体験させるために，世界8カ所で特別会場を設定し，3Dでハイライト（翌日にダイジェスト）を放送した[12]。また同社は3Dテレビの世界的普及，特に中国・インドの市場拡大を狙っている。以上をまとめると，① 世界中でメディアスポーツ*が巨大化し，テレビを通じて人々の興味が一極集中する時代になってきた。② 国際企業はこの2つのメガイベントのスポンサーになることを望むようになったのである。IOC以外でメガスポーツ・イベントを組織するFIFAを必要としたのである。③ スポーツ・ビジネスのうねりは，このようなグローバルな時代背景のなかで当然外国から日本に押し寄せてきていたのである。

　＊メディアスポーツとは，テレビ，ラジオ，新聞，雑誌，インターネット等のメディアが報道するスポーツのこと。テレビ放送権料はウナギ登りとなり，図表2-2に示されたワールド・カップの放映権料は1990年の76億円から2010年には2,700億円となり20年間で35倍となっている。

(2) 日本のスポーツ・ビジネスの歴史

　日本におけるプロスポーツは，以前から存在していたものとして大相撲とプロ野球がある。大相撲は，国技として日本伝統文化の要素とスポーツ的要素とのバランスを保ちながら長期にわたり国民に親しまれてきた。大相撲は収益面でも安定している。「2006年度の収入は129億円，支出は122億円で，差し引き7億円の黒字を生み出し，経営の安定感は日本のプロスポーツの横綱級である」[13]。大相撲は現代まで「コアなファンによって支えられ，かろうじて『致命的ファン離れ』を防いできた」[14]。

　日本プロ野球（NPB）は1921年に成立している。プロ野球こそが日本で一番親しまれてきたプロスポーツである。しかし経営については親会社が赤字を補填しているために，完全に自立した経営になっていない。むしろ経営面では実業団リーグ（企業スポーツ）に近いリーグの財政状態となっている。

　他方で，1993年Jリーグ（日本プロサッカー）が誕生した。最初は親会社に近い母体から誕生をしたが，地域密着チームにする（完全自立経営を図る）ため，意識的にチームに企業の冠を付けさせなかった。現在1部18チーム，2

部20チームの2ディビジョン制で，年度の終わりに降格・昇格がある。日本プロサッカー協会からの分配金，スポンサーとチケット代，賞金，グッズなどを収入源としているが，経営が厳しいクラブもある。

クラブの財政状態が潤沢であったとしても，スポーツチームは年度の終わりに必ずといって良いほど，来季に向けて選手補充のため再投資をする。そのためにプロスポーツチームは普通の企業が利潤を上げるような状態を生み出しえない。いく分大きな利潤が生まれると，さらに優秀な選手を補充し，チームの補強を図ろうとするため，財政はつねに安定していない。

2005年にはbjリーグが誕生した。日本バスケットボールリーグ（JBL）を脱退し，独立したプロバスケットボールリーグである。地域密着をうたい，都道府県に1つのチームを立ち上げることを狙って，全国に拡大中である（実力は世界をめざすことを目標にしている）。「観る」スポーツ，すなわちエンタテイメント事業として，bjリーグは発展が期待されている。しかし国立代々木体育館の使用料などが高いということもあって，リーグで常用することができない[15]。そこで多く利用する公共体育館は使い勝手が悪いということもあって，bjリーグは集客の面で今一つ苦戦を強いられている。将来的に各都道府県に1つのチームを存在させるという目標をもっているが，急激な全国への拡大によってリーグそのものが経営財政面で危機に陥るというようなことがあってはならない。現在までJBLの方は，プロ化を図りきれないでいる[16]。JBLがbjリーグと統合できれば，大きなうねりとなり，日本のプロバスケットボールの発展につながるであろう。bjリーグのなかで，現在財政的に危機に陥り始めているチームが若干出てきているのは残念である。スポーツを生活のなかに取り入れ，文化的に豊かな暮らしを日本に根づかせようとするならば，まずは多くの人がスポーツリーグに興味を持ち，これを盛り上げ育成していくことが重要であろう。

(3) スポーツ・ビジネスの領域

スポーツを行う場合のハード面やソフトを扱う事業について，従来ではサービス業として一括しがちであった。これらはスポーツ自体に付随している事業領域であるから，スポーツ産業の範疇に入れるべきである。特にマウンテンス

ポーツや，マリンスポーツなどは海や山を開発し大型リゾート施設が建設されるが，そうした場所でスポーツを楽しむためには，安全のために用具の使い方や技術を高めるための方法を有資格指導者（コーチ）から指導を受ける必要がある。このようにスキー，パラグライダー，気球，ダイビング，水上スキーなど自然のなかで自然と一体になって行うスポーツについては，大手企業の事業領域であり，リゾート開発から滞在ホテル，往復の交通までを含めてトータルで扱い，それらは，さらにサービス業，建設業，旅行・観光業，保険業などにまで波及する。

スポーツ用品業（スポーツ用具，ウエア，靴などスポーツで使用する品物）は，従来一切を運動具屋から学校へ直に搬入していた時代が長く続いていた。スポーツ・ウエアやシューズがタウン・ウエアとして人々に人気が出てきたのは，東京オリンピック以降（1970年代から）である。現在では，一般のアパレルメーカーやシューズメーカーとスポーツメーカーの違いがほとんど分からないほど，スポーツメーカーがカジュアルファッションの流行の先端を走っている。スポーツ用品は単なる流通産業として位置づけると，他の業種にまで拡がる事業領域を正しく把握できなくなる。今の若者，運動靴をいったい何足もっているだろう。ランニングシューズ，スニーカー，テニスシューズ，ゴルフシューズ，登山靴など，一人が沢山のスポーツシューズをもつ時代である。スポーツ産業におけるウエアやシューズ，用具などを，単にアパレル業界（流通産業）として片づけてしまうには大雑把すぎる。商品開発などもスポーツという文化性に左右されるようになっている。そしてこれらのスポーツ関連産業が，現代の若者の大きな購買力を生んでくるようになった。

(4) スポーツの商品特性

スポーツは最高のエンタテイメントである。生で観るスポーツでは，選手の繰り広げる質の高い技術やフィジカル面での強さに，ファンは感動を覚える。選手は日頃から鍛錬してきた技を試合の場面ですべてみせる。汗を出し激しく動きながらゲームのなかで選手たちが感じる爽快感や，全身で競争相手とぶつかっていく充実感，勝利した後の達成感などを，選手は実際に体験している。ファンも応援しながらそれらの感覚を選手と同じように感じ取ることができ

る。ファンも選手もともに興奮し満足を味わっていく。ときにはチームが敗北し強い怒りや落胆，焦りを感じることもあるだろう。TV観戦ではなく，スタジアムで直に試合を観戦し選手へ気持ちを投入することで，観戦者たちは日常と離れた気分解放を図ることができる。たとえチームが負けたとしても，選手たちから元気をもらい，心からすっきりとした感覚を味わい，さらに気分投入した分だけチームに対するロイヤリティーが生まれてくる。つぎにはもっと頑張るという気持ちがファンに起こってくる。スポーツというエンタテイメントには，ほかの芸能や芸術といった文化商品とは違う特徴がここにある。観る者が選手の高い技術に感動をするというだけでなく，観客としてのサポーターの気分は選手とともにゲームに参加をしているところにある。選手と一体となり心はともに戦っているという体験，これは音楽や歌舞伎，ダンス，オペラ，映画，芝居といった他のエンタテイメント文化とは違う特性である。この相違こそスポーツ・ビジネスで商品となっているスポーツのもつ大きな特性といえる。このようなスポーツの商品特性をもう少しまとめてみると，以下のように整理できる。

① 商品（ゲーム）は単独選手，あるいは単独チームによってつくり上げることができない。必ず相手がいなければゲームにならない。

② 試合のなかで移り変わる場面をハラハラ・ドキドキ，全身全霊を投入して楽しむ。生身の人間が織りなすゲームそのものが商品となる。どちらが勝つかあらかじめ予想が立たない，その意味でストックの利かない商品であり，生鮮食料品のような性格をもつ。すなわち試合の時に観客が期待するとおりの商品が提供できるかどうかは不確かである。

③ 対戦チームの戦力が拮抗していないと面白くない。すなわち商品の魅力が落ちる（このことはプロスポーツだけでなく実業団チームの試合でも，大学連盟の試合でも共通している）。JPB（日本プロ野球リーグ）の試合では，かつてチームオーナーが自分の道楽のように資金を投入し，"全国区のチーム作り"をめざし推進したことがあったが，実は4番バッターのような選手だけを集めたとしても，チームは勝って当たり前である。あるチームが一方的に勝つようなゲームは，逆に八百長試合をみているようで迫力がない。プロスポーツリーグではチーム間の戦力に偏りがない方が試

合は面白くなる。
④　プロスポーツにおいて，売り手と顧客の関係は複雑である。一般の売り手と顧客の関係ではとらえにくい。プロスポーツ組織とメディアの取引関係では，組織が試合を放映権という形でメディアに売る。この場合，組織が売り手となりメディアが顧客になる。さらに，メディアはスポンサーという形で企業にゲームを売ることになる。その場合，メディアが売り手となり，企業はテレビで広告を打つ顧客となる。さて企業とエンドユーザーとしてのテレビ観戦者の関係では，テレビ視聴者はテレビ視聴料を払い，広告の商品の購買訴求を受け取る顧客となる。スタジアムやアリーナでスポーツを観戦する場合は，組織が売手のチケット販売者で，観戦者がチケットを購入する顧客（ファン）となる。

4. スポーツ・マネジメント

　スポーツを楽しむ態度によって，スポーツとの関わり方には「する・行う」スポーツ，「観る」スポーツ，「支える」スポーツに分けられる。この「する」・「観る」・「支える」のどのスポーツ場面でもマネジメントは関係しているが，スポーツ産業では特にプロスポーツに関するマネジメントを問題にする場合が多い。メディアの発展によって放映権が高騰したために，プロスポーツ・リーグが生み出す利益が非常に大きいことと，さらには，スポーツに関するグッズの製造販売は従来は小売業に位置づけられ，大会などのイベント収入についてはサービス産業，旅行産業，広告産業と別々に分けて取り扱うことが多かった。また，スポーツ・ビジネスでは，主にプロスポーツのマネジメントのみを問題にしてきた。しかし「する」スポーツの分野や，「支える」スポーツの分野にもマネジメントは存在する。スポーツという文化については，その文化的特性から，すべてをトータルで考える必要がある。「する」スポーツと「支える」スポーツのマネジメントの領域を概観しながら，「観る」スポーツのマネジメントについて考察を進めることにする。

(1) 「する・行う」スポーツのマネジメント
  ① スポーツクラブ　＊「総合型地域スポーツクラブ」や「会員制私立スポーツクラブ」
       　＊ 学校や企業のクラブ
       　＊ 実業団チーム
  ② 施設やスポーツ環境（ハード面）を貸す事業
  ③ プログラムサービス業：コーチ（指導者）派遣，練習の方法や順を指導することなどソフト面を提供する事業
  ④ スポーツ用品業

　地域のクラブの運営には，NPO法人の形をとるもの，あるいは学校など公共施設の維持管理，運営に当たり民間の資金や運営能力を活用した事業体[17]や，Jリーグの下部組織クラブ，あるいは民間企業などがある。それぞれのクラブが地域住民のスポーツ文化の育成に関わっている。

　クラブが草の根クラブである場合には，今後クラブが継続して発展できるように，① NPO として法人化する，② 有償マネージャーを採用する，③ 指定管理者制度[18]を受けるなど，戦略的な見通しを立案することが必要となる。特に総合型地域スポーツクラブの場合には，① 会員を確保する，② 財源を確保する，③ 指導者を確保することは，是非とも必要になる。その他に会員が集う ④ クラブハウスの建設や，⑤ 一貫指導体制を確立することなどの課題も上がってくる。学校のクラブや実業団クラブについては，監督やマネージャー，トレーナーなどの存在が必要になるが，その活動は営利を目的にしていない。私立のクラブの場合は，アスレチッククラブやスイミングクラブ，テニスクラブ，乗馬クラブなど，いろいろな種目のクラブがあるが，会員は入会金や年会費を払い，準備された施設でスポーツを行っている。

　スポーツを行う場合のハード面やソフトを扱う事業については，従来はサービス業に属するものとして取り扱ってきたが，これらは「するスポーツ」に必ず付随して必要な要素であるので，スポーツ・ビジネスの収益として扱うべきである。同様にスポーツ用具や，スポーツウエア，スポーツシューズなど，スポーツで使用する物品に関しても，通常の小売業に位値づけるだけでは問題が残る。これらのスポーツ用品の販売による収益は，独特の文化を育成するス

ポーツ産業に属するものと位置づけるべきである。

(2) 「観る」スポーツのマネジメント
1) リーグのマネジメント
　リーグのマネジメントには，ⅰ）ヨーロッパ型自由市場と，ⅱ）各チームの力が平等となるよう，できるだけリーグ内のチームの力を均一に操作しているアメリカ型プロスポーツ市場とがある。
ⅰ) **ヨーロッパ型プロスポーツ市場（自由市場）**
　ヨーロッパのプロスポーツ市場は非常に大きい。スポーツを生んだイギリスでみてみると，サッカー・プレミアリーグが圧倒的市場を占めているが，その他にウィンブルドンのテニス大会や全英ゴルフ，クリケットやラグビーも盛んである。北欧ではアイス・スケートが国をあげて盛んである。その多くはアマチュアリーグであるが，プロになってカナダやNHL（アメリカ・プロアイススケートリーグ）で活躍する選手も多い。フランスではプロサッカー（ラ・リーグ・ドゥ・フットボール・プロフェショナル＝LFP），プロやアマチュアのラグビーやハンドボール，ツールド・フランス（自転車），自動車のパリ・ダカール・ラリー，ルマン耐久レース，モンテカルロ・ラリーなどがある。
　またヨーロッパではプロバスケットボールの人気も高く，欧州バスケットボール連合（ULEB）はカップ戦を成功させている。バスケットボールの"ユーロリーグ"は，UEFA（欧州サッカー協会連合）が行う"欧州サッカー・チャンピオンズリーグ"に相当する，バスケットボールのヨーロッパ・チャンピオンズリーグである。FCバルセロナやレアルマドリードといったサッカー強豪チームがプロバスケットボールチームを所有している[19]。プロサッカーではイギリス，フランスのほかに，ドイツ（ブンデスリーグ）や，イタリア（セリエA），スペイン（リーガ・エスパニョーラ），オランダ（エールディヴィジ），ベルギー（ジュピラーリーグ）などが凌ぎを削っている。ドイツでは卓球のプロリーグがあり[20]，世界レベルに力を引き上げ中国と競っている。ドイツのFCバイエルンは，サッカー男女のほかに，バスケットボール男女，ハンドボール，卓球，ボウリング，体操などのクラブを包含している総合型スポーツクラブである。イタリアやスペインではプロやアマチュアのバレー

ボールのリーグも盛んである。

　イングランドのサッカーの歴史については，ジョン・ホーンが以下のように分類区分している。① 18 世紀までの民族的なゲームの時代，② 19 世紀に入ってパブリック・スクールがルールの成文化に役割を果たした時代，③ ラグビーからサッカーが分化した時代，④ 戦時期，⑤ 戦後耐乏期，⑥ 1960 年代～1980 年代の商業化の時代，⑦ 1990 年代に入ってメディアの影響とスポンサーシップ拡大をともなった一極集中的エリートリーグの形成期，と大きく 7 つに区分している[21]。

　英国で初めてサッカーリーグが立ち上がったのは 1888 年であった。現在イングランドのプレミアリーグはヨーロッパを牽引しているが，1970 年代～1980 年代までのイングランドでは，サッカー愛好者は労働者階級であった。フーリガンが絶えず，スタジアムは老朽化してファンの安全をも脅かし，経営的にも収益が上がらずに困窮していた[22]。だが，1990 年代になって変化が現れる。これまでのスタジアムでの悲惨な事故の反省から政府が改修費用を支出し，危険な立見席から安全な椅子席へと整備されていく。1992 年イングリーグのトップクラブがついにリーグを離脱，プレミアリーグを結束させた[23]。

　新設プレミアリーグは，ルパート・マードックの衛星放送 B スカイ B に，独占放送権を約 3 億 400 万ポンドで売却した。マードックの率いる衛星放送局は，これによって爆発的な有料放送契約者の伸びを記録した。プレミアリーグは，それまでのリーグとの違いは，① 全座席型新しいスタジアムの建設，すなわちスポーツ環境を刷新，② トップと最下位とのチーム間に新たなディビジョンを設定し，ディビジョン間で降格・昇格を設けた，③ ルパーク・マードックの B スカイ B 衛星テレビネットワークと独占的に試合中継契約を交わしたことにより莫大な報酬が，新生プレミアリーグに入るようになったことなどが特徴として挙げられる[24]。さらに ④ プレミアリーグは世界に向けて市場を開拓している。シーズンオフにアジアで親善試合を行うなど，ファン層を拡大する戦略をとっている。世界中から優秀な選手をクラブに集め，ますます強いクラブづくりを促進している。スーパースターを連れてくるためには，契約料が高額過ぎるために，チームの台所事情は火の車で，資本調達のため株

式を上場するチームが増えてきている。そのためアメリカの投資家や，中東の石油王，ロシアの富豪らが株式の購入を増やしクラブのオーナーになるケースも現われている。また，債務超過で倒産に追い込まれるチームも出てきている。

ルパート・マードックは，その後も世界の有料放送を買収し，メディア組織とスポーツチームを統合し占有しようと図った。マンチェスターユナイテッドを買収しようとしたときには，議会が動いてこれを阻止している[25]。1996年までにマードックのニュース・インターナショナル・コーポレーションは有料テレビ放送の収益の90％を占めるようになった。さらに，2002年までのハリウッド映画の放映権まで手に入れている[26]。彼のメディアグループは，自らのネットワークを通じて配信できるクラブの競技活動をコントロールすることができるようになり，それを大いに利用していく。このような状況は「サッカーのマードック化」ともいわれる。

ヨーロッパに現れた「サッカーのマードック化」という現象に関して，ブルデューは以下のような分析を行っている。ヨーロッパのサッカーは，「サッカーのマードック化」の影響で，① ヨーロッパおよび国際的な試合やトーナメントの規模が大きくなり，試合数が増加した，② テレビで放映される試合数が増加した，③ 有料テレビや加入性テレビが，こうした試合の独占放映権を獲得する傾向が醸成された，④ スポーツ・イベントのスケジュールや時間調整がテレビによって左右されるようになった，⑤ 試合構造が変化した，⑥ 賄賂・汚職などのスキャンダルが増加した，⑦ 世界中から優秀な選手がチームに移籍してくるようになった，⑧ クラブや選手，サポーターの関係の変化などがもたらされるようになった[27]。

プレミアリーグはかつて凶暴なフーリガンが跋扈していたローカルなリーグであったが，いまや高収益を上げるグローバル・ビジネスへと変身した。ディビジョン間で降格・昇格があるため，年度の終わりまでファンは緊張し興味を継続し，ゲームは常に予断を許さない状態をつくり出す。そして，年度も終わりを迎えるころには降格ゾーンに沈んだチームは，予断を許さない状態に慌てふためき，もてる物すべてを注ぎ込んで新たなタレントの獲得に走ろうとする。上位チームにも緊張が走り，さらなる新勢力の補充を狙おうとする。チー

ム間のストレスはますますエスカレートするために，収益の最大化を図ることなどとても考えられない。借金をしてまでもチームの強化を図らなければならない状態をもたらすのである。このような優秀選手をめぐる軍拡競争は，強いチームをますます強大に，弱いところはますます苦しくなるという構造をつくり出す。そこで株式の上場を取り入れたチームは，外国資本が株式を購入し，一見資金が潤うかにみえるが，市場全体の落とし穴もみえ隠れする。ヨーロッパのスポーツ市場は弱肉強食の世界で，リーグに属するそれぞれのチームは，いつ経済的に破たんするかの脅威に直面している。

ここにきてチームの倒産が相次いでいる。2011年2月26日付で，プレミアリーグのポーツマスFCが，破産申請を行い倒産した。ポーツマスは1932年に創設され，2007年～2008年シーズンはリーグ6位の中堅クラブであったが、次年度2部へ降格をした。その後1部へ返り咲くが，負債総額は1億1,000ユーロ（約130億円）に上り，選手の移籍金や給料も滞っていたという。リーガ・エスパニョーラのレアル・サラゴは，6月8日に破産法に基づく法的整理を申請した（2011）。セリエAのフィオレンチーノも破産し，ラティオが経済危機，パルマは身売りしようとしている。すでに前からヨーロッパ・リーグは"崖淵に立たされている"[28]と危機が叫ばれていたために，今回のこうしたクラブの倒産は予想されていた。このような状況に対してUEFAは2007年～2008年にわたる1シーズンで調査を行っている。

ヨーロッパ連合に登録している732クラブの全負債は63億ユーロに達し，そのうちプレミアリーグだけで，40億ユーロの負債に上る。つぎがリーガ・エスパニョーラでプレミアリーグの4分の1の負債額。3位のセリエAではプレミアリーグの8分の1である（図表2-3）。彼らが生み出した収入110億5,000ユーロにもかかわらず，彼らの損失は5億7,800万ユーロ弱の累積赤字を生み出してしまっている。財政状況に関するこのレポートでは，経費の急増が問題にされた。とりわけ有能な若い選手の給料の急増は年間18％増になり，選手の賃金総額の増大は制御がきかず，異常な財政状況に陥っているという。選手の賃金の70％をカットすべきクラブが200に上る。そのうちの57％が100％カットであるという。巨大企業としては信じられないことである。

財政破綻を前にUEFA会長のミッシェル・プラチニは，2009年8月モナコ

第2章　日本のスポーツ・ビジネスとマネジメント　69

図表2-3　ヨーロッパサッカークラブの推定負債額

2008年～2009年，ヨーロッパサッカークラブ732の推定負債額

プレミアリーグ（イギリス）40億€
（プレミアリーグが一番負債を抱えたチャンピオンリーグである）

ヨーロッパ全クラブの負債額 63億€

他の国のリーグ 23億€

ラリーグ1（フランス）6,000万€

2007年～2008年，ヨーロッパのサッカークラブ732の推定負債額
クラブの負債見積

マンチェスターユナイテッド（イギリス）8億2,600万€
バレンシア（スペイン）5億4,700万€
リバプール（イギリス）5億
レアルマドリッド（スペイン）3億2,700万€
アーセナル（イギリス）2億2,840万€
ポーツマス（イギリス）8,000万€
オクセル（フランス）770万€
パリサンジェルマン（フランス）540万€

出所：DNCG.UEFA. 章末注28) 参照。

で，財政健全化構想フェア・プレー・ファイナンス（Financial Fair Play）が必要であると訴えた。いろいろ不協和音が出たが，ヨーロッパのサッカークラブが連続倒産を防ぎ，3年間でクラブの負債をゼロにするために，その施策の検討に入った。そして9月の総会でクラブ財政管理パネル（Club Financial）を採決した。ECA（ヨーロッパ・チャンピオン連盟）の144のクラブがマンチェスターに集った時に（2010.3），2012年からの3年間でフェア・プレー・ファイナンスの適応を導入することを取り決め，4月の総会ではその規制案が可決された。通称プラチニ・プランといわれる。支出を収入内に抑える。負債が収入の額を超えた場合ははっきりとした負債縮小計画を提出する。オーナーが保証しない損出については，3シーズンでそれを500ユーロに抑える。選手の年俸総額は70％を超えてはならない。ユース育成センターやスタジアムへの投資などインフラへの投資については規制外とされた。これからは，時に応じて査察官がクラブへ入ることになる。上記の規制がUEFAへの登録条件となり，守られないクラブに対しては罰金が科される。過激化するヨーロッパの

サッカーは，今後財政を透明化し，1つのクラブだけが突出することの無いよう，UEFAに属するクラブは，リーグに協力をしながら財政の健全化を図らなければならない。フランスでサッカー王者といわれたかつての英雄サバチィニは，ヨーロッパのサッカーを救う王者になるかもしれない。

ⅱ） アメリカ型プロスポーツ市場（共存共栄型）

アメリカのプロスポーツには，アメリカン・フットボール，野球，バスケットボール，アイスホッケーなどがある。ナスカー（NASCAR）のような自動車レースもとても盛んである。その他にモーグルやトライアスロン，ラクロス，ローラー・ボードなど，数多くのアメリカ生まれの種目がある。アメリカ人は，これらのスポーツを楽しみ盛り上げてきた。

イギリス人は近代の幕開けと同時に自分たちの社交のなかでクラブを発展させ，近代スポーツ組織を創設した。すなわち連盟をつくり，ルールを成文化したが，同じ時代に新大陸へ渡りアメリカ人になった人々も，自分たちのスポーツ組織を創設した。野球はイギリス人が愛するクリケットにとても似ているし，フットボールはアメリカン・フットボールになったと考えられる。バスケットボールやバレーボールはプロテスタント（キリスト教）のスカウト運動のなかで，子供たちが室内で簡単に行えるゲームとして考案されたものである。

イギリスのジェントルマンたちが自分たちの価値観（「アマチュアリズム」や「スポーツマンシップ」といった精神性）をスポーツのルールのなかに盛り込んで，スポーツを彼らの社交の主要行事としてきたのに対し，アメリカ人はイギリスのジェントルマンたちの社交の精神などは好まない。イギリス的な伝統を重んじる精神には常に対抗する意識があったのであろうと思われる。それゆえアメリカででき上がったスポーツのルールにはイギリスと違ったものが反映されている。

アメリカは多くの民族を受け入れてきた国である，現実主義の何物でもない価値観を生み出し，スポーツのルールにそれを盛り込んでいる。イギリス生まれのスポーツのように「0-0引き分けあり」などもっての外で，まして点が取りにくいように考え出された「オフ・サイド」というルールなども論外である。スポーツの楽しさは，得点を挙げるところにあると彼らは考える。イギリ

スから入ってきたスポーツに対して，常にルールを合理化するというアメリカ的価値観で大きくそれを変革し，そして人々がそれらに夢中になる。多くの人に人気があるということは，そこに価値があるということで，アメリカでは高校や大学スポーツでも，ビジネスとしてしまう。そのため，スポーツをエンタテイメントとしてますますショー化する傾向がみられる。

　以上のようにアメリカ生まれのスポーツの特徴は，① ルールを合理化し変革する。メンバー・チェンジによってゲームはますますスピーディーでスリリングに展開する。② 情動的表現に寛大で，自己主張を認める（審判に対して抗議をすることが許される）。③ 勝利への執着心が強い（引き分けを嫌う）。④ 陽気で派手なヒーロー物語を好む国民性がある。⑤ イギリス的スポーツがオリンピックで代表されるように「聖なる採点」を表すのに対して，アメリカ的なスポーツは聖なるものを否定，むしろ「遊びの大空間」をつくり上げる。チア・ガールのセックスアピール，エレクトーンのコミカルな演奏，スコア・ボードや電光板を使用した効果，司会者が会場を一体化させるような応援を誘導するなど，光と音や白煙で会場の内外をお祭りムードに盛り上げる。⑥ リーグ全体をどのように繁栄させるか（＝運営するか），チケットの売り上げを伸ばすための各種の方法，スタジアムでの顧客満足とは何かについてなど，緻密な分析が行われている。

　アメリカでは1960年代から国内でプロリーグが隆盛したこともあって，「スポーツ・アドミニストレーション」とか「スポーツ・ビジネス」というプログラムが大学に出てきたのが1970年代からであった。その後スポーツ・ビジネスに関するコースができ，1980年代に入るとスポーツ・ビジネス学科や同学部が設置された[29]。1990年代には日本からアメリカの大学院へ留学する学生が出てきた。日本にプロスポーツリーグが立ち上がり，国内リーグをどのようにマネジメントすべきか，ファンを増やしリーグを発展させるための研究がされ始めた。昨今ではメガスポーツ・イベントがますます巨大化し，この分野の研究がなされている。こうした状況を日本にも反映し成功させるためにも，日本でスポーツ・マネジメントの重要性が高まってきたのである。

　現在アメリカで人気が高いプロスポーツリーグは，第1位がアメリカン・フットボール（NFL［National Football League］），つぎがプロ野球（MLB

[Maiger league of Baseball])，バスケットボール（NBA [National Basketball Association]），アイスホッケー（NHL [National Hockey League]）と続く。そのほか人気があるのは（CART [NASCAR やインディ 500]），サッカー（MLS）も盛んだ。マイナー野球や女子のサッカー，バスケット，ソフトボールなども人気がある[30]。

　図表 2-4-(1)，(2)，(3) は，米国 4 大メジャー・スポーツについて，鈴木友也が引用している「米国 4 大メジャー・スポーツ球団経営状況」に関する資料である[31]。図表 2-4-(1) は 2009 年から 2010 年度シーズンの平均観客動員数で，NFL の平均観客数は 67,509 人で，MLB のそれ 30,141 人に比べて倍以上の人気を示している（NBL は 17,165 人，NHL は 17,075 人であった）。図表 2-4-(2) は 2009 年から 2010 年シーズンのテレビ視聴率の平均を表したものであるが，NFL は平均 45％と断トツ視聴率を上げている（MLB は 8.4％，NBL は 10.6％，NHL は 3.4％であった）。多チャンネル化したテレビメディアの時代に 45％の視聴率というのは，世界でも例をみない高視聴率である。アメリカン・フットボールはテレビとの相性が非常に高いようである。図表 2-4-(3) は 2010 年度の球団平均資産価値について（米経済誌フォーブス [Forbes] が試算したものを鈴木が引用し）分析している。NFL は 10 億 2,244 万ドルに達し（MLB はチーム平均 5 億 2,270 万ドル，NBA が同 3 億 6,876 万ドル，NHL が同 2 億 2,810 万ドルということで），NFL の資産価格が突出していることが理解できる。2010 年から 2011 年の MLB の売り上げは過去最高の 70 億ドルを上げているが，NFL の売り上げはそれをはるかに超え 90 億ドル以上であったという。図表 2-5 は，アメリカ 4 大メジャースポーツの球団資産の年次推移を示している。NFL の資産の伸びが他の 3 つのリーグの伸びに比して突出していることが分かる。

　それではどのようなリーグのマネジメントが行われているのだろうか。4 大スポーツリーグは NFL が 32 球団，ほかはそれぞれ 30 球団で全国にフランチャイズ（地域をテリトリーとする権利をもつ）化されている。試合数は NFL が一番少なくてそれぞれのチームは年間 16 回の試合しかない。ほかのリーグは MLB が年間 162 試合，NBA と NHL はそれぞれ 81 試合である。ヨーロッパのリーグのように各ディビジョンに分かれて最終的に降格・昇格がある

図表 2-4　米国 4 大メジャー・スポーツの球団経営状態

(1) 平均観客動員数（2009-10 年シーズン）

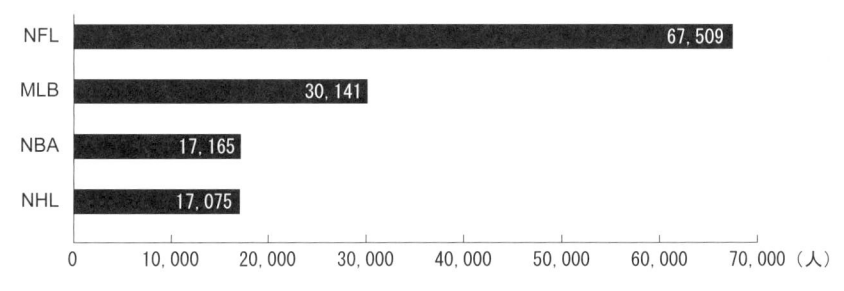

NFL	67,509
MLB	30,141
NBA	17,165
NHL	17,075

原出所：*Street & Smith's SportsBusiness Journal*.
注：MLBは2010年シーズンのデータ。

(2) テレビ平均視聴率（2009-10 年シーズン）

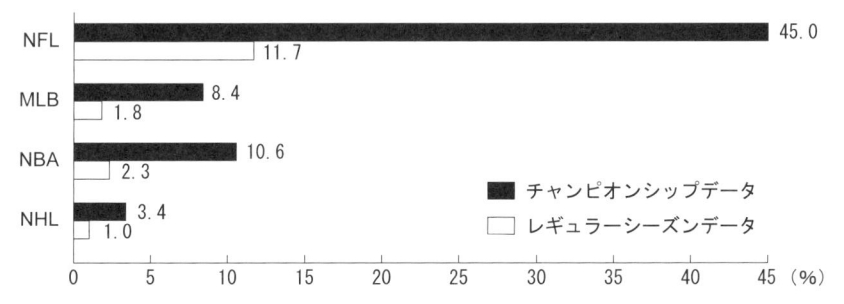

	チャンピオンシップデータ	レギュラーシーズンデータ
NFL	45.0	11.7
MLB	8.4	1.8
NBA	10.6	2.3
NHL	3.4	1.0

原出所：*Street & Smith's SportsBusiness Journal*.
注：MLBは2010年シーズンのデータ。レギュラーシーズンは地上波テレビ局のもの。NFLは地上波 3 局で最も視聴率の高いNBCの数値で，他局はFOXが11.4％，CBSが10.4％。

(3) 球団平均資産価値（2010 年）

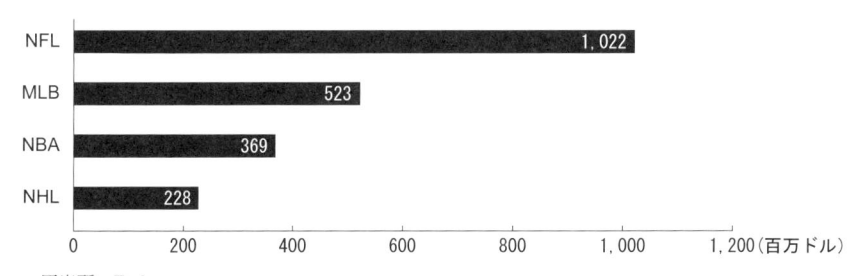

	百万ドル
NFL	1,022
MLB	523
NBA	369
NHL	228

原出所：Forbes.
出所：図表 2-4 (1)，(2)，(3) とも鈴木友也『勝負は試合の前についている』日経 BP 所収。

図表 2-5　米国 4 大メジャー・スポーツの球団資産の推移（1998 年を 100 とする）

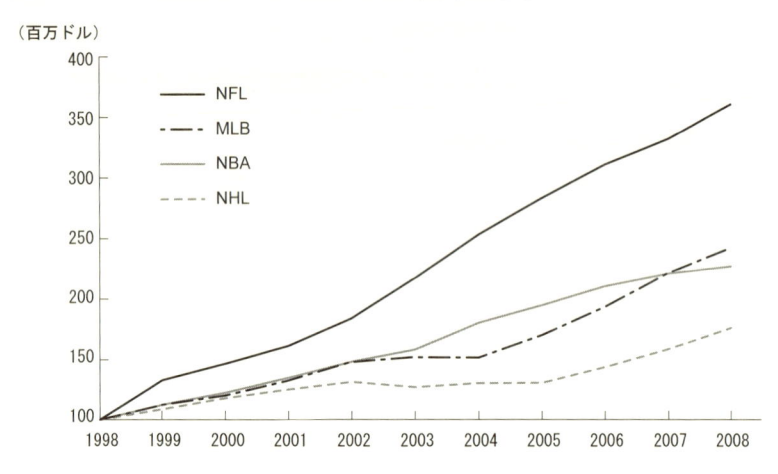

出所：鈴木友也『勝負は試合の前についている』日経 BP 所収。

というわけではなく，リーグは閉ざされている。2 つのカンファレンスに属する構成をとり[32]，年度末にワールドシリーズや，スーパーボールのようなプレー・オフを戦う。リーグ機構は，各チームの実力を拮抗させるためにさまざまな努力をしている。それはチームの力を平均化させるための工夫である。

①　リヴェニュー・シェアリング（収益分配制度）

　NFL では，テレビ放映権料，全国規模のスポンサー代，チケットの一部，マーチャンダイジングなどはすべてリーグの収入となり，一括して 32 球団に均等配分されている。NFL では経営が苦しくなるチームが出ないように，リーグ機構が徹底して財政的にチームの平均化を図る工夫をこらしている。MLB が収益分配制度を取り入れるのは 1996 年になってからであった。全国放映権料，全国スポンサー，マーチャンダイジングなどの全米マーケットからの売り上げは，リーグの収入となり，地域レベルのマーケットに関しては，ローカル放送の放映権料や地方スポンサーからの収入は各チームに入る。リーグの収益は 30 球団に分配されている。MLB では若干チーム収入が違ってくるので，チーム間に収益格差が生まれる。収益を上げたチームはその額に応じて課徴金（ぜいたく税）をリーグに上納しなければならないシステムになっている。

② サラリーキャップ制度

　各チームが選手に払う総報酬額に上限と下限を規制している。チームが選手をトレードする際に，優秀な選手に投資を惜しまず資金をつぎ込むような事態が起こると，チーム間に実力の差がついてくる。実力に優劣のあるチーム間の試合ほど魅力に欠けるものはない。実力を伯仲させる意味でも，極端に強力なチームを生み出してはならない。さらに強いチームが利潤を上げるようになるとリーグそのものの安定に亀裂が入ることにもなる。リーグからの分担金の範囲内で選手の総給料をまかなえれば，各チームに倒産という問題は起こらない。

③ フリーエージェント

　選手は一定期間メジャーに在籍すると，チームを自由に移籍することができる（選手は 6 年はチームに所属しなければならない）。

④ ウェーバー制ドラフト（逆指名ドラフト制度）

　新人プレーヤーの指名権に関しては，前シーズンの成績下位の順から与えられる。また最上位チームに対しては，新しいシーズンの試合日程なども，過密で不利になるような条件の順位づけをしている。収益分配制度とサラリーキャップは，戦力の均衡を図りチーム間の財務格差をなくすための制度である。ドラフト制に関しても，新たな未知の戦力に関して，長期的視野に立って戦力の均衡化を図ろうとする，リーグの取り計らいであるといえる。

　以上みてきたようにアメリカの 4 大スポーツでは，新しいチームが加わりにくい独占的な市場[33]で，戦力を平均化したチームが，消化試合などに陥らないようにシーズン中全力で戦っていく。ヨーロッパのリーグではチームは何段階もの格差があるディビジョンに所属し，昇格・降格があるので最後まで目が離せない。アメリカの 4 大リーグの場合は，プレー・オフへ持ち込むなどの制度を導入して興味を持続させ，すべてのチームが実力互角で戦うという違いがある。各チームはゲームを行っている間（NFL で 3 時間）だけが戦いで，それ以外の時間は一丸となってリーグに協力をするという。

2) チームのマネジメント

　チーム・マネジメントには，「チーム強化組織」と「事業体組織」の 2 つの

組織のマネジメントがある。「強化組織」では，高品質の商品を提供する。すなわちチームの強化を図り魅力的な試合を展開させるためにゲームの質を考え選手を採用する，あるいは選手を育成する。そのためにクラブ（チーム）のビジョンをしっかりと確率させる必要がある。その上で具体的な目標（戦略）をクラブのなかで構築させる。強化組織には監督，コーチ，トレーナー，選手などが所属する。「クラブ事業組織」は，クラブのビジョンに則してクラブ全体が機能するように働く組織である。一般の企業と同じ会社組織で，総務，財務，会計，人事，販促，広報などの部門がある。チームは組織外の利害関係者（ステークホルダー）をもつ組織として，地域に密着をしている。すなわち，自治体や，スポンサー，ファン，対戦相手（競技者），競技団体（所属連盟），マスコミなどと関わっているのである。マネジメントとしては，① 関わるさまざまな利害関係者たちと関係をもちながら，クラブ事業を安定化させる，② 高品質な商品を提供する，すなわちチーム強化を図り魅力的なゲームを展開させる，の2点が挙げられる。

　チーム組織とフロント組織が魅力的な商品を生み出し，マスコミやスポンサー，ファン，自治体などいろいろな利害関係者にそれを提供し，チームに還元させる。そしてさらなる商品価値向上のために再投資をする。この循環を継続させることがチーム（クラブ）のマネジメントである。

3）選手のマネジメント

　選手がプロのスポーツチーム[34]に所属する場合に，契約時の方法や契約内容をよく理解することが肝要である。トラブルの際の交渉については，選手は素人である場合がほとんどである。リーグが認める弁護士（代理人）に煩雑な契約に関する仕事を依頼する必要がある。選手は法的な事項に関しては専門家に一切任せ，代わりに自身のためのトレーニングに専念する，あるいは身体の休養を図った方が得策である。そのために法的業務を代行するエージェント（代理店）が必要となる。その外に選手の生活一切のマネジメントをするエージェント業務がある。図表2-6はトランス・インサイト・コーポレーション社が作成した選手のマネジメント業務の内容について図解したものである。選手の生活全般の代行，メディア取材の対応，財産管理とか将来のキャリアの問

題，練習場の確保など，図表をみるとその業務が一目瞭然で理解できる。同社はニューヨークに本社を置き，Ｊリーグのチームやプロ野球球団など日本のプロスポーツチームのコンサルティングを行ったり，日本から大リーグへ出かける選手のエージェント業務を行ってきた。その内容をみてみる。

① 選手が選手会や球団と折衝する際に立ち会ったり，交渉したりする。
② 大リーグへ入団した日本選手の，住居選び，ライフラインの設定，家族の学校や病院選びなどを行う。
③ 選手の財産管理（税務申告，会社設立，資産運用）を援助する。
④ 選手個人のトレーニングに関して，トレーナーを選んで紹介する。トライアウト（入団試験）の世話を行う。
⑤ 選手の社会貢献（NPO設立，クリニック開催，チャリティツアーの実施，観戦招待など）を行う。
⑥ キャリアプラン。スポーツ選手の寿命はそう長くないため，選手引退後

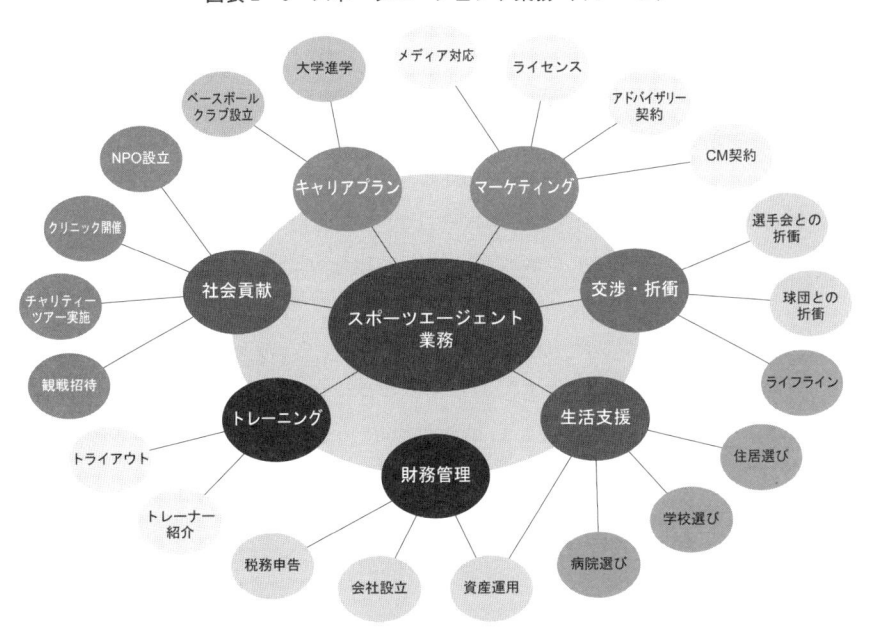

図表2-6　スポーツエージェント業務（イメージ）

出所：Trans Insight Corporation.

の長いキャリア生活を考えてキャリアの準備を進める。大リーグのシーズンオフに日本の大学の授業を聴講ができるよう交渉した（大学進学の援助）。草の根野球クラブ設立を手伝う。

⑦ プロ選手のマーケティングを計画する。アドバイザリー契約をして、メディア対策（くだらないクイズ番組などに出演して振り回されないよう、あるいはパパラッチによる取材を避ける意味でも、ホームページを作成し、メディアに取材内容を整理させた。大リーグ・プロ選手へのサクセスストーリーを載せ、子供たちの夢などを潰さないよう考えている。ライセンス取得など奨励する。

というような業務を行ってきた。大リーグのプロ選手として試合と練習とで多忙にもかかわらず、マスコミからも追いかけられるため、選手は自分の行動の基準や方向を立てにくいであろう。トランス・インサイト・コーポレーション社という誠実なエージェントのサポートによって、選手は深く物事を考え、シーズンオフに大学へも通って子供たちの模範になるような行動をとる。選手のブランドは非常に高まったという例をこの図が示している。

(3) 「支える」スポーツのマネジメント

スポーツをスポンサーとして支える形には大小いろいろな形がある。ファンクラブ（サポーターズクラブ）や民間ボランティアの形で、Jリーグの地域密着の試合や地域のお祭りに近いスポーツ大会を支援する形式や、メガスポーツ・イベントのオフィシャル・パートナー形式など範囲は広い。アマチュア組織に対しても運営資金や製品・サービスの提供や、人的サポートまでを行なうというスポーツ・スポンサーシップが存在し、いずれの大会でも滞りなく行えるよう多くの支援を必要とする。大きなイベントのスポンサーについては、企業がサポートする資金や商品、技術の提供のサポートをし、その見返りとして、企業はイベント会場での企業名の露出、看板や大会パンフレットやスケジュール表などへの広告掲載や、大会のロゴおよび大会名の冠に企業名を使用する権利、会場での商品の提供、商品や賞金のプレゼンテーターの機会取得、無料チケット、無料駐車場チケット、会場内ブース開店の権利など、さまざまな権利と機会を得ることができる。さらにメディアへの会社名の露出など目に

見える部分での効果と，さらに目にみえない部分でも「爽やかさ」，「楽しさ」，「力強さ」といったスポーツのもつイメージと企業の製品のブランドづくりが結びつけやすい。世界戦略に打って出ようというグローバル企業にとって，メガイベントを通した広告・広報活動は，消費者へのまたとない説得力をもつ。

　スポーツ組織は，顧客満足に関する分析（スポンサー企業が求める多様な効果を知る）を行い，スポンサーへどのようなメリットが提供できるのかを理論づけ，そしてそれらの効果の創造と向上に努めるようにしなければならない。どれだけの期間で，権利の内容はどの範囲であり，合計するとその価値はいくらに値するという理論づけを行う。スポーツ組織が企業に寄付を募るというような情緒的な考え方ではなく，組織側はスポーツのもつ価値を明確にし，等価値で企業側の投資と交換をしていくという発想に立ち，スポーツ組織と企業の関係があくまでも対等で双方にとって利益があるという関係であるように努力する必要がある。

　アメリカのメジャー（MLB）がリーグを拡大・発展させる目的で，①開幕戦をアジアで展開したり，②ワールドシリーズを組織化したり，③ネット配信をしたりと戦略を立案してきた。④その際にヴァーチャル広告を行っている。テレビで映る範囲（バッターとキャッチャーの後ろ部分）に実際には何も掲載されてない看板をつくり，放映権を売る際に，その場所を各国の企業に販売したり，日本や韓国それぞれの国のスポンサーに広告は販売されている（ヴァーチャルリアリティ）。

　Jリーグの選手は，ゲーム時にウエアの胸や背中に企業の広告が入っている。年間それぞれ数千万円から数億円で契約されているが，選手たちは動く広告塔のような存在である。

　メガスポーツ・イベントでオフィシャルスポンサーの権利を獲得できなかった企業が，大会会場近くであたかも「イベントに賛同しています」という印象を与えるような広告を出す，あるいは大会中にテレビでその大会のスポーツをテーマにした広告を出すことがある。これらは，世界規模の大会になるとあたかも大会を協賛しているようなイメージが醸し出され，紛らわしい。同じ業種に属し，片やオフィシャルスポンサー，片やオフィシャルスポンサーの権利を獲得できなかった企業とでは，一方は何百億というスポンサー費を払ってお

り，他方は支払っていないのであるから，倫理上は詐欺まがいの行為となり，許されるはずがない。こうした違法な広告は，「アンブッシュ・マーケティング」といわれ，本書の第8章で詳細に考察されている。

5. おわりに

　日本のスポーツ行政は，地域でなく学校を中心に行われてきた。最近のプロスポーツ化の進展により日本でも，種々の現象が起きている。こうした現象を分析してみると，「スポーツを職業として利益を得ることは正当か？」という感覚を引きずっており，プロ化を積極的に認めない傾向がみられる。しかし，たとえば，日本プロサッカーリーグ（Jリーグ）のように，国民の健全な心身の発達と国際親善を事業目的とするプロスポーツ団体も存在する。スポーツはグローバル化し，もはや世界の多くの人の関心事になってきており，欧米の大学では「スポーツ・マネジメント」の科目が設置され，プロリーグをどのようにしたら維持でき健全な発展ができるのかという視点から，プロスポーツでのチーム・マネジメントや，選手のマネジメントなどについて分析・整理することが，重要な課題となっているように思える。

　本章では日本でのスポーツの発展を歴史的に考察し，また日本におけるスポーツのプロ化について検討するため，プロスポーツを先行させてきた欧米のプロスポーツについて，それぞれのリーグマネジメント，チームマネジメントを考察した。プロスポーツのマネジメントには，アメリカ型リーグとヨーロッパ型リーグでそれぞれ違いがあって，どちらのリーグにも一長一短があるといえる。

　ヨーロッパサッカーのトップリーグのうち，ビッグ4は，最高のエンタテイメントを披露しているからテレビでみても非常に面白い。しかしここにきてチームの倒産が相次いでいる。すでに前からヨーロッパリーグは財政危機について報道されていたから，今回のこうしたクラブの倒産は予想されていたともえる。日本のスポーツのプロ化を考える場合，まずクラブの財政の健全化を考え運営されなければならない。

　日本にスポーツという文化を豊かに根づかせ成長させるためには，スポーツ

ビジネスとスポーツのプロ化が，国や地域にとってどのような意味を持っているのかを考える必要がある。ヨーロッパを参考にするならば，1975年ごろからスポーツ権を掲げ，「青少年スポーツ省」が，万人の「スポーツ権」を保障すべく，スポーツ行政を行っている。アメリカの大リーグですら，スポーツチームの公共性を挙げ，ホームスタジアム（公共スタジアム）のチーム使用料を税金で少なからず補塡しているため，チームは安価でスタジアムを借りることができているという。

　日本で多くのスポーツチームがプロ化の傾向をみせているが，健全な財政に裏づけられた自立したスポーツチームを組織しながら，日本にプロスポーツを盛り上げていく必要がある。「アマチュアが頑張っている姿は爽やかで，それだけで十分。メダルを追う必要はあるだろうか」と，疑問を投げる人もいる。しかし，オリンピックだけでなく，世界的にスポーツがプロ化している時代に，生活の基盤をしっかりと安定させ，何も心配なく練習に励める体制づくりをして選手が出せる力をすべて発揮できる環境をつくらなければ，世界のスポーツの発展にも寄与できないであろう。現在，「するスポーツ」，「観るスポーツ」，「支えるスポーツ」，というどの立場のスポーツも，人々の生活における余暇活動として重要な位置を占めている。職業としてのスポーツ，事業としてのスポーツは，法外な選手の移籍料，法外な放送権料などについては適切な批判をし，国民の心身を健全に発達させ，さらに「スポーツ，芸術には国境がない」という意味で国際親善に寄与できるものと位置づけ，より発展させていくべきであろう。2011年「スポーツ基本法」が50年ぶりに全面改定されたが，まさしくこうしたスポーツの発展を国民的に期待しているからである。

　スポーツを日本で豊かに花開かせるために，いま「スポーツ・ビジネス」，「スポーツ・マネジメント」についての研究と実践を発展させることは，重要な課題となっている。

注
1）「一橋大学テニス部は1894年に誕生した。…当時強敵というべきものは慶応・早稲田・高師の3校を持つのみで，他は問題にならず，これら3校をも屠って王座を狙う覇者であった。漕艇部による一高との競漕が中止された後には，全校あげての対抗競技というべきものは庭球のみとなり，全一橋の声援が集まったという…」，『一橋テニス』，中央公論事業出版：その他『早稲田大学庭球部創立70年年鑑』稲門テニスクラブ・早稲田大学庭球部共編，1974年10月214日，『慶応庭球70年』

慶応義塾体育会庭球部・庭球三田会共同編集，1972年3月25日，中央大学体育連盟運動部の誕生もそのころである。それ以降今日まで運動部の活動は続いてきた。「スポーツ推薦入学制度」が確立し，時代を追って新しい種目を加入させながら，現在では「運動選手枠」をもつクラブが33クラブ，全体では50近くのクラブが存在する。
2) 大学連盟に登録するクラブを一般には「体育会」といっているが，中央大学では「体育連盟運動部」と称してきた。
3) イギリスでテニスの連盟が成立したのは1874年であった。ウインブルドン大会でシングルスが始まったのが1977年，1879年にダブルスが始まっている。
4) 『週刊ニュース深読み』NHK総合テレビ，2011年9月10日。
5) 『新体育辞典』不味堂。
6) 「日本アマチュア規定」は，初期のころ，身分の高い人たちがスポーツを独占したいという発想から制定されているので，その意味では不純な動機が内包されている，言い換えると特権階級を擁護する思想であった。そのために矛盾は常にあった（ストックホルムオリンピック選考委員会のときに「アマチュア規定」を制定している）。5回陸上競技大会（1917年）で「脚力・体力を職業とせる者は無失格とする」という部分が加筆され，これに触れて失格となる選手を出している。その後も「体育教師はプロだ」，「軍人は射撃競技には出られない」，「人を打つというのはプロだが，的を打つからアマだ」，「瀬古選手や伊藤みどり選手の金メダル報奨金は，一時連盟が預かる（連盟を抜けるときに返す）」など意見が紛糾した。日本ではスポーツを学校体育のなかにだけ留めその純粋性を守ってきたかにみえるが，そうした扱いそのものが偏っていた。
7) 1945年IOC副会長就任，1952年IOC会長就任。反ユダヤ，親ナチス派であった。
8) ディナモドレスデン，ディナモベルリン，ディナモザグレブ，ディナモブカレスト，ディナモウクライナなど，旧共産圏に軍隊や秘密警察に所属する「ディナモ」という名称の付くサッカークラブが多く存在している。選手たちは軍隊や警察に所属する役人である。宇都宮徹壱『ディナモフットボール――国家権力と東欧のサッカー』みすず書房。
9) ベルギーで採択された「スポーツ・フォー・オール（1975年）」（各国スポーツ担当相会議）と，それを受けてのユネスコの「体育・スポーツ国際憲章（1978年）」では「スポーツは万人の権利である」とスポーツ権をうたっている。ヨーロッパの各国はそれを受けて各国スポーツ法を制定している。「スポーツを行うことは万人の権利である」という考え方の表明は日本では世界に35年も遅れていた。
10) 大鋸順『スポーツの文化経済学』芙蓉書房出版，1999年，65頁。
11) ロサンジェルスオリンピック（1984年）で，開催都市の市長（ピーター・ユベロス）は，税金を一切使わずに，放映権を売り・スポンサーを募り・聖火ランナーからまでも参加費を徴収するという徹底したマネジメントを展開した。その結果，史上初の黒字オリンピックを実現した。ユベロスマジックと評されている。
12) SONYブランドマーケティング部グローバル・スポンサーシップの秦英之氏講義資料（中央大学商学部）2011年6月1日。
13) 『実はスポーツ界髄一の安定経営…. 逆風は世論より学士親方の台頭か』週刊東洋経済 2008年1月26日。
14) 中島隆信『大相撲の経済学』東洋経済新報社。
15) 国立代々木体育館の1日の使用料は，"プロ使用"のために（アマチュアの場合よりも高くなる）120万円，その他冷暖房費が数十万円，会議室の使用料が30万円から40万円かかる。bjリーグの日頃の試合では高すぎて借りきれないという（元東京アパッチのフロント談　2011年8月26日）。
16) 日本のスポーツ連盟の理事は，通常各種目のスペシャリスト（かつての日本代表クラスのトップアスリートだった人）がそのポストに収まっている。ところがスポーツのスペシャリストがビジネ

スの上でもプロであるかというと，そのような訳にはいかない。JBL はプロ化を図ろうという掛け声だけで，会計帳簿もきちんと記載されていないという状態が続いている。

17) 公共施設の維持管理・運営に際し，民間の資金や運営能力を活用することを PFI（Private Finance Inictiative）という。
18) 地方自治体の所有する施設の管理運営に民間活力を導入し，積極的に地域のスポーツを活性化させるよう地方自治体法の改正がなされ（2003 年 9 月施行），地方自治体の指定する「指定管理者」に管理運営を代行させることができるようになった。これによって NPO 法人スポーツクラブや民間企業，J リーグクラブ，草の根クラブなどが地方自治体の指定を受け，市町村のスポーツ施設の管理運営に乗り出す。
19) サッカーの強豪チームの FC バルセロナには，バスケットボール，ハンドボール，ローラーホッケー，フットサル，ラグビー，野球，バレーボール，フィールドホッケー，アイスホッケーなどのチームが下部組織に存在する総合スポーツクラブである。
20) ドイツのプロ卓球リーグの 1 部と 2 部は，ブンデスリーガという。3 部から 8 部へと続く。
21) Horne J., Tomlinson A.& Whannel G., Understanding Sport : Apon, p.36.
22) 1985 年のチャンピオンズカップ（ブリュッセル）で「リバプール」が暴動を起こし，「ユベントス」（イタリア）のファン 39 人が亡くなった（リバプールはその後 5 年間欧州大会からしめだされている）。また 1989 年には老朽化したヒルズボロスタジアム（シェフィールド）で立ち見席の混雑がきわまった末にリバプールファン 96 人が圧死している。
23) 120 年続く 4 部リーグ構成のイングランドサッカーは，すでに欧州のライバルたちに太刀打ちできなくなっていたために，一部のトップクラブ首脳が新たなリーグ設立という思い切った行動に出た。放映権契約で資金ができ，選手の年俸が上がり，外国人選手が流れ込む。ファン層も従来の労働者（フーリガン）に代わって，女性や富裕層が増えた。
24) 『世界市場の争奪戦—スポーツビジネス，汗と熱狂のマネーゲーム』月刊 Courrier Japon 講談社，Vol.033, 2007 年 7 月，51 頁。
25) ユニバーサルアクセス権：早川武彦『グローバル化するメディア・スポーツビジネス』創文企画。
26) 月刊 Courrier Japon, 同上。
27) Bourdieu, The State, Economics and Sport, in H.Dauncey & G.Cashmore, G. Hare (edc), France and the 1998 World Cup, London：ジョン　ホーン『テレビ，メディア報道，サッカーのニュービジネス』現代スポーツ批評 3，創文企画，2000 年 1 月。
28) Au bord de la faillite, le football europeen s'engage a reduir ses coûts, Le FIGARO, 2010.3.9
29) 三原・鈴木友也『スポーツ経営学』ベースボールマガジン社，2003 年。
30) アメリカのプロスポーツチームの総数は 734 チーム。この数はヨーロッパのプロサッカーチーム数に匹敵する。
31) 鈴木友也『勝負は試合の前についている』（日経 BP）104 頁。
32) NFL は，1967 年に AFC（アメリカン・フットボール・カンファレンス）と NFL（ナショナル・フットボール・カンファレンス）が合併。以来収益分配制度を徹底してきた。年度末にプレー・オフ「スーパーボール」を行う。MLB は A リーグ（アメリカンリーグ）と N リーグ（ナショナルリーグ）のグループで，プレー・オフ「ワールドシリーズ」を行う。NBA のリーグは西軍と東軍に分かれて，同じくプレー・オフを行っている。
33) 新たに参入したチームは，リーグすべてのオーナーの了解が必要である。しかもリーグへ相当の参入費を払わなければならない。そのため新たな参入がほとんどない独占市場になっている。
34) 日本プロ野球 NPB のチームは「球団」といい，J リーグの場合は「クラブ」という。bj リーグの場合は「チーム会社」といっているが，ほとんどのチームは株式会社の形態をとっている場合が多い。契約に際してはそれぞれのチームで違いがある。

学習課題

1. 日本のスポーツの歴史を欧米と比較すると大きな違いがあります。第2次世界大戦前と直後での日本でのスポーツと2011年の「スポーツ基本法」でのスポーツの意味を比較しなさい。
2. 実業団スポーツチームの特徴について説明しなさい。
3. 「サッカーのマードック化」とは，どのような意味ですか？
4. プロスポーツのアメリカ型とヨーロッパ型の違いについて説明しなさい。
5. スポーツのアマチュアリズムとプロフェッショナリズムの意味と違いについて説明しなさい。あなたは，どちらの考え方に賛成ですか？

第3章

プロサッカーのマネジメントにおける経済価値獲得のネットワーク
―― 日本プロサッカーリーグ発展の分析 ――

ハラルド・ドレス
ステン・ゾェダーマン
訳：早川　宏子
高橋　由明

要　　約

　この研究は，サッカーの国際的な特徴をみることによって，プロサッカーの経済価値獲得を発展させることを目的とする。ヨーロッパ的見解や事例をベースに，プロサッカーが他のビジネスと違うところのビジネス要因を確認し記述する。経済価値獲得のネットワークにはつぎのような局面がある。① 製品とその特徴，② 多様な顧客グループ，③ 戦略群の異なるレベルに対するクラブの中核となる今後のビジョン。この3つの経済価値獲得がどのように結びついているかを理解することは，実際の関連性と重要性の点で意味をもつことになる。本章では，日本のプロサッカーをサッカー・ビジネスのグローバルな広がりのもとで取り上げていく。最初の10年間のJリーグを否定的な研究例としてだけでなく，早急に実施し支持できる成功例として捉えることによって，日本の状況に対して経済価値獲得のネットワークをあてはめることになる。最後にサッカー・ビジネスの国際的普及における2つの支配的な傾向――それらについては日本のサッカーの普及上の効果であるので詳しく述べることにする――。①新たな市場の創設と，②地球規模のブランドとしてサッカークラブを発展させること，の2点についてである。

1. グローバル化——サッカーのグローバルな普及

「FIFA は国連のようであり，最も多くの会員をもち力強い」[1]と，FIFA の会長ステップ・ブラッタ氏は述べている。サッカー（あるいはヨーロッパのフットボール）が地球規模のスポーツへ変質していくのにはいくつかの局面がある。この局面には，国家間や大陸内および大陸間での，それぞれの国のファンを含むプレーヤーやコーチなど，サッカーエリートといわれる才能が海外へ流失していることが挙げられる。さらにサッカーのプロやアマチュアプレーヤー，チームのファンのための洋服や靴が，それらのデザインや製造など，スポーツおよび商品のブランドをもって世界規模の工場で生み出されている。また 新しいメディア技術の統合や，イメージ・情報，地球規模のメッセージの伝達に関する新しいメディア・プラットフォームの利用（新聞や雑誌，ラジオ，映画，テレビ，ビデオ，衛星中継，インターネットなど）により，スポーツは生み出され配信されている。 そして最後にサッカーに関係した価値の中核にあるイデオロギー的な伝達の特質とそれを統治する機関も，これらの局面の1つである。JFA（日本サッカー協会）の目的では，「フットボールを通してスポーツが生活にもたらす豊かな利益を実現する ── 健全な身体，豊かな心，豊かな社会を作る」と述べている[2]。

サッカーの地球規模の普及に貢献する肝要な特徴は以下のものを含む。
ⅰ）サッカーを統治するルールとフットボール統轄機関である FIFA の6大陸の連合すなわちアジア・フットボール協会（AFC），アフリカ・フットボール連合（CAF），南アメリカ・フットボール連合（CSF），北・中米・カリブフットボール協会連合（CONCACAF），オセアニア・フットボール連合（OFC），ヨーロッパ・フットボール協会連合（UEF）などの国際化戦略を，世界規模で受け入れる。
ⅱ）FIFA の目標である，貧困国サッカー協会の支援を志す「サッカーの未来のための課題」にあるように，国の内外サッカー統治機関の間の提携を促進する。この目標のプロジェクトを発展させるという枠組みで，「フッ

トボールが世界中で良い未来を持ちうる」[3]，ことを保証するために，3億ドル以上を配分する。

ⅲ）多くのプロリーグの設立の増加（たとえばごく最近では，2008年のドイツ・ブンデスリーグ第3ディビジョンの設立がある），重要な地域大会，あるいは世界大会の増加（FIFAワールドカップ男女や，FIFAコンフェデレーションズ・カップ，AFCアジア・カップ，UEFAユーロ・トーナメントなど），そして各国代表チーム間の試合を増加させること（Dolles & Söderman, 2008a）。

1993年に設立された日本プロサッカーリーグ（Jリーグ）は，確かに世界のこの発展に適合するものであった。広瀬（2004, 38頁）によると「例外的な，突然にできた新しい統一市場であり，最初の10年で日本円にして累積472兆円を生み出した[4]。ライトと矢崎（2003, 40頁）が，「日本ではかつて，これ程までにサッカーを夢見る群衆を引きつけることは無かった」とJリーグについては傑出した成功であったと強調している。しかし，Jリーグの考え方は1980年代にスタートをしているが，この点についてはマンツェンライターとも同じだが（2004），日本でサッカーは100年以上も自立した基礎をもたず，そのころの日本では多くの観客を引きつけるというプロ・サッカーへの展望は，生温い賛成しか受けることができなかった（Horne & Bleakley, 2002）。サッカーは，東京海軍学校で教鞭を取り訓練の間に生徒たちとボールをけり始めたイギリスの海軍中佐によって，1873年に日本に初めて伝えられたといわれている。そしてサッカーは教育機関のなかでゆっくりと広がりをみせていった。初めての日本選手権大会は1921年に行われ，その直後（1921年9月10日）に日本蹴球連盟が設立している。

日本のプロ野球リーグは1935年に設立されたが，この野球と比較をするとサッカーは日本のスポーツのなかではマイナーであった。サッカーのすべての選手権大会のなかでも天皇杯は，もっぱら大学とその卒業生たちによって戦われてきた。1950年代に入ると日本の企業は，従業員の士気を高め，雇用主に対する従業員のアイデンティティを確立させる一助とするためにスポーツ・チームをつくっていったため，1963年の天皇杯で優勝した最後の大学勝利校は早稲田大学となった。大量消費社会に移行するに従い，企業スポーツはテレ

ビの普及に合わせて放映をされるようになる。スポーツチームは，従業員を束ねるというよりも，今やテレビと新聞における広告を目的とするようになった（Manzenreiter 2004；Horne & Bleakley, 2002）。競争心が増えてくるに従って，プレーヤーをチームのため特別にスカウトするようになって，ついに大学サッカーから外へ広がりをみせるようになり，1964年の天皇杯では初めて福岡電気実業団が勝利した。その後の10年は，日本サッカーは，実業団スポーツの枠組みに留まっており，日本におけるプロ野球やゴルフ，相撲が占めている位置に挑戦しようという戦う姿勢は未だもちえなかった。

　1991年に法人設立したJリーグは，1993年5月15日のオープニング試合を行ったが，これは日本におけるすべてのスポーツ文化を変えるという意味をもっていた。サッカーが統治され，構造化され，ゲームが行われ，消費されるという種々の方法についての国外の考え方により，最初のシーズンから10年間で次第に日本のスポーツは制度化された。それによって，日本のプロサッカーの発展は充分に足りているとはいえないとしても，研究のための将来有望な領域を提供している。Jリーグに関していくつか現存する文献が，ジャーナリストによって提供されている（特に，Moffett 2002；Osumi, 1998）。この分野のアカデミックな研究は社会学的アプローチを取るが，利用可能な2〜3の事例研究がある（Harada & Etsuko 2008；Light & Yasaki 2004；Manzenreiter 2002；Schutte & Ciarlante 1998；Probert & Schutte, 1997）。たとえばライツと矢崎（2003，2002），杉本（2004）らによる先行研究は，日本のすべてのスポーツの将来の発展のために地域と学校のスポーツに焦点を当て，Jリーグの興業について，地域を基盤にしたスポーツとして分析をしている。またスポーツは特別なファンのグループに属し，仲間とともに単に自身を一体化させていくためのものともいえる。清水（2002, 2000）は，浦和レッド・ダイヤモンズ（Jリーグのなかで一番大きなファングループをもつ）のサポーターの習性を，ヨーロッパのサッカー・サポート文化と対比させた。日本のサポーターには，ヨーロッパのサッカースタジアムよりも女性が多くいる。そこでマンツェンライター（2008a, 2006）は，彼の研究で日本の社会における男性性と性別に関してサッカーとの関係を結びつけて推論している。

　サッカーのグローバル化に関する研究については，クローズとアスキュー

(2004), ホーン (2002, 2000, 1996), ホーンとブレッカリー (2002), ホーンとマンツェンライター (2002), マンツェンライターとホーン (2007, 2004), Nogawa and Maeda (1999) らにより, 民族社会学の立場から取り上げているマッカルーン (1992) がそれに言及しているが, そこでは北東アジアにおけるサッカーの興隆と日本のサッカーの発展とを考慮しながら, 社会変化をもたらすという文化的意味について調査している。日本におけるスポーツの公共施設の使用と, 日本でのサッカー・ワールドカップ・スタジアムの計画, 建設, 経営に関しては, マンツェンライター (2008b), 野川ら (2002) によって分析されている。社会言語学的研究はオペルス=カシマ (2003) によって, 日本サッカークラブの名前の歴史, チームの紋章, チーム・ソングそしてマスコットなどについて取り上げている。また, 日本・フットボール協会 (JFA) からプロサッカー連盟まで, 日本におけるサッカーの発展に関して組織の内部からみた捉え方を, 広瀬 (2004a, 2004b) が提供している。

　Ｊリーグのビジネスシステムに与える効果に関して実在している業績は, 記述的なものと調査したものに分類することができる。たとえば, 広瀬 (2004a, b) は, プロリーグの設計プロセスと設立の費用について示している。彼はＪリーグの初期の成功は単なる広告ということではなく, メディアの報告から大いに引き出されたマスメディア露出によっているという。ところがマンツェンライター (2002) は, Ｊリーグのクラブの成功, および企業スポンサー契約と, 地域コミュニティーによる支援等の因果関係について示唆している。マンツェンライターとホーン (2007) もまた, サッカーにかけるファンの能力ややる気, 日本のプロ・サッカーにとっての経済基盤としてゲーム中に広告されている消費生産物などについて確認している。しかし彼らは「純粋な消費にとって観客の役割が減ってきたということは, 人々をサッカー支援に向かわせてきた衝動や目的といった複雑なものが侵されてきている」と結論づけている (同掲書, 574)。文献研究によると, 経営学研究における現在の状態に 3 つの主な限界がある。ⅰ) これらの研究の流れをみると, 枠組みを組織的に整理統合していないし, 幅広い経験的な調査という意味で有効ではない。ⅱ) 日本のサッカーの発展におけるビジネス的観点での経済効果についてさらに研究し, サッカー・ビジネスがいかに組織され運営されるべきか, ということについて, 経

営学的理論を基にした今までの西欧的考え方に挑戦する必要がある。ⅲ）日本のサッカーは，ますますサッカー・ビジネスの相互依存的グローバル・ネットワークの一部になってきているので，そこからグローバル・ビジネスとしてのスポーツ研究に更なる局面が加わってくる。

　この研究は以下のような構成をとっている。まず，我々はサッカー・ビジネスのための経済価値獲得の概念のネットワークを使って，欧州サッカーに特有な組織的・制度的な特徴を紹介する。つぎにこの枠組みを，Jリーグの設立と実践からの際立った差異を示すために使用し，推論的な手法により分析をする。最後に，国際的なサッカー・ビジネスにおける支配的な2つの傾向を入念に検討する。なぜなら，それが ① 新しい市場の創造と ② 世界ブランドとしてのサッカークラブの発展という点で，日本のサッカーの広がりに影響を与えるからである。

2. 研究のフレームワークと方法論研究

　つぎの点が，こうしたサッカーのグローバルな発展を把握するために必要である。まずは，スポーツビジネスについての国際的研究は，近代スポーツの輪郭や形をつくる，相互に関係する政治的，経済的，文化的，社会的パターンを強調しなければならないということである（Smith & Westerbeek, 2004）。これらのパターンが，どのように人々の活動を可能にしたり抑制したりする要素を含んでいるかという点について注意する必要がある。つぎに，スポーツの国際的広がりとその関係産業を評価し分析するために，長期的視野で考えることが役に立つ。歴史的・比較的研究は，グローバルなスポーツの現在の形が，過去からどのような経過をたどってきているのかという点を明らかにするのに役立つ（Dolles & Söderman, 2005b；Lanfrnahi 他, 2004；Brandl & Koller, 2002）。3つ目のポイントは，それ自体の国際化の概念に関連する。この概念は政治的，経済的，文化的，社会的な感覚で相互に関係し成長していくという点に関連する。大勢の多国籍の人々，あるいは国際経済，技術交易，コミュニケーション・ネットワークや定期的に移動するパターンは，プロスポーツの相互に関連する世界的パターンを特徴づけている（特に Dolles

& Söderman, 2008a, 2008c ; Harada & Etsuko, 2008 ; Ball et al., 2005 ; Hill, 2005 ; Stonehouse 他, 2004 ; Johnson & Turner, 2003)。

　サッカー・ビジネスの複雑さ，特殊性，変化する性格とその環境は，経営学で理論を構築し仮説実験をするという従来のアプローチを損なわせている（Söderman et al., 2009）。初期のスポーツ・マネジメント研究では，プロサッカークラブとそのビジネス環境の調査に際して，理論の提案はしてこなかった。知識と実践の両方を進展させるために，我々はサッカー・ビジネスのモデルを発展させるというよりも，むしろ理論を構築するためにフレームワーク研究の方を選んでいる。1つのモデルとして，サッカー・ビジネスの複雑さからいくつかの鍵となる変数を分離抽出し，その相互作用について徹底的に検討する。このモデルの規範的な意義は，仮説と現実との適合に依存している。ポーター（1991：p.97）は結論的につぎのように述べている。「フレームワークの方法で取り入れた理論を具体化したどんなモデルも，内包する諸変数の選択によって行われるから，それゆえ，発見されたモデルの適用性は，そのモデルの仮説が適合する企業や産業の小さな下位グループに，必然的に限られることになる」。

　我々のアプローチは，モデルを発展させるのではなく，枠組み（フレームワーク）を作り上げる方式をとった。1つの枠組みは個別に変数を持つが，それは多面的複雑性を把握するため，枠組みが探求すべき多くの変数を包含するからである。「枠組みでは，特別な産業や会社に合わせた判定をしていくために，相関する諸変数や利用者が答えなければならない疑問が確認される。その意味でこれらの枠組みは，ほとんどエキスパート・システムとして見ることができる」Porter（1991, p.98）。

　枠組みに組み入れられた理論によるアプローチでは，内包する諸変数の選択が問題となるのであるが，我々が経済価値獲得ネットワークを組織する方法や，ここで提案されている経済価値獲得変数間で相互関係，さらに経済価値獲得のそれに代わる方法やクラブ経営の選択などは，その算出結果に作用してくると思われる。さらにネットワークは多くの事業体に結合していると一般には考えられ，組織のネットワークという概念は初め社会学で発展させられてきた（Park, 1996）。しかしこの研究では，組織内の実際の生活に関係した産業マー

ケティングの分野からの概念から取り入れた,経験を基礎においたネットワーク・アプローチを採用することにした (Ritter & Gemunden 2003；Alter & Hage, 1993 を参照)。

　選択した方法論は,フレームワークをつくり上げるために私たちの研究で探求する性格を示すものである。我々は,ヨーロッパのサッカーのトップ・クラブを統治している FIFA や UEFA (ヨーロッパ・サッカー協会連合) といった団体のホームページを検索し,経営に関する事項やプロサッカークラブのサクセス・ストーリー,あるいはその失敗などについて調査を行った。こうした調査を通じて多くの資料,記事,レポートなどを入手し,文献として保存することができた。つぎに我々はメイリング (Mayring, 2000a, 2000b, 1994) によって示された方法に基づき,プロサッカー・マネジメントの経済価値の獲得を可能な限り確認するために,定性的 (質的) な内容について分析した。この構造的なアプローチはつぎのステップから成り立っている。ⅰ) データーから取り出した解釈のために構造的カテゴリーを体系的につくり上げる。ⅱ) 構造的カテゴリーを編集するために定義,例,ルールなどを取りだす。ⅲ) 諸文献から集めた資料と連続するものを添付してデータにまとめる。ⅳ) 集めたデータの定性的 (質的) 分析を行った。

　それに続き,学術文献のレビューを実施し,経済価値獲得の予備的構造を支えるのに役に立つ科学的基盤となる証拠を準備した。これらの論文を文献プールに加えた。科学的基礎に立つ力強い研究が存在しない場合には,実践から得られる証言を用いて研究を統合していくこととした。私たちの観察と発見を評価するために,ついにJリーグと JFA,日本のサッカークラブ,そしてドイツやスウェーデンのそれらに対して,およそ 12 回にわたる口頭のインタビューを行った。ストックホルム大学ビジネス・スクールでの研究ワークショップで発表し,討議された。枠組みの展開に関してこの段階で受けたいくつかのコメントは,本質的には大変一般的なもので,我々が使用したケースや理論についてあるいは我々がつくった仮説に関する基礎的な事柄についてのものであった。他のコメントは本質的にもっと特殊で微細な点に関するものであった。我々は,プロサッカークラブの経営に取り入れたい一般枠組みを進展させるために,もっと一般の広い領域にまたがるコメントや,問題,論文などに対応し

てきた。なぜなら，より徹底的にかつ分かり易く提供をする枠組みを，段階的に進め，そしてこのテーマの将来的研究の基礎としても役立つための分析を正確に行った。

3. プロサッカーにおける経済価値獲得ネットワーク

プロサッカーにおける我々の経済価値獲得に関する枠組みには3つの鍵となる局面がある（図表3-1参照）。① 産出物とそれらの特徴，② 顧客，③ ビジネス過程と戦略ビジョン（枠組みの分かりやすい解釈のためには，Dolles & Söderman 2008b を参照せよ）。5つの顧客グループに関わる6つの提供物（売物）を結合することにより，30 の関連が現れる。それぞれが経済価値獲得，および同価値の創造を構成する。1Fは，商品が共同制作され，あるいはファンに売られるとき，2A と出会う。そして選手（1E）は，スポンサー（2D）あるいはメディア（2C）と利害関係をもっている。すべての関係方向が同様に重要というわけではないが，こうした関係の混じり合ったものが実質的にサッ

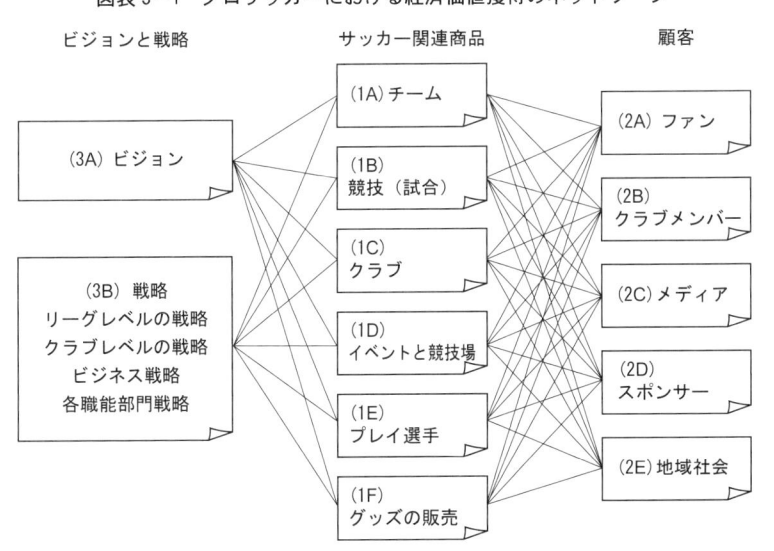

図表3-1 プロサッカーにおける経済価値獲得のネットワーク

出所：Dolls & Söderman 2008b, p.42.

カー産業の大半を構成している。

　我々の経済価値獲得の枠組みに戦略的な局面を加えることによって，我々はゲームの将来のビジョンやイメージを紹介し，それはサッカーが提供するもの（パッケージ）に影響を及ぼす。サッカーが提供する物の多様な局面は，戦略集成のレベルの真ん中に位置する。戦略のネットワークのレベル（3B）は，昇格と降格（1B）の手続き，リーグの進行や，クラブの試合予定のコスト（1C），クラブの競技場（1D）の発展にとって必要な物，あるいは選手の移動（1E）のための労働市場の調整などと厳密に関わってくる。

　サッカー・ビジネスにおいて製品を決める際の問題は，それぞれの個人のサッカー経験やサッカー経験に伴うもの（試合とかイベントへの期待など，サッカー経験と関わる何か）がある程度関係してくる。サッカークラブが提供するものは，それぞれの商品やサービスやエンターテイメントだけではない。我々は，以下のものを提供可能と考える。（1A）チーム，（1B）スポーツの試合，（1C）クラブ，（1D）イベントと競技場，（1E）選手，（1F）商品など。

1A：チーム——トップ・パーフォーマンス・チーム

　サッカーはチーム・スポーツである。しかし優秀な11人の選手で構成されたチームが必ずしも勝つ訳ではない。

1B：スポーツの試合——リーグの構造

　チーム・スポーツとしてのサッカーは，やはりチーム間の対等関係を必要とする。なぜならゲームでは結局ルールに同意する2つの異なったチームが必要だからである。リーグは，チームのプレーがディビジョンによって行われる，国のクラブ統治体により組織されなければならない。試合を能率的に運営するためには，チャンピオンを決定するためのルールを開発する必要がある。

1C：クラブ——管理運営

　勝つチームの運営はプロスポーツ組織にとって二重の意味がある。チーム・スポーツの選手は勝利のためには極限まで力を出し切れるだけでなく，その陰で財政上そして管理運営上の構造（経営と広報活動）もまた，彼らのビジネスの目標をとげることを確かにするためにきっちりとつくり上げていかなければ

ならない。

1D：イベントおよび競技場——イベントとアリーナ

スポーツ・イベント（サッカーの試合）は実態がなく，一時的（儚いもの）で，予想をすることができない主観的な性格をもっている。それは競技場で観衆によって生み出され，同時に消費され，ほとんどがファンからの強い感情的貢献によっている。近年ではこうしたサッカーの試合は，何百万人の観衆の利益のためにメディア・イベントへと変貌しているが，ライブでイベントに参列する人は少数になっている。そのようなメディア・イベントはさらに彼らが関わるスタジアムやアリーナに影響を及ぼしている。トップクラブのほとんどのアリーナは，スポーツ・レジャーとの複合構造の状態を示している。

1E：選手——資産としてのスター，トップ選手

選手の育成は，サッカー・マネージャーにとって一番の問題である。サッカークラブは，その地域あるいは世界規模で若い選手を発掘し彼らと契約をするために，スカウトを送り出しているが，そのなかの何人かは後でプロチームへの道を見出す事になる。

1F：商業化商品

サッカーの商品とはサッカークラブによってつくられるものではなく，再販できる品物を意味する。旗や横断幕，マフラーや帽子，トレーニングウエア，セーターやジャケット，ボール，ビデオやDVD，毛布や枕，腕時計，ランプ，テーブル，時計や看板などがある。なぜ，サポーターは多くのチームのなかから1つのチームを選ぶのであろうか。コストは，確かにサッカー・ビジネスにおけるファンについての検討だけではなく，むしろファンや，興奮，高度な技術をもつ選手たちや，地域密着など，それらのすべてがチームを支える理由になっている。結果として提供しているさまざまなものが，(2A) 観衆とサポーター，(2B) クラブ会員，(2C) メディア，(2D) スポンサー，(2E) 地域社会などへ呼びかけ，幅広い消費者をサッカーにより近づけるのである。

2A：ファン層——観衆やサポーター

サッカー・ビジネスで「販売」に至る場合とは，サポーターにより，チケッ

ト販売や商品に注意が傾けられたときに起こる。ファンのモチベーションや行動は，ファンのタイプによって違う。世界的な特徴をみてみると，2つの違ったタイプのファンがみてとれる。地方のファンには彼らの習慣がある。地理的な場所によるアイデンティティであり，その地域が生まれた場所あるいは生活し住んでいる場所で，クラブのホーム地域と同じであるというものである。世界的なファンは，海外に住んでいてライブでチーム・プレーをみる機会はあまり多くない。彼らの参加は主にヴァーチャルで，ラジオやテレビ，インターネットなどによるものである。

2B：クラブのメンバー――会員資格

本来サッカーは面白いものである。サッカーには練習と試合とがある。そうした理由から，サッカー・クラブは活動クラブ員が練習を行ったり，チームで試合をしたりする機会を容易にする。他のクラブ員は，彼らの好きなチームをサポートする受け身のメンバーとして参加する。

2C：メディア

メディアとは主に（ラジオやテレビの）販売チャンネルのことです。メディア・ビジネスにとってサッカーの重要性は，さまざまなスポーツがラジオ・トークショーやテレビのネットワークに適応しながら成長してきたのと同じように，放映権費用の総額が増大していることが見て取れる。

2D：スポンサー――スポンサーシップ

サッカーは非常に強いイメージをもたらすので，スポンサーシップ（資金提供）のためには当然考えられる領域で，それは世界中に大勢の聴衆がいてすべての階層の人を引きつけている。支援のレベルにもよるが，スポンサーの便益は含まれ，しかもその制限はない。独占的商品分類や，命名権，ジャージ，ユニフォーム，ウェブサイトへのスポンサーのロゴ，競技場内周辺広告（ボードや垂れ幕），VIPチケット，クラブのオフィシャル雑誌への広告，販促プロモーションなど。スポンサーシップ計画は，クラブや，スポンサー活動に特化した仲介エージェントによってもプロモートされる。

2E：地域社会――公機関や地域スポーツ統治組織体

サッカーは地域環境にしっかり根づいていて，地域コミュニティーの必要不可欠な文化であり社会組織でもある。結果として地域の資金や共同出資した財源が，クラブ維持のために最後の財源としてときどき使われる。こうした意味でサッカークラブは，他の会社の運命を左右するような経済力によって手をつけられないままでいる。

最も高度で最も幅広いビジネスの目標は，クラブのビジョンである（3A）。広く念願の的になっているところを述べていて，クラブが将来どうありたいかを扱っている。つぎのゲームに勝つことではなく後々どうありたいのか，選手権大会で勝つ，リーグに留まる，利益を得る，あるいは世界大会に出るなど，クラブに期待するところを明示するということは，クラブのマネジメントの試みである。サッカーの主な特徴が，ゲームの曖昧性と不確実さにあるので，商品を除き，サッカー・ビジネスでは将来の販売のために生産され蓄えられる在庫というものが存在しない。将来にあるべきクラブのビジョンに関わる目的に達するために，どのような種類の戦術が用いられなければならないだろうか（3B）。戦術はクラブのなかでのさまざまな活動のために作られるが，集団の一番低いレベルでは，具体的な仕事がそれにあたり，集団で最も高いレベルでは，クラブのなかのすべての活動を包含する。こうした特徴の当然な延長上にリーグ・レベルの戦術がある。

4. 日本のプロサッカー発展の分析

プロサッカーの（経済）価値獲得について言及してきたが，ここからは日本のプロサッカーの発展に目を向けることにする。まず，Ｊリーグの「戦略的展望と目的宣言」（3A）を紹介しよう[5]。

　ⅰ）日本のサッカーのレベルを上げ，プロサッカーのメディアにより，ゲームの普及を促進する。
　ⅱ）日本のスポーツ文化の発展を促進し，日本人の精神的かつ肉体的健康を支援する。
　ⅲ）国際的友好と交流に貢献する。

Ｊリーグの使命についての声明から見出される戦略的方針と目的についての見解のもとで，1980年代の終わりに，Ｊリーグの創立者は中国や南朝鮮に追いつくことには全く関心を抱かなかったといわれている。「彼ら（Ｊリーグの創立者達）は，アジアのサッカーだけと競争するのではなく，次第にすべてにおいて良好になるようにした」(Moffet, 2002, p.19)。広瀬は，加えて「創立の過程での重要なプレイヤーへ私のインタビューによれば，明白なことは，ビジネスで成功することが創立者全体の集団のための究極の目標でなく，根本的な目標は，フットボールのレベルを改善するためのビジネスを始め，いつの日かに韓国のナショナル・チームを打ち負かすことである」(Hirose, 2004, p.52)と書いている。1つの共通なビジネスについてのコンセンサスは，事業活動を促進するために質を改善すべきであるが，Ｊリーグの創立者たちは，この従来の論理とは対立するものであった。

　新しいプロリーグが急いで行うべきことは，ナショナル・チームをアジアの範囲に限定せずにそれを超えて競争し，日本を正規のFIFAワールド・カップのレベルまでに質を高め，さらにアジア最初のトーナメント試合のホストになることであろう(Sugden & Tomlison, 2002)。確かに2006年のFIFAの世界大会の共同開催のホストになり，ベスト16位にコマを進めたのは日本のサッカーの歴史で初めてのことであり，日本サッカー協会（JFA）はその役割を果たした。2002年10月のFIFA世界大会の後[6]，まもなく「JFA会長の宣言」を発表し，日本サッカーをさらに発展促進するため，「JFA展望」(3A)を「戦略」に関係づけ，ナショナルチーム (1A) とファンを基礎のチーム (2A) に分けた。「JFA宣言2005」では，「2015年までには，われわれは世界のトップ10のフットボール協会の1つとなり，つぎの2つの目的を実現すると宣言した。1つは，日本のサッカーファミリー，サッカーを真に愛するファンを，500万人強とする。2つ目は，日本のナショナル・チームを世界のトップ10にランクさせることである」[7]。

　戦略的展望 (3A) とチーム (1A) と，5つのすべてのグループ (2Aと2E) を相互に関係づけることによって，ヨーロッパのサッカーと比較した主要な相違が，上記の宣言で明らかになった。日本のサッカーに対する熱狂的人気がナショナル・チームの成功に結びついている。「ナショナル・チームが良好な

のはローカル・チームが良好だからであり，ローカル・チームが良好なのは地方の現場で支持されているからであり，地方の支持が強くなればナショナル・チームが立派にやれるということになる」(Probert & Schuette 1997, p.15 ; Horne & Bleakey 2002)。

　日本のサッカーのもう１つの相違点は，戦略（3B）とスポーツでの競争（1B），さらにメディア（2C）とスポンサー（2D）といった異なったレベルの要素が結びついていることに見出される。Ｊリーグ創立以来の最初の10年間のＪリーグの主要な目的は，非常に単純に契約，組織構造，マーケティングへの充実した投資によって生き残ることにあった（Harada & Etsuko 2008）。Ｊリーグのマーケットは自立的で，非利益組織であり，フランスのChampionatやドイツのBundesligaのようであった。イギリスのプレミア・リーグは，1922年に有限会社になり，スペインのLigaは，スペインのフットボール協会（RFEF）とは独立した私的組織であった。決定的な相違は，スポンサーシップとライセンスの諸契約に関するほとんどの意思決定がＪリーグの管理者によって集中的に行われるのに対して，ヨーロッパでは，クラブが自己の責任で行う。この事実は，サッカーが日本の文化に過去においても現在も未だ根付いていないことにある程度起因している。したがって，我々が推量するところでは，クラブと日本サッカー協会がともに調整し，十分な支援体制をつくり，サッカーが観客，ファン，サポーターを引きつける真髄をもち，自給自足していける自立性をもつようにしなければならないと思われる。

　最初の数シーズンでは，Ｊリーグとそのメンバーは，野球や相撲以外の日陰になっている日本のスポーツ界で生き残るために協力をしなければならない。もしサッカー・クラブがスタートから彼ら自身のスポンサーシップの額や，プレイヤーや，テレビの視聴権を設定することができたなら，多くのチームは，Ｊリーグに対して財政問題の処理を任せたであろうか。Ｊリーグは，契約，スポンサーシップの額，テレビ聴取権をもつことにより，すべてが中央で決定されることにより，多額の資金を蓄積することが期待されており，それがメンバー・チームに同等に配分されることになっている。アメリカのモデルによると，個々のチームに同等の競争力を与えることにより，高い競争力が得られると信じられてきた。最近，多国籍企業を含むCanon, Coca Cola, Fuji Xerox,

Johnson & Johnson，Adidas，Nike，Mizuno，Puma 社やその他など 35 社以上のＪリーグのスポンサーがある[8]。13 のスポンサーシップのレベルに配分されるなら，これらのスポンサーは，グッズ，サービスをカバーし，そして相互の競争はそれぞれがチームのサプライヤーとなる。Ｊリーグへのアメリカからの影響は，運動用具，ボール，レフリー備品，栄養ドリンク，さらに他のあらゆるイメージ商品のようなすべてのサッカー商品の販売においてフランチャイズ・システムが採用されていることによって，明らかになっている（1F）。

　Ｊリーグは，その初期に必要としていた一般公衆のサポートを獲得し，サッカー・クラブと地方の人々の間に強い結びつきのある真の「ホーム・タウン制度」をつくっていくべき（展望 [3A] とクラブ [1C]，ファン [2A] と地方コミュニティー [2E] の相互連繋）という明確な信念をもって出発した。ドイツの経験を基礎に，Ｊリーグの創立者達は，地方の人々がホーム・クラブの運命に熱烈に吸い込まれるようなある種の雰囲気をつくることを望み，アメリカでは一般的に，チームの法的所有者の考えによりスポーツ・リーグ組織のフランチャイズの制度を避けようとした。これに対してこのホーム・タウンをベースとする方式は，今もなおＪリーグのメンバーシップを条件づけている。規約では「それぞれのクラブは，ある特定の地方をホーム・タウンとして指定しなければならない。クラブはその地域で行われるスポーツ活動において協力して，コミュニティー諸活動を担い地域のスポーツを振興しなければならない」[9]となっている。

　さらなるＪリーグのメンバーシップの条件は，特に競技条件，観客収容能力，証明条件の条項でアリーナ（1D）と関係する。プレーヤーたち（1E）もまた最低限のメンバーシップの条件で名を挙げられている，というのは，それぞれのＪリーグのチームは，JFA によって証明されたプロ標準の契約をもつプレーヤーを含み最低限の数のプレーヤーと，適切なライセンスをもつすべてのレベルで雇われるコーチを備えていなければならない。さらに要求されていることは，それぞれのチームは，控えチームとユース・チームを運営すべきとされている（関連してチーム [1A] と行動的クラブ・メンバー [2B]）[10]。

　戦略的展望（3A）を戦略のネットワークの（3B）と競技（1B）に結びつけることによって明らかになることは，東アジアのサッカーの FIFA に対する

影響力を拡大することであるが，それはJリーグが早い時期に地方的影響が「ゲーム」に与えるという特有性を示すことによってである。「できるだけ多くの人々が理解し興奮するJリーグをつくるため」[11]に，Jリーグは，ヨーロッパの実施とは異なり，2段階シーズン制と2段階の最後に両方の勝者の間でプレー・オフを行う方式を採用している。リーグの最初の10年間で日本におけるサッカーに対する全般的理解は高まり，2005年のJリーグ1のスタートは，2段階分離の無い長い1シーズン制として行われた[12]。同点の場合最初に1点をあげた方を勝ちとするワンポイント制度は，1999年にだけ採用されたが，最終的2003年にはJリーグのすべての試合に採用された。従来同点のゲームはオーバー・タイム30分のうちのV（勝利）ゴールまで継続され，なおも決まらないときはペナルティ・シュートにより決定されることとした（Sakka Hyouron Henshuubu, 1999, pp.28-29 ; Manzenreiter, 2004, p.295）。

　Jリーグは，1991年に10チーム（1A）で出発し，1996年に16チームに拡大し，1998年には20チームに増大し，1999年には2リーグ（Jリーグ1が16チーム，Jリーグ2が10チームになった（1B）[13]。2008年の第16シーズン目には，33のサッカークラブが参加し，Jリーグ1では18クラブ，Jリーグ2では15クラブで，さらにJリーグ・メンバーシップを狙ったクラブも現れた。ヨーロッパの第1リーグを思い起こすと流動的であった。たとえばドイツでは，18チームのうち最下位3チームがシーズンの終わりに第2 Bundesligaに落ち，第2リーグのトップ3チームが Budesligaに移行できる。リーグの2分化と長い1シーズン制，昇格と降格を導入し，日本ではプレイ・オフ制を導入した[14]。しかし，Jリーグ組織に対するクラブの義務を実行することについて，日本のプロサッカークラブは，ヨーロッパでは至るところでみられるのであるが，第2Jリーグから落ちることを望まなかった。また，Jリーグ2のクラブは，競技場が資格を満たしているなら，Jリーグ1に入るための形式条件を満たすことを奨励した[15]。

　Jリーグを確立するまでの主要な挑戦は，クラブ・メンバーシップ（2B）は，日本の社会で決められた。ヨーロッパのほとんどの国では，サッカーはクラブにより組織されるが，それは積極的なメンバーが競争で関与し，あまり積極的でなく関与しない普通の人々はサッカーをそれほど積極的に追い詰めな

い。しかしながら，日本では事情がまったく違うのである。アメリカの影響範囲圏にある日本のサッカーは，一方で会社により，他方で高校，大学により提供されているのである。

　Ｊリーグのクラブ（1C），商品化（マーチャンダイズ）（1F），スポンサーシップをみると，創立者たちは，主要な観客を活動的メンバー（2B）として期待していなかった。「平均的な野球の観客は，Ｊリーグの狙うマーケットとは非常に異なっていた。野球は男性志向のゲームで，観客のほとんどの人々は40歳以上の男性で，1人で行きビールを飲みながらリラックスするか，仕事の友人と行く。野球場へ行くことは，通常観ることが主要な理由ではないように見えるのである」（Probert & Schutte, 1997, p.9）。「Ｊリーグは，サッカーをエンジョイし，競技の行為に熱狂的に入り込む人々を狙っている。競技参加者には，家族だけでなく，（フーリガン的傾向を示すものではなく，競技場を訪れることがない若い女性や子供などの）個人のプレーヤーに歓喜するティーン・エイジャーが含まれている。サッカースポーツの文化を創造することが，Ｊリーグの最初の10年の課題であった。ファンのほとんどは，世界の観衆と同じように騒がしいといえるが」（特にShimizu, 2002），「うるさいファンはほんのわずかで，ほかのファンは目立たず，歓声と歌声が取り囲み，またグッズのショッピング・センターとなった」（Moffett, 2002, p.78）。これらのファンは，多くは純粋な観衆であり，熱狂的な場合には彼らが常連の観衆に転換したということである。

　商品化（merchandising）のビジネスに関して，早い時期に，Ｊリーグは，ソニー・ミュージック・エンターティメントの小会社「ソニー・クリエイティブ・プロダクト［Sony Creative Products］」のみに，サプライヤーを限定して各チームのキャラクターやロゴマークをつくらせ（Dolles and Söderman, 2005, 2008b），サッカー・ビジネスに完全に新しい戦略を組み立てた〔現在では，Ｊリーグなどのロゴを使用したグッズの販売を含めて，広告・宣伝業務，試合・イベントの企画運営などの業務は，すべて「Ｊリーグエンタープライズ株式会社」で行われている。詳細は，本書の第1章33頁を参照されたい──訳者〕。デザイナーは，NFLやNBAやヨーロッパのサッカーリーグのチーム・商標やマスコットを入念に調査し，アニメ化した下絵に至った。横浜マリノス

図表3-2　Ｊリーグチームのエンブレムとマスコットの例

はセーラー服を着たかもめが与えられ，鹿島アントラーズは鹿を取得するとか，などであった（Ophuels-Kashima, 2003, 図表3-2を参照）。サッカー・クラブのチームデザインはＪリーグ委員会で選抜され，色はサポーターに訴える派手な色が（たとえばエスパルスはオレンジ，ベルマーレにはライム・グリーンと黄色が）慎重に選ばれた。

5. サッカー・ビジネスにおける国際的趨勢の優位性

　経済的価値獲得（value capture）のネットワークは，クラブが参入すべき成長産業に参入して成功する場合の多くの道筋を構成する。サッカー・ビジネスにおける国際的発展を明確に示すとともに，ヨーロッパの例に基づくつぎの課題は，どのようにしてサッカーが日本で成果を上げ受け入れられるかということであろう。すなわち，(1) 新しいマーケットを創造し，(2) サッカークラブをグローバル・ブランドに発展させることである。

(1) 新しいマーケットの創造

　地域のファンの根拠（2A）と地域収入（2E），サッカーチーム（1A）は，その現地のマーケットを越えて生き残り成長することは期待できない。しかしながら，巨大な潜在的マーケットであるアジアを基盤としてファンの根っこが成長していることは非常に魅力的であり，マンチェスター・ユナイテッド，レアル・マドリッド，FCバルセロナ，FCバイエルン・ミュンヘンのようなヨー

ロッパのトップサッカークラブは，たびたびアジアを訪問している。その国際的プロフィールをつくりだす戦略の一部として，FCバイエルン・ミュンヘンは，2008年にインドネシアとインドへ9日間の普及促進のツアーを行い，フレンド・マッチを行っている。サッカー試合のほかに，バイエルン・ミュンヘンは，コルカタ〔インドの市〕を訪ねユース・チームの試合を行うなど地域社会プロジェクト（戦略的側面，3B）を実施している。バイエルン・ミュンヘンのジェネラル・マネジャーのユリホネス（UliHoness）は，これら「試合では勝つことではなく，バイエルン・ミュンヘンとドイツのサッカーにとっての新しい友人のホストになったことである」[16]と述べている。バイエルン・ミュンヘンのほか，ドイツのブンデスリーガーのクラブであるアイントラフト・フランクフルト，VfLボフム1848，VfLウォルフスブルグ，FCカール・ツアイスは，日本でも人気があるが，それは稲本潤一，小野伸二，長谷部誠，大久保嘉人，菊地直哉ら日本サッカーのトップ・プレーヤーがそれらのチームでプレーをしているからである。日本のプレーヤーをグラウンドに立たせる（1E）ことにより，ドイツ・ブンデスリーガーの組織に支援されて海外でのマーケティング政策を追求（リーグレベルの戦略，3B）している。特に例を挙げれば，VfLボフムは2008年に横浜マリノスとフレンド・マッチを実施していることなどである。

　ヨーロッパのトップサッカーでは，FCバルセロナでさえ2006年の日本滞在の期間に横浜で臨時のファン・ショップを開催し，大きな成功を収めたと考えられた。「最後の数日，30人以上の人々がメンバーとしてサイン会を行ったが，最も重要なことは多くのビジターがやってきて彼らに多くの情報を与えられたことである。選手よりも日本のファンはチームの価値，クラブの考え方や100年の歴史，さらにクラブに忠誠心をもっていることである」[17]。日本のサッカー・ファンに関する調査やサービスとして，日本のファンはクラブのウェブサイトの日本語版を通じてFCバルセロナのすべてのニュースをキープすることができているし，このファンは公式クラブの商品をオンラインで購入している（このようにイベント〔1D〕がファン〔2A〕とマーチャンダイジング〔1F〕とリンクしている）。しかしながら，サッカー・ビジネスのゆえに，問題はなおもアジアの後続者からおカネを得ようとしていること，もっとはっ

第 3 章　プロサッカーのマネジメントにおける経済価値獲得のネットワーク　105

きりいえば，クラブの収益へ注目しなければならないことに転換することである。どのトップサッカークラブも，なおも決まったやり方をみつけられないでいる。

　アジアでのフレンドリー・プレーとは別に，共同戦略も1つの選択となろう。ここでイギリスのストックポート・カウンティーFC（Stockport County FC［SCFC］）を例として取り上げよう。ストックポートは，中国の UrumqiとXinjiang 地方でプレイした最初の国際的プロサッカーチームであった[18]。中国でのストックポートの成功は，そつのないマーケティング活動と新しい収入源泉を探す意思の両方を示していた。2003 年の中国での活動を強化するため，SCFC（1C）は，現在 Shenyang と Liaoning 地方で「Stockport Tiger Star」と呼ばれている中国のクラブの 50%を買占め，いくつかの顧客グループ（2A，2B，2C，2D）をターゲットとしていた[19],[20]。2004 年にはそれまでの SCFCの総収入の 30%は，この投資から生まれていた。Shenyang からの若いプレーヤーはイギリスに旅行し，クラブユースでプレーをしてかつチームの控えになった。こうした行事にはまた会社の社会責任の要素もあった。Shenyang からこれまでに 50 人の若手プレーヤーがストックポートのカレッジに受け入れられている。

　日本のサッカークラブをみると，浦和レッズは，国際的マーケットを担った活動をしている。ドイツからの FC バイエルン・ミュンヘンとの共同活動に関する協定が締結され，浦和レッズをヨーロッパで最もよく知られた日本のチームにさせるため中核的活動をしている。この友好協力は，2006 年 1 月に，以下の 6 項目の目的のもとに締結された。① 両国で互いに友好試合を行う（1D），② スカウト情報の共有（1A，1E），③ トレーニングのため相手チームの受け入れとユース・選手の交換制度の発展（1E），④ マーチャンダイジングのための相互サポート（1F），⑤ 友好試合トレーニング・キャンプでの協力（1A，1D，1E），⑥ 促進活動での協力（2A，2C，2D）[21]。バイエルン・ミュンヘンと浦和レッズは 2006 年と 2008 年に友好試合を行い，レッズ U-15 チームはドイツを訪問している。浦和レッズの公式のショップであるレッド・ボルテージ（Red Voltage）は，現在バイエルンのグッズのコーナーをもち，浦和レッズの公式ウェブサイトはバイエルンの日本語ページにリンクしている。

バイエルン・ミュンヘンは，浦和レッズが 2006 年 J リーグのチャンピオン試合で勝利したことを，Allianz アリーナのホーム試合において大型スクリーンにお祝いのメッセージを映し出した。また，浦和レッズをオーストリアの試合に招待し，これもバイエルン・ミュンヘンの媒体で報道している。オフィシャル・クラブ間の交換や会見は互いの友好をさらに強めることを示している[22]。

　FC バルセロナ，レアル・マドリッド，AC ミラノ，バイエルン・ミュンヘンやその他のクラブ活動は，アジアのマーケットを開こうとしているといえるのに対して，ストックポートの経営者は中国での地域の連結環を建設しようとしている。それは，限られた顧客ベースのヨーロッパの弱小クラブにとってのビジネスの挑戦といえるし，またグローバル化に従い，新しいメディアがサッカーの大きな階層構造において他のビジネスの地位を獲得し，かつマーケットの開発に異なった競争戦略を利用する，新しい機会を提供しているのである。

(2)　グローバル・ブランドの開発

　ペンローズ的な伝統的なマーケティング（Prahalad & Hamel, 1990 ; Penrose, 1959）は，外国の環境における機会と結びついた企業の中核的コンペテンシーに焦点を合わせていることを示している。製品のポジショニングの意味をはっきり理解するのに重要なことは，製品に対するターゲットの顧客が国ごとによって異なることからそのポジショニングが市場ごとに異なることである（戦略的局面，3B）。ある特定のマーケットないし地域でのある製品やサービスのポジショニングを確認する場合，どんな製品であるかについての顧客の感触を正確に認識し，かつそれが既存のまた潜在的競争とどのように違うのかを認識する必要がある。特定マーケットの製品のポジショニングの開発においては，企業は提供する製品全体の価格，品質，さらなる帰属要素である特別な適用，ターゲットとする顧客，または競争相手の比較といった点から差別化することになろう。

　しかしながら，サッカー事業のパラメータは，製造業やサービス業の事業とは極めて異なることが分かるが，それは試合をみせるというまさにその性格ゆえリスクが高くなることにある（Dolles & Söderman, 2008b, 2005a）。不確実性を示す主要な要因は，またマーケットの定義にも見出される。すなわち，

サッカーは，経済価値獲得の枠組みのなかで展開される一連のマーケットにある（フットボール・パッケージ，1A 対 1F）。サッカー・ビジネスの重要な要素の1つは，その地域性に多くがあり，グローバル・サッカー・マーケットに対しては，ブランドをマーケットに広げるという点で特別な挑戦をしている時期である。単純に，サッカークラブ，チーム，そしてプレーヤーを対象にその名前とジャージ，ロゴマークのような関連した自己確認の手段によって伝えることが行われている。ブランド資産を形成し確実に管理することは，すべてのタイプのマーケットにあるすべての業種の産業においても，どんな規模の会社にとっても，最優先すべきものである。結局，強いブランド資産により，顧客の忠誠心や利益を得るのである（Keller, 2000 ; Aaker, 1996）。強いブランドをもつことにより報酬を得ることは明白であり，サッカー・ビジネスもその例外ではない（特に Richelieu, 2008 ; Couvlaere & Richelieu, 2005 ; Mohr & Merget, 2004 ; Mohr & Bohl, 2001）。グローバル化の段階で試合をするどのサッカークラブにとっても中核的戦略要件は，いかにして競技場のライトを獲得しそのライトのなかでプレーするか，なのである。

　たとえば，日本ではサッカーそれ自体がマーケットとなっており，「現在販売中の新製品」などのように日本のマーケティングのプロに知られているマーケティングの原理が用いられている（Horne & Bleakly, 2002 ; Watts, 1998）。ヨーロッパの実践とは違い，Jリーグの製品のマーケティングと商品化は，Jリーグのなかで中央集権・統合的に行われている。統一的マーケティング・システムが，価格同一化，デザインと品質に関して確実な責任のあるトレード・マークの管理，全クラブを世間に同等に披露させることなどをしている（Probert & Schuette, 1997, p.8）。この戦略はJリーグの創立者の基本的な考え方が反映されたものであり，すべてのチームは，世間への認知について同等のチャンスをもち，商品化から同等の収入が得られるということである。Jリーグは，同じ方向でメディアの放映権からの収入をJリーグのすべてのチームに同等に与える方法を実現しており，ヨーロッパで支配的，挑戦的なチームや選手のパフォーマンス（日本でも野球のようなほかのスポーツで行われている）を考慮しない方法である。

　ヨーロッパのサッカーにおける現在の商業化の基本的な危険は，ファン

がゲームにおいて全く「公明正大さ」を感じていないことである（Hamil, 1999）。たとえば，ソロモン・ブラザー（1997, p.10）は，「ファン公正性」が腐食されかねないことを認めている。それは，サッカーの意義を破壊させるともいえ，放映時間や時期について鈍感だったり，チケット価格の悪用など，公明正大に反応すべき配慮の不足から生じている。「フットボール・クラブは，相互のサポートに基づき，クラブは，選手，サポーター，クラブ運営者がともに働き同じ方向に向かうコミュニティーで，共通の目的によって運営されるという信念に基づいている。このようなコミュニティーでの共通の目的の必要性は現在でも変わらない。しかし，新しいエリートを生み出すなど，これを裏切る事態が生まれている。これらのクラブは，地域の人々がクラブをサポートする共有性をもっていない。我々とあいつら（億万長者の所有者と途方もないギャラを受ける選手）の間にはコミュニティーは存在していない」（Horton, 1997）。こうした事態を避けるために，日本モデルは，商業化の過程をよりコントロールしているといえる。

6. おわりに

　一般の出版物ではサッカーの事象について計り知れない多くのことが書かれてきているが，しかし，普遍的認識という視点に照応すれば，体系だった研究がなされてきていない。さらに加えて，現実のフィールドでのケース・スタディは，理論を形成する概念枠組みによって補充される必要がある。この論文では，他のビジネスとは異なったプロサッカーにおけるビジネス・パラメータを確認し，定義し，記述した。この論文で我々の願うことは，この枠組みがサッカーに関する事象のより深い分析を可能にさせるよう適用することである。6項目の経済価値の提供と5項目の顧客のカテゴリーを確認することにより，30の経済価値の獲得を構造化ができるのである。これらの獲得は，現実世界で経営戦略の決定により実施可能であり，異なった集合レベルでの戦略が要求される。価値獲得は，これまでの成長産業で成功するために，クラブが採用すべき方策に多くの道があることを示している。

　それゆえ，経済価値獲得がどのように相互にリンクしているかを知るこ

とが，実践的，適合的であり重要である。スポーツ・マネジメントの研究（FGRC 2004 ; Schewe & Littkemann, 2002）やフットボール経営者によって示されたように（Mayer-Vorfelder, 2005），サッカークラブのスポーツ事業での成功はその潜在的収入を増加させるが，この潜在性が満たされるかどうかは，戦略，堅実なクラブと製品管理，すべての顧客グループとの良好な関係活動に依存することになるのである。

さらに，プロフットボールが発展する社会環境に根付いている条件の上に描かれる枠組みが完成し，販売されたり消費されたりするのである。この意味で，経済価値獲得の我々のネットワークは，特定の産業コンテキスト，実践，制度にリンクさせることを狙っているのであり，価値獲得がスポーツの国際的局面で展開する理論モデルの形成の要求に呼応することになるのである。

注
1) http://soccerblogs.net/blog/post/ 1 3 2483 /sepp_blatter_　FIFAは国連のようであるが，メンバーはそれより多く力がある。2009年1月25日接近。
2) http://www.jfa.orjp/eng/declaration2005/index.html, accessed 26.01.2009.
3) http://www.fifa.com/aboutfifa/developing/news/newsid=71368.html, accessed 23.01.2009.
4) この金額は1ドルを100円とするなら472億ドルに当たる。
5) http://www.j-league.or.jp/eng/mission/, accessed 25.0 1.2000
6) ref. to Home & Manzenreiter 2002; Butler 2002 for details on the FIFA World Cup Korea/Japan 2002.
7) http://www.jfa.or.jp/eng/declaration2005/index.html, accessed 26.0 1.2009.
8) http://www.j-league.or.jp/eng/sponsors/, accessed 26.0 1.2009.
9) http://www.j-league.or.jp/eng/d l and2/, accessed 15. 10.2005.
10) http://www.j-league.or.jp/eng/jclubs/, accessed 20.01.2009.
11) http://www.j-league.or.jp/eng/dl and2/, accessed 1 5. 1 0.2005.
12) http://www.j-league.or.jp/eng/d l and2/, accessed 15.12.2005.
13) For a full description on all Japanese professional teams refer to the J-League Databook (Tsuboi & Yaki 2002) and the J-League's club guide, http://www.j-league.or.jp/eng/clubguide/, accessed 27.0 1.2009.
14) see http://en.wikipedia.org/wiki/J._League_Promotion/Relegation_Series for full details, accessed 27.01.2009.
15) http://www.j-league.or.jp/eng/jclubs/, accessed 1 5.0 1.2009.
16) http://www.fcbayern.t-home.de/en/news/news/2008/ 1 643 1 php? frh sid=5cbf555f391e6940fd3370d8 cdbaad81, accessed 23.06.2008.
17) http://www.fcbarcelona.com/eng/noticias/noticias/n0506 1 40 1.shtml, accessed
18) http://www.forbes.com/forbes/2004/04 1 2/1 20.html, accessed 23.07.2008.
19) http ://www. independent.co.uk/sport/football/footbal l-league/stockport-profit-from-china-link-576490.html, accessed 23.07.2008.
20) http://www.uefa.com/magazine/news/Kind=1 28/newsId=1 542 1 0.html, accessed 23.07.2008

21) http://www.urawa-reds.co.jp/english/club-injhe_worw.mm , accessed 25.01.2009
22) http://www.urawa-reds.co.jp/english/club-in the_world.html, accessed 25.0 1.2009.

学習課題

　プロサッカーにおける経済価値ネットワークの枠組みについて以下問題に答えなさい。

1. 著者たちは，ビジョンと戦略で (3A) ビジョン，(3B) 戦略に分けていますが，この戦略には4つあります。何ですか？
2. サッカー関連商品には何がありますか？　6つ挙げなさい。
3. 観客にはどんな種類のものが含まれますか？　5つ挙げなさい。
4. スポンサーは，サッカー関連商品とどのような関連をもっていますか？
5. メディアは，サッカー関連商品とどんな関連をもっていますか？
6. 地域社会は，サッカー関連商品とどんな関連をもっていますか？

第Ⅱ部

アジアのメガスポーツ・イベント

第4章

アジアにおけるメガスポーツ・イベント社会，ビジネス，そして経営に及ぼす影響

ハラルド・ドレス
ステン・ゾェダーマン
訳：孫　栄振

要　約

　本章では，これまでの研究者によるメガスポーツ・イベントの意味を検討し，「メガスポーツ・イベントは，主催都市，地域，国家に非常な影響及ぼし，全世界のメディアから関心を向けられる」ものと定義されている。つぎに，アジアにおけるメガスポーツ・イベントの発展について概略的に考察しているが，1922年に夏季オリンピックと冬季オリンピックが同一年に開催された最後の年であったが，メガスポーツ・イベントの発展における転換点といえ，その後発展したといえる。そして最後に，メガスポーツ・イベントの影響力に関する定義と測定に関係した方法を簡単に紹介し，本書で論述されている，第5章から第9章のテーマについて，簡単にその内容と意義について説明されている。

1. はじめに

　今日におけるメガスポーツ・イベントは，自国を代表し記録の優劣を競うというスポーツ本来の特徴だけでなく，地球規模で国のアイデンティティと文化を誇示し奨励するための合法的手段を，主催国に提供するという重要な舞台でもある。本章は，「アジアのメガスポーツ・イベントにおけるビジネスおよび

経営」という主題で，メガイベントおよびメガスポーツと関連して新しく登場している研究分野についての知識を提示し，スポーツ・イベントを主催することに関してアジア各国と都市がみせている関心や，ますます重要になっているスポーツに関連して，アジアのメガスポーツの歴史を要約することを目的としている。本章では，また，メガスポーツ・イベントの影響力についての定義，および測定に関連する概念的・方法論的諸要件の範囲を理解するために一般的な枠組みを提供し，さらに未来の研究方向を提示したいと考えている。

2. 問題関心の焦点としてのアジアのメガスポーツ・イベント

第29回のオリンピック開催都市として北京は世界的な関心を受けることになるであろう。国際オリンピック連盟（International Olympic Committee ; IOC）の会長ジャック・ロゲ（Jacques Rogge）は，2008年の夏季オリンピックが1年先に迫っていることを祝いながら，2007年天安門広場での演説で，全世界が大きな期待感をもって中国と北京を眺めていると宣言した。「中国は2008年オリンピックの開始とともに，完全に新しいイメージをもって全世界に迎えられるでしょう。北京と中国は，全世界のオリンピック参加選手に対して，世界で初めての競技として成功裡にオリンピックを主催するというだけでなく，全世界の人々が中国のとりわけその歴史，文化，国民を新しく発見するための素晴らしい機会の提供にもなるでしょう」（http://english.gov.cn/2007-08/08/content_710677.htm　2007年12月28日アクセス）。

ところで，イベントに対する期待とは何であろうか。選手，監督，進行役員，観衆，記者，スポンサーなどの観点からすると，誰が実際に利益を得て，誰が排除されることになるのだろうか。大会が成功するために最も必要なことは何だろうか。大会後はどうなるのだろうか。2008年オリンピックが中国，アジア，そして全世界に残す遺産とは何であろうか。我々は，これらのすべての質問に対する解答を提示することは目標としていない。メガイベントとスポーツに関連して新しく浮上している研究分野に対する関心を引き出すことを目標にしている（Syme et al., 1989 ; Rochee, 2000, 2006 ; Andranovich et al., 2001 ; Horne and Manzenreiter, 2002, 2004, 2006 ; Andranovich and

Burbank, 2004 ; Manzenreiter and Horne, 2004 ; Horne, 2006 ; Downward and Ralston, 2006 を参照）。

　本章の目的は，第1に，研究という文脈においてメガスポーツ・イベントを定義し，第2に，アジアにおけるメガスポーツ・イベント発展を考察し，そして第3に，メガスポーツ・イベントの影響力に関する定義と測定に関係した概念的・方法論的範囲を理解するための一般的な分析枠組みを提供することである。我々はまた，既存の研究分野に比べてこれまで軽視されてきた潜在的研究のこれからの方向性を問題とする（より具体的な議論については，Horne and Manzenreiter, 2006 を参照）。

　過去20年間における学術研究だけでなく，政治と産業においても，スポーツおよびメガスポーツ・イベントの開催に対する考えに相当な変化があった。今日におけるメガスポーツ・イベントは，自国を代表して記録の優秀さを競うスポーツに対して重要な舞台となっている。さらに，メガスポーツ・イベントは，ブロウネル（Brownell, 1995），マグワイアー（Maguire, 1999），ロッシュ（Roche, 2000）らが指摘したように，ある国家のアイデンティティと文化を示し促進するために，一般的な合法的手段を主催国に提供する重要な舞台になっている。さらに，メガスポーツ・イベントを開催しようとする競争過程を通じて，各国の政府はスポーツとそれへの関与の仕方についての考え方を明らかにしている（Hiller, 2000 ; Andranovich et al., 2001 ; Harada, 2005 ; Ishak, 2005 ; Maguire, 2005b 参照）。

　最近の数十年で，アジアではスポーツと余暇活動に対する認識が変わってきて，政治的関心や，次第に増大しているアジアの一般大衆の関心だけでなく，商業的関心を含む産業分野からも，スポーツが新しい活動分野となっているという新しい現象が観察されている。

　シンガポールが好例である。「スポーツへの参加，あるいは時間的・経済的投資やその投資結果からも，スポーツはシンガポールにおける21世紀の新しい生活様式となってきている。人々は，スポーツを通じて国家アイデンティティという新しい資源を得て，また国際大会や地域レベルなど幅広い大会で優秀な成績を収めることによって，国家的な自尊心も高揚されている。また，多様なスポーツ産業活動は経済の発展にも寄与している。さまざまなスポー

チームは，国家経済に対してより一層の寄与をしている。さらに，今後10年以上にわたり財政的な基盤を固めうる持続可能なスポーツ産業基礎に，多様なスポーツ・プログラムが運営される予定である。シンガポールは，アジアにおける代表的なスポーツおよびスポーツ産業の都市になるだろう」(http://www.ssc.gov.sg/publish/Corporate/en/about/Sporting_Singapore_An_Overview.html 2008年1月10日アクセス)。

持続可能な発展をするにあたって，スポーツとメガスポーツ・イベントの役割を過小評価してはいけない。「スポーツ産業は世界進出のための強力な道具である。スポーツ関連活動は全世界における経済活動の約3％を占めている。たとえば，英国ではスポーツ関連の売り上げが自動車や食品産業の売り上げと同じ水準である。ワールド・カップやF1グランプリ（Formula One Grand Prix）のような大型イベントは，全世界でテレビ中継されている。クリケットは南アジアで最も人気の種目で，IOCはスポンサー権とTV放送権を通じて約20億ドルの収益を上げている。同時に，このような国際的な産業における企業活動は，全世界に社会的かつ経済的に大きな影響を及ぼしている」(Eric Falt, UN広報官, http://www.unep.org/Documents.Multilingual/Default.asp?DocumentID=413&ArticleID=4671&1=en 2007年12月28日アクセス)。

学界の主要な文献では，スポーツは一般化ができないという主張に基づき，スポーツはスポーツ専門家によって研究されなければならないと主張されている。しかしスポーツには，それを国際化しグローバル化できるような数多くの特有な特徴がある。スポーツ・イベントは不確実な結果をもたらすため，サポーターたちからは，強力なロイヤリティー，すなわち非常に強い感情的反応を誘発させる。

このような独特の諸特徴は，本書の第Ⅱ部の各章で詳細に検討されている。各章での議論は，メガスポーツ・イベントによる地域の一般的な振興，予算計画とイベント管理を含むメガスポーツ産業の経済的な影響力，そしてスポーツ産業のグローバル化戦略，スポーツとスポーツ機構が遭遇する挑戦的課題，という主題に対して議論を呼び起こすことを目的にしている。そのような議論を通じて我々は，スポーツとメガスポーツ・イベントの国際的領域を理解しうる理論的モデルを構築し，スポーツ経営学の文献およびスポーツ産業から

の要請に応えると考える（たとえば，Smith and Westerbeck, 2004 ; Maguire, 2005a ; Close, 2007, などを参照）。

　これまでに，「大規模」かつ「特殊」，そして「特別」な「メガイベント」を定義しようとするいろいろな試みがなされた（たとえば，Witt, 1988 ; Hall, 1989 ; Syme et al., 1989 ; Law, 1994 ; Roberts, 2004 ; Frey et al., 2007, 参照）。我々の目にはロッシュ（Roche, 2000）の定義が最も適切だと思われる。彼の定義では，メガスポーツは「（商業およびスポーツを含んだ）大規模な文化イベント的な性質，演劇的な特性，大衆へ訴える力，そして国際的重要性などを備えている」と示唆している。メガスポーツは一般的に各国政府および国際的 NGO のいろいろな組み合わせによって組織されている（Roche, 2000, p.1）。

　ロッシュ（Roche, 1994）の主張を基礎にソラ（Sola, 1998）は，つぎのようにより詳細な提案をしている。メガスポーツはつぎのような面で開催地域に対して大きな影響力をもたなければならない。それは，「訪れる人の量，観光客の支出，さらなる肯定的イメージにつながる世間の認識と注目，観光地の受け入れ能力と誘引能力を十分に増加させることができるインフラおよび組織の発達」への影響力である。したがって，イベントが開催都市または開催地域に及ぼす影響力の程度と重要性こそが，イベントに「メガ」という単語がつけられるか否かを決める，と彼は主張する。

　メガイベントの主催が，開催都市や地域および国家全体に及ぼす影響の他に，メディア関連の側面もまた見過ごしてはいけない。メガスポーツは，TV，インターネット，さらにメガスポーツを真の国際的イベントにできる他の無線通信（telecommunications）の発達を通じて，全世界の数十億の人々にメッセージを伝達する（Roberis, 2004 ; Dolles and Söderman, 2005）。

　たとえば，国際サッカー連盟（Federation Internationale de Football Association ; FIFA）の統計によれば，日韓共同開催であったワールド・カップは視聴時間を通じ延べ492億人が観戦した。これはスポーツ・イベント史上最高の記録を残した。2002 年ワールド・カップ決勝戦ブラジルとドイツは，全世界 213 カ国 11 億人が視聴し，ワールド・カップ史上最高の視聴数を記録した（http://www.fifa.com/en/media/index/0, I 369, 47345, OO.html?articleid=47345

2005年1月19日アクセス)。

　このような理論の流れをベースに，我々はメガスポーツ・イベントの2つの特徴に関して，この分野における2人の研究者，ホーン（Horne）とマンツェンライター（Manzenreiter, 2006）らと同じ主張をしている。第1に，メガスポーツ・イベントは主催都市，地域，国家に非常に大きな影響を及ぼす。第2に，メガスポーツ・イベントは全世界のメディアから相当な関心を受ける。

3. アジアにおけるメガスポーツ・イベントの発展

　メガスポーツ・イベントは，夏季オリンピックと冬季オリンピック（すべてをIOCが主管している）のような国際的総合スポーツ大会と特に深く関連する。それとともに，アジアオリンピック委員会（Olympic Council of Asia ; OCA）が主管するアジア大会や，イギリス連邦スポーツ大会連盟（Commonwealth Games Federation ; CGF）が主催するイギリス連邦大会のように，地域的なメガスポーツも存在している。さらに，メガスポーツ・イベントには，サッカーにおける4年ごとのFIFAワールド・カップや，ヨーロッパサッカー連盟（Union of European Football Associations ; UEFA）が主催するヨーロッパサッカー選手権大会のような特別な国際チャンピオンスポーツ大会も存在している。

　夏季オリンピックと冬季オリンピックが一緒に開催された最後の年であった1992年が，メガスポーツ・イベントの発展における転換期とされている。その後2年ごとに開催されるメガスポーツ・イベントは，全世界の関心を集めている。冬季オリンピックは，アジア大会やワールド・カップと同じ年に開催される。夏季オリンピックは，ヨーロッパ・サッカー選手権大会と同じ年に開催されている。冬季オリンピックは参加選手の規模からすると夏季オリンピックの約4分の1の規模で，そのためイギリス連邦大会およびヨーロッパ・サッカー選手権大会のように，一回り小さな国際メガスポーツ・イベントのように考えられている（Matheson, Baade, 2004a ; Horne, Manzenreiter, 2006）。

　アジアにおいて，第12回オリンピックがこの地域での最初のオリンピックになる可能性があった。東京は1940年のオリンピック開催地として選ばれ

たが，日中戦争と第2次世界大戦で中止となっている。1964年の東京オリンピックには，93カ国の5,151人の選手らが19の種目（163イベント）に参加している。東京オリンピックは，競技結果をコンピュータで記録し，カラーテレビで中継をされた最初の大会であった。また，人工衛星を利用しTV中継が試みられたオリンピックでもあった。それゆえ，1964年のオリンピックは，オリンピックが全世界から視聴され始めた出発点になった（http://www.nhk.or.jp/strl/aboutstrl/evolutionof-tv-en/plO/index.html　2008年1月13日アクセス）。

東京オリンピックは，スポンサーと放送権で莫大な収益を生む商業的イベントではなかった。それより日本の威信がかかった国家的プロジェクトであり，大会は日本の戦後復興の象徴になった。オリンピックと関連させ，都市のレベルを超え，国家主導のプロジェクトとして，さまざまな都市のインフラ施設がつくられていった。直接費用と間接費用を合わせると総費用は1兆円（83億ドル）に達した（原田，2005）。東京オリンピックが残した遺産は，首都高速道路や，上水道，東京国際空港，宿泊施設にみられるとおり国家資本が東京に都市の改善をもたらしたことである。

韓国は，1988年にオリンピックを開催したアジアで第2番目の国家である。ソウルで開かれた第24回オリンピックには，世界159カ国，8,391人の選手たちが出場し，25の種目（237部門）で実力を競い，11,331人のメディア関係者が正式にオリンピックを取材した。陸上短距離のベン・ジョンソン（Ben Johnson）の禁止薬物使用による失格がこのオリンピックの最大の事件であり，多くの強化薬物の使用が現れてオリンピックの精神を傷つけたが，優れた記録も多く生みだされた大会であった（http:z/www.olympic.org/uk/games/past/index_uk.asp?OLGT=I&OLGY=1988　2008年1月13日アクセス）。

最近では大阪（日本）が，2008年オリンピックの誘致に立候補することを決めたが，2001年の最終投票では6票だけの獲得にとどまり（最終的には北京に決定），開催することができなかった（Harada，2005）。2008年1月，東京は2016年のオリンピック開催のために青写真を発表したが，北京オリンピックの8年後にアジアでオリンピックが開催されるかどうかは疑問である（http://www.shanghaidaily.com/sp/article/2008/200801/20080116/article345410.

htm　2008年1月25日アクセス)。

　2016年の東京オリンピック誘致委員会は，人間と自然が共存する「環境保護オリンピック」，そしてオリンピック開催の競技場のほとんどを最大の便宜を提供できる都心の中央に位置させるという，「都市型オリンピック」を標榜した (http://en.wikipedia.org/wiki/Tokyo_2016_01ympic_bid　2008年1月25日アクセス)。

　札幌で開催された1972年冬季オリンピックは，ヨーロッパと米国以外の国で開かれた最初の冬季オリンピックであった。オーストラリアのスキーのスターであったカール・シュランツ (Karl Schranz) がスキーメーカーから報酬を受けたとして出場が禁止されたが，共産主義国家の専業アイスホッケー選手らには競技への出場が認められ，アマチュア精神に対する論議があがった。35カ国の1,006名の選手が6つの種目に参加した (http://www.olympic.org/uk/games/past/index_uk.asp?OLGT=2&OLGY=1972　2008年1月14日アクセス)。

　1998年には26年ぶりの冬季オリンピックがアジアにもどった。72カ国，2,176人のウィンター・スポーツの選手たちが，7つの種目 (68部門) で優劣を争い，8,329人のメディア関係者が日本北アルプスの長野に集まった。男子アイスホッケーにプロ選手の参加が初めて許された (http://www.olympic.org/uk/games/past/index_uk.asp?OLGT=2&OLGY=1998　2008年1月14日アクセス)。

　もともと，アジア大会は1913年に開催された小規模の大会が起源である。最初の公式アジア大会は1951年にインドの首都ニューデリーで開催され，それ以前の1949年2月に，アジア競技連盟 (Asian Athletic Federation) が正式にスタートしている。設立されていたアジア各国オリンピック委員会は，4年おきのアジア大会の開催に同意をした。アジアでの地域紛争によって各国オリンピック委員会は1970年に新しいアジア競技連盟 (Asian Games Federation) をスタートさせた。アジアオリンピック委員会 (Olympic Council of Asia) という新しい名称の協会がIOCの賛助を受け，1986年にソウルで開かれたアジア大会から正式にスタートを切っている。1951年のニューデリー大会では11カ国489人の選手たちが6つの種目 (57部門) に参加しているが，アジア大会の規模は年々増加している (http://www.ocasia.org/lAG.asp　2008年1月14

日アクセス)。

　カタールのドーハで2006年に開かれた第15回アジア大会は,「文化,観光産業と投資の機会を提供する新しいミレニアム時代を先導する国際イベント」というスローガンのもとで,世界中から26億ドルの投資を実現させた (http://www.doha-2006.com/　2008年1月14日アクセス)。110カ国1,300人の記者が大会を正式取材し,アジアの45カ国9,530人の選手たちが,39の種目(418部門)に参加した (http://www.ocasia.org/15AG.asp　2008年1月14日アクセス)。スポーツ施設やドーハにおける住居やインフラにおける投資とは別に,この数値は2004年アテネで開かれた第28回夏季オリンピックを越えるものとして,アジア大会がメガスポーツ・イベントになったことを立証した。

　イギリス連邦大会は,イギリス連邦国家CGFがエリート競技で4年ごとに開催している他種目スポーツ・イベントであり,CGFが主管している。1998年には65年の歴史上初めてアジア(マレーシアのクアラルンプール)で大会が開催された。この大会には史上最多の70カ国5,250人の選手たちが,15の種目(212部門)に参加した (http://www.thecommonwealth.org/　2008年1月13日アクセス)。2010年のイギリス連邦大会は,もう一度アジア(インドのニューデリー)で開催される予定である。

　FIFAはワールドカップ最終戦をアジアで初めて,さらに2つの国の共同開催とすることを決め,サッカーをグローバル規模のスポーツとして拡張させようとする戦略的行動に出た (Baade and Matheson, 2004 ; Dolles and Soderman, 2005a)。日本と韓国は,2002年ワールド・カップ開催を希望したが,それぞれに理由があった(政治的観点についてはMcComack, 2002参照)。韓国は朝鮮半島の「平和への促進刺激剤」として大会の開催を望み (Sugden, Tomlinson, 1998, p.118),日本は「政治の安定,先端技術,そして自国のインフラ拡充」を大会誘致の目標にした。「サッカーは常に,政治的目標の達成のために使われる最も便利なスポーツの1つであったために」(Butler, 2002, p.43),これは単に経済に関する問題だけではなかったのである。

　1930年代から始まったワールド・カップは,世界で一番強いサッカーチー

ムを決める大会である。2002年の日韓ワールド・カップは，このころアジアで行われた最も大きな特別の世界規模のスポーツ・イベントで，32の参加国で64試合，両国に来た観客は2,705,197人におよび，世界でのテレビ視聴者はほぼ500億人に達した。日韓共催国は，イベントの準備として20カ所の，新しいアリーナあるいは古い施設の改築に合わせて44億米ドル（日本が288億1,000万米ドル，韓国が151億3,000万米ドル）を費やした（Nogawa and Mamiya, 2002, また本書のManzenreiterの論文集を参照）。

4. メガスポーツ・イベントの分析

アジアのメガスポーツの発展を分析することは大きな課題である。社会，経済，政治，技術環境が国際的にみて重要な変化をみせただけでなく，このようなイベントの主催を複数の国家や都市が異なった動機から希望するようになってきた。それゆえその研究に必要な枠組みは，普及した一般的さらには統合した性格をもたなければならない。

メガイベントの経済的効果を測定する方法とモデルの開発（Burns et al., 1986 ; Syme et al., 1989 ; Getz, 1991, 1997 ; Gratton et al., 2000 ; Ritchie, 2000 ; Solberg et al., 2002 ; Baade and Matheson, 2002 ; Matheson, 2006 を参照）は，方法論と研究範囲に関する議論（Crompton and McKay, 1994 ; Crompton, 1995 ; Portwe, 1999）について，数多くの学問的努力がなされてきている。これまでの議論を概観すると，メガイベントの経済分析には3つの方法がある。すなわち，インプット－アウトプットの分析（Input-Output Analysis），コストと利益の分析（Cost-Benefit Analysis），算定しうる一般均衡状態分析（Computable-General-Equilibrium Analysis）という主に3つの違ったタイプである。この3つのすべての分析方法には，長所と短所がある。

以下本書に掲載されたメガイベントに関する研究の内容は以下のとおりである。

第5章のマンツェンライター（Manzenreiter）の論文「2002年ワールド・カップ開催の日本の経験─招致による『利益』─」は，メガスポーツ・イベント開催における政治的なコンティンジェンシー（付随する事柄）を扱ってい

る。スポーツとメガスポーツ・イベント開催の政治的重要性は，最近ますます注目されるようになった（Maguire, 1993, 1999 ; Brownell, 1995 ; Roche, 2000 ; Xu, 2006 参照）。

マンツェンライターは，スポーツイベントを開催する政治経済に対する研究は，「都市成長機構の神話」が最も一般的であるという米国の事例研究に広い範囲にわたって焦点を合わせてきたと主張する（たとえば，Matheson, Baade, 2004b, c, 2005 が参考になる）。調査した地域である日本は，スポーツと関係する発展した政治や，大規模スポーツイベント開催に関連した独特な歴史をもっているにもかかわらず，それらの多くが見過ごされてきた（Horne, 2004 ; Harada, 2002 ; Manzenreiter, Harada, 2002, 2005）。

2002 年ワールド・カップにおける敗者と勝者に関わるマンツェンライターの議論は，地域的な政治権力がなぜスポーツ新興に投資をするのかという基本的な問いかけをしている。彼の研究結果は，それぞれの国家はその環境および状況によってワールド・カップに関して異なった希望と期待をもつということを意味している。たとえば，無形の資産を多くもつ地域〔たとえば奈良など古都─訳者〕は，ワールド・カップという文化的な力を利用して地域のイメージを強化させる必要性がないため，スポーツ・イベントにそれだけの価値を付与しない。調査データとマクロ経済指標との比較は，地域団体の関与程度と経済的成果の間に直接的な関係があるかを証明することはできないが，成熟した国においては，メガスポーツ・ビジネスが，ほとんどあるいは全く影響力をもつことができないことを証明している。

つぎに，第 6 章の C. ラックスマンによる「日本とインド間比較にみるメガスポーツ・イベントの経済への影響」は，国の競争優位に関するポーター（Porter）のダイヤモンドモデル（diamond framework）を適用することによって，メガイベントがビジネスと経済成長に及ぼす影響を革新的な方法で調査をした。具体的にメガスポーツが日本とインドの経済発展や成長，インフラに及ぼす差別的な影響について比較分析を行っている。

彼は韓国と日本が共同開催した 2002 年のワールド・カップと，1996 年にインド・パキスタン・スリランカの 3 カ国が共同開催したクリケットのワールド・カップを，事例として扱っている。彼の分析は，このようなメガスポー

ツ・イベントが国家経済と社会に及ぼす諸影響の性格と方向性には，重要な差がある，これがアジアの先進市場と新興市場の差異であると結論を下している。

最近では，イベントから派生する利点は通常考えられているよりはるかに大きく，これまで広く利用されてきた経済的影響の分析だけでは，その効果が正確に測定できないという認識の基礎に，メガイベントの評価にバランス・スコアカード（Balanced Scorecard）方式を適用させる試みも行われている。Gratton（2006）が開発したスコアカードは，均衡のとれた4つの観点（経済効果，スポーツの発展，メディアとスポンサーの進化，地域マーケティングの効果）について，スポーツ・イベントの影響力を系統立てることを目標にしている。招致国の行事日程の大事な要素を一緒に引き出しているが，すべての可能な効果をカバーすることは要求していない。

フレイ（Frey, 2007）は，経済的，文化的，そして政治的な諸影響を区分しているが，マリヴォエ（Marivoet, 2006）や，ウィソンとホーンら（Whitson and Home, 2006）は，たとえば文化的規範と価値観に及ぼすメガスポーツの影響についても，また別に研究されなければならないと主張している。このような主張はワールド・カップ開催のための要件を充足させるためにスタートされた日本のプロサッカーリーグが，よい例になろう。

1980年代末，リーグ準備委員会の委員らは米国とヨーロッパにおけるプロスポーツモデルを広く研究し，それを自分たちの文化と経済に合わせた形でモデルを決めた（Dolles, Söderman, 2005b）。

バランス・スコアカードは主に，さまざまな関連事項のプロモーションや測定方法の開発に関わるものに限定される。したがってモデルにおける優先順位項目の決定や加重値の付与，そして多様な測定値におけるバランスの確立が，メガスポーツ研究において重要な部分となりつつある。

拡張型バランス・スコアカード方式は，メガスポーツ・イベントが社会，ビジネス，そして経営に重要な影響を及ぼすということを提示している。このような短期的・長期的影響以外に，我々はメガスポーツ・イベントにはさらに重要な文脈的に規定される影響力があると主張する。このような主張は，社会には制度的または構造的なある代替案に対してより優れた適合性を決める外部的

力が存在するという仮定を置いている。組織論において最も好まれる理論の1つであるコンティンジェンシー理論（contingency theory；Donaldson, 1996a, b）の主要な主張は，組織構造は環境（Burn and Stalker, 1962；Lawrence, 1967），技術（Woodward, 1965），戦略（Chandler, 1962）と同様に，特定の文脈（その環境状況といえるコンテクスト）によって決定されるということである。文脈において把握するということは，アジアという環境においては特に絶対的に重要である（Söderman, 2006）。

コンティンジェンシー理論をメガスポーツ・イベントの研究に適用する場合，我々はほかの何より技術力によって決定されるメガスポーツ・イベント概念を考慮する。たとえば，メガスポーツ・イベントにおけるスポンサー収益は，先端技術と，「ゲームのルール」にテレビとスポンサーの影響との間の相互作用による影響力によって劇的に増加している。我々の主張は，F1の2002～2003年シーズンに，ミシェル・シューマッハ（Michael Schumacher）とフェラーリ（Ferrari）の活躍が，全世界TV視聴者とスポンサー関心の減少をもたらしたという事例で立証できる。F1組織委員会は結局，F1管理会社とともに競技方式を変更させたのである（http://www.formula1.com/　2008年1月26日アクセス）。

第7章のテーリエセン（Terjesen）の論文「ウルトラマラソン，ワールド・カップ韓国大会と起業家精神」は，コンティンジェンシー理論を取っている。彼女の研究は100kmを走る世界ウルトラランニング（Ultrarunning）選手権大会という世界的水準のスポーツ・イベントの韓国開催を題材にし，スポーツの起業家精神の発展とプロ化の増加に寄与するマクロ経済的要因と個別の要因を調査している。このような事例を基盤にして韓国のスポーツ文化を背景に，新しい起業家精神が生じる過程について，マクロ経済的要因と個別的な要因に関するさまざまな証拠をこの研究は提示している。マクロ経済的要因には経済沈滞，同僚意識に対する韓国の文化的な価値観，感情的な表現，そして起業家精神などが含まれる。

個別要因としては，個人のリーダーシップ，集中力，忍耐力，チームの躍動性，資源への接近性などが挙げられ，これらによるウルトラランニングの成長およびIAU選手権大会の開催などが説明されている。

1972年ミュンヘン大会から2008年北京大会まで，オリンピック組織委員会の収入に関する調査では，TV中継料に続いてスポンサー料が最も重要な収入源であったことを示している（Preuss, 2004）。すなわち，スポンサーがメガスポーツ・イベントの重要なコンティンジェンシー的要因になっている。北京オリンピック組織委員会による控えめな見積もりでは，スポンサー収入は，全体収入の約20％で28億1,900万ドルである（Preuss, 2004, p.9）。その反面，シドニーオリンピックとアテネオリンピックの2倍以上と予想された，地域スポンサーによる収入は，誘致に関わるコストと広告キャンペーンによる数十億ドルの支出があったために15億ドルにとどまるだろうと予想される（http://www.cbsnews.com/stories/2007/08/08/world/main3144762_page2.shtml，2008年1月25日アクセス）。

　北京オリンピックは，スポンサー企業との密接な協力なしに開催されることは難しいといえる。このオリンピックのスポンサーについては，新しい重要な研究領域となっている。(Farrell and Frame, 1997 ; Lee et al., 1997 ; Malfas et al., 2004 ; Cornwell et al., 2005 ; Cornwell and Coote, 2005 ; Söderman and Dolles, 2008)。しかしスポンサー関連要因は複雑であるためメガスポーツ・イベントを題材にした経験的研究が要求される。

　第8章「中国におけるアンブッシュ・マーケティング―オリンピック・スポンサー企業への対抗企業―」では，このスポンサーに関わる問題が論じられている。スポーツのスポンサーは，一種の商業的契約であり，それによってスポンサーが資金やその他資源を提供し，スポンサーの立場，ブランド，製品，そしてスポーツ・スポンサー資産とスポーツとの間に1つの関係団体を設立し，その見返りとして，特定の直接的・間接的利益のために，その団体を促進する権利を確保することである（Lagae, 2005, p.13 ; Ukman, 2006）。

　したがって，スポンサー企業だけが，たとえばオリンピック・ブランドとの提携関係を模索する唯一の企業ではないという点は驚くべきことではない。実際に多くの非スポンサー企業がオリンピック価値との認知的関係を樹立するという期待感をもっており，このような膨大なマーケティング基盤を利用しようとする衝動を感じている（Seguin, O'Reilly, 2008）。そういう試みは一般的に「アンブッシュ・マーケティング（ambush marketing）」として知られている。

第9章「北京オリンピック・スポンサー企業のブランド訴求—スポンサー企業の広告パターンの比較研究」では，主要スポンサー企業の広告パターンを比較分析することにより，これら主要企業のブランド戦略について検討している。

最後に，我々は，オリンピック開催が，北京と中国が世界的な名声を構築しうる立派な機会を提供するだろうというIOC委員長の宣言に戻りたい。オリンピックの開催に関わる名声と競争の精神は，国家的自負心および統合という遺産となる。オリンピックの開催はまた，教育を改善させ，文化的価値観についての認識を創造する。

中国の開催都市の（タクシー運転手からボランティアの人々まで）すべての市民は，すでに中国の市民精神の改善を目標とするさまざまなキャンペーンを通じて英語を学び，さらに公共場所で唾をしたり，ゴミを無断投棄するような古い習慣を改善するという精神さえもつようになった。（http://www.cbsnews.com/stories/2007/08/08/world/main3144762-.page2.shtml 2008年1月25日アクセス）。

我々はまた，中国では8が幸運の数字で，そのためオリンピックの開幕日が8月8日だという点に気づく。

学習課題

1. メガイベントについてのロッシュとソラの定義について説明しなさい。
2. 日本では過去においてどのようなメガイベントがありましたか？

第 5 章

2002 年ワールド・カップ開催の日本の経験
―― 招致による「利益」――

ヴォルフラム・マンツェンライター
訳：孫　榮振

要　　約

　メガスポーツ・イベントは，先進国経済における都市成長のための再イメージ化（re-imaging）戦略に大きな意味をもつ。日本の 2002 年ワールド・カップの開催，公共政策，そして地域開発の間における諸関係を調べた本章は，スポーツの政治とプロスポーツの現在の傾向についての実証的な検討と，1990 年代における地域政策の変化の背景に関する理論的な考察から構成されている。ワールドカップの勝者と敗者に関する導入部分の議論は，地方政府がなぜスポーツのスポンサーとして集中的に投資するかを論じている。実証研究の視点からは日本には想定される実際的効果に関わるデータが提供されており，他方で理論的な視点からは，開催の政治に関する学術的な議論がまとめられている。
　この本章の考察を通じて，地方政府は，開催権に関わる環境や条件に相応して，大会ごとに異なる期待や予想をもつということが明らかになった。無形資産（soft asset）を豊富にもっている地方自治体は，地域のイメージを向上させる必要性を相対的に低く感じるため，イベントの価値に関心を示さない傾向がある。マクロ経済の数値と調査データとの比較からすると，地方政府の関与の程度と経済的業績との間に直接的関係は証明されなかったが，成熟した経済におけるメガイベント・ビジネスが，少なくとも，無視できない影響を及ぼすことは証明された。

1. はじめに——名の知られたスポーツ・イベントに投資する理由

　本章では，日本における 2002 年 FIFA ワールド・カップ開催（韓国との共同開催）のもたらしたこと，主催者側が予測期待した利益と結果的に実現された利益についての調査内容を明らかにしている。この事例研究は，公的関係機関からデータを収集し，ワールド・カップの競技が行われた 10 カ所の地方自治体における事後調査として追加的な分析を行ったもので，メガスポーツ・イベントという政治経済学に新しい知見を提供する。このプロジェクトは，スポーツ・イベント・ビジネスを開催することの政治的視点を強調しながらも，つぎの 3 つの目的を遂行したことを明らかにしている。まず第 1 は，これまで無視されてきたアジアの経験を，メガスポーツ・イベントの社会科学的な論争に統合させた。

　第 2 に，このプロジェクトは，国の経済指標と地域の経済指標を比較することによって，一般的に意図して行われるが，正しくは理解されていない開催による経済的利益の結果について事実を提供した。第 3 に，地方政府の大変な努力を誘発させるさまざまな動機と刺激的活動に焦点をあて明らかにしている。日本におけるワールド・カップ決勝戦の開催は，日本サッカー協会と日本政界の指導者たちが，そして FIFA のために働くグローバルな「スポーツ産業複合体」が，さらにパートナー企業などによって，1980 年代後半から始められた包括的プログラムの一部分であり，日本やアジアにサッカーをより広く普及させるという目的のもとに，最も密集した人口を抱え最も躍動的な経済成長を遂げている未開発の市場に参入することを意味していた（Manzenreiter and Horne, 2007）。一方，地域の政治家たちにとっては，ワールド・カップは，彼らの都市の名前を世界に知らせる絶好の機会でもあった。

　初めてアジアで開催された 2002 年 FIFA ワールド・カップは，2 つの国が共催することでも初めての大会であった。この世界最大のスポーツ・イベントを，経済成長やエリア・マーケティング，そしてその地域の文化を普及させるということなどについて，大衆的議論を巻き起こし，人々に期待をもたらすという意味でも最初のイベントだった。過去 20 年間，FIFA ワールド・カッ

プは，世界的にみてスポーツの商業化を促進する中心として成長した夏季オリンピックの陰に隠れていたが，今やグローバルな放送技術と資本市場の洗練化，そしてメディア市場と労働法に対する国の規制緩和のおかげで，サッカークラブ関係者にとって確実で継続的な収入源となっている（Horne and Manzenreiter, 1998）。選手と代理人，国内外の協会，大会運営者，スポーツウェアメーカー，メディア，そしてそれらを仲介する人たちが，サッカーをビッグビジネスに転換させようとしたのである（Sugden and Tomlinson, 1998）。

地域開発に関する多くの研究は，都市成長のための再イメージ化戦略と名の知られたスポーツ・イベント開催の重要性を強調しており，先進国における都市や地域は，徐々にスポーツ・イベントを開催し，世界経済への重要な役割を果たし始めている。特に，1970年代のアメリカやヨーロッパ，そしてアジアにおける新自由主義の復興は，地方政府への課税権委譲のような地方分権化を促進させた。

地方政府は新しい開発戦略を立て協力を増大させる一方，さらに民間部門との提携を通じて財政を健全化するようになっている。そして次第に，雇用，企業，税収の面でグローバル競争に対応できるようになっている（Andranovich et al, 2001）。しかし，プロスポーツチームやイベントに対する支援が経済的機会の創出に影響を及ぼすという証拠は未だないが（Nunn and Rosentraub, 1995 ; Baade, 1996 ; Noll and Zimbalist, 1997 ; Miller, 2002 ; Sigfried and Zimbalist, 2002 ; Horne and Manzenreitre, 2004），現代のすべての政治家たちは，メガスポーツ・イベントに投資することによって，経済的機会の創出に影響を及ぼしうる開発戦略を考案したのである。

ところが収入の配分は透明性を欠如しており，一般的に，利益は民間部門と公共部門間に不公平に分配される。スポーツ宣伝主義と政治の関係についての研究は，両者の間に矛盾が内包されていることをさまざまな形で説明している。ビジネスにおける立地や雇用，そして人口の増加という観点に立つ都市統治の理論は，広く知られてはいるものの，収益性は期待できない名の知られたイベント・プロジェクトに対して大衆から支援を受けるために，地域社会の経済・社会的な繁栄を追求する地域ビジネスの企業家たちと政治家との強い

連帯が必要であると主張している。これと同様に，エクスタインとデラニー（Eckstein and Delaney, 2002）は，スポーツの肯定的な訴求力が，政治指導者たちの主導的役割の遂行を通じてつぎの選挙での再選活動の動機となっていると主張する。

スポーツ・イベントを成功裡に開催することとスポーツ・プロモーションを展開することは，中央政府との交渉だけでなく，雇用と新しいビジネスチャンスの創出，そして強力な国際スポーツ組織および多国籍スポンサーとの関係形成，世界的な名士との親交を立証するのに最適な機会となる。したがって，地方政府は，公共投資によるスポーツ施設の建設が小さな直接収益にしかならないことを認めながらも，その支出が経済開発による間接的補償につながるという点を，地域の有権者に約束する。観光部門における直接収益や新しい雇用に対する約束，そして新しい事業を通じた間接的収益が創出されることについては，地域の有権者からの圧倒的な同意を得ており，大型スポーツ施設の建設を願う大衆的な要求をつくり出している。

これまでのスポーツ・イベント開催に関する政治経済的な研究は，米国における事例研究に限られていた。米国には，いわゆる「都市成長のマシーン」というスポーツ神話が広く知られており，ヨーロッパでは最近になってようやく，スポーツからの商業的利益を得ることを公益（public good）として認識し始めた。このような状況に対して，アジアの実験舞台になっている日本は，スポーツに関係する政治，メガスポーツ・イベント開催における固有な歴史をもっているが，研究に関しては大きな功績はなかった（Harada, 2002；Manzenreiter and Horne, 2005）。

日本は，西欧の20世紀に入ってからの資本主義社会と同じように，グローバル経済の力学と構造に統合されており，1990年代以降においてはレジャーと消費指向の経済政策の転換を主導してきた。そして，数多くの地方自治体に，テーマパークや海洋リゾート，ゴルフリゾートに投資するよう奨励し，さらにはサッカーチームとの連携を強化し，最終的にはワールド・カップ大会の可能性を認識させた。

我々はこれからの議論に先立ち，実際の経済波及効果が小さくかつ否定的であっても，事前に経済的な利益と繁栄について予測できるかどうかが，ワール

ドカップ開催の申請並びに準備段階において中心的な議論になる，という仮説を立てた。もし，経済的利益に対する高い期待感がワールド・カップ開催のために用いられた公式文書のなかで主導的に提示されていたら，あるいは2002年のワールド・カップにおいて日本の経済的な成果が他の年度に比べて大きな差異を示せなかったなら，この仮説は容易に証明されることになる。さらに，国家経済と地方経済の諸指標間の比較によっても，開催の効果というものが判明されるであろう。

2. 2002 FIFA ワールド・カップの共同開催とビジネス

メガスポーツ・イベント開催に関する議論のほとんどは，イベントの管理コストと，大規模なインフラ構築と整備にかかるコストを区分しない傾向がある。開催都市になるための必須条件となる大規模な競技場の整備は，一般的に，組織委員会の運営負担とは考えられていない。それは，既存の，あるいは新たに建設される競技場が，将来とも地域において有効に使われるからである。一般的に新たな空港や道路，鉄道への投資のような通信と交通に対する長期的な投資は，一般大衆に組織委員会の利益を分配することになると同時に，その大衆からの批判を分散させるためにも，大会開催・実施に関する財務諸表の勘定科目には含まれない。

このような理由から，日本ワールド・カップ組織委員会（JAWOC）は，大会誘致の結果120億円の超過収益を報告することができたのである[1]。決勝戦の半年後，最終的に提出されたJAWOCの報告書（図表5-1を参照）によると，開催国の資格を得るために，日本国民は，10カ所の最新のワールド・カップ競技場と他のインフラ施設への投資に3,380億円の補助金を税金から支援し，さらにワールド・カップ誘致費用としては610億円がかかったとされている（内閣府，2003，42頁）。したがって実現された利益は，国内において平均的に必要とされる座席数を200％以上も超える超大型の競技場施設の維持コストは極めて多額で，総支出額は5,700億円で，収益とのバランスを合わせることはできなかった（図表5-2を参照）。

さらに，インフラ整備のコストを考慮しなくても，JAWOCは予算上の損益

図表5-1　ワールド・カップに関するJAWOCの予算

(単位：百万円)

費用	金額	収入	金額
JAWOCオフィスの管理	15,422	FIFA助成金	11,709
国際メディアセンター関連	4,068	公式スポンサーシップ	6,800
放送	3,710	開催都市の支援	9,022
PR及び広告	2,121	運営資産寄付金	1,900
イベント	1,128	チケット販売	21,800
マーケッティング	1,525	寄付金と補助金	7,070
チケット販売	2,810	ビジネス収入	2,395
セキュリティ	2,780	その他	22
コミュニケーション	2,573		
トーナメント支援	10,046		
現場管理	10,975		
トーナメント管理	1,408		
予期できない問題に関する準備	2,152		
合計	60,718	合計	60,718

出所：JAWOC（日本ワールド・カップ組織委員会），2003，54頁。

図表5-2　ワールド・カップ後におけるJリーグ観客売上げ額

スタジアム	見込み年収入 (単位：百万円)	予想年度収益 (単位：百万円)	観客収容数	予想ホームチーム	W・C以前の観客動員数[1]	W・C以後の観客動員数[2]
札幌ドーム『ヒロバ』	2,300	100	42,300	コンサドーレ札幌	10,520	23,980
宮城スタジアム	30	(赤字)-340	49,133	ベガルタ仙台	22,230	19,390
茨城県鹿島サッカースタジアム	270	表示なし	41,800	鹿島アントラーズ	25,490	24,610
新潟「ビッグスワン・スタジアム」	表示なし	表示なし	42,300	アルビレックス新潟	18,480	28,890
埼玉スタジアム2002	300	(赤字)-400	63,700	浦和レッズ	26,040	28,090
横浜国際競技場	435	(赤字)-600	72,370	横浜Fマリノス	33,230	26,560
静岡スタジアム「エコパ」	表示なし	表示なし	51,349	清水エスパルス	14,300	14,920
ナガイスタジアム	79	(赤字)-620	50,000	セレッソ大阪[2]	4,850	8,780
神戸ウィング・スタジアム	250	表示なし	42,000	ヴィッセル神戸	13,245	9,270
大分ビッグアイ・スタジアム	50	(赤字)-250	43,000	大分トリニータ	6,870	14,610
合計			497,952		175,255	199,100

注：1) J1の観客数は2002シーズンにおける7つの公式競技だけを数えた数値である。シーズンの途中に，ワールド・カップの開催により中止となり，7月13日（8月17日まで）に8つの残りの競技のため再開となった。
2) 2002年におけるJ2リーグ：ワールド・カップの前に8競技，ワールドカップの後に10競技が行われた。

分岐点を合わせるために，政治献金と公的助成金が必要であった。FIFAの補助金1億ドルとチケットの販売収益は，予測された運用コストの60％にすぎなかった（図表5-1を参照）。FIFAから一括で支払われた金額は，報告書通り，日韓両国が誘致する前に使用した金額と同じであった（朝日新聞2002年5月18日付）。共同開催の理由から減少してしまう利益を補うために，FIFAは両開催国に，64回の競技のなかで自分の国で行われる試合のチケット販売から収益を得る権利を配分した。

海外チケット販売が不振であったためにJAWOCは，事業計画のうち2番目に重要な財政基盤を75％まで削減しなければならなかった。そのためJAWOCは，企業の寄付金や，ワールド・カップ記念切手の販売，新設されたTOTO宝くじ販売のような補足的な財源を手に入れなければならなかった。企業献金の実績は伸びず，2002年の初めまでに，予想した410億円を大幅に下回るわずか7億円の支援金しか集めることしかできなかった。

切迫した危機意識からJAWOCは，2001年，10カ所の開催都市に，約100億円の追加支援金を提供するよう説得した（読売新聞2002年12月26日付，JAWOC 2003, p.54）。しかし，この寄付金額もわずかしか集まらなかった。なぜなら，地方政府の予算は，誘致競争のための支援金や大会の進行のための助成金という継続的な負担を背負っていたからである。ワールド・カップに関連する地方政府の総費用は数年間にわたって約263億円にも達した（図表5-3を参照）。しかし，前述したインフラへの支出や，地域の組織委員会への公的資金の投入がこの数値には参入されていないことに，われわれは注目する必要がある。

ワールド・カップ競技場のための総建設費用の70％は，今後数十年の間，納税者によって支払われなければならない公債発行によって調達された。たとえば，新潟の「ビッグスワン（Big Swan）」競技場は，主に県から資金援助を受けており（82.5％），残りの17.5％は市の予算から補った。大分県の「ビッグアイ（Big Eye）」競技場に必要であった250億円のうちの半分以上の額は，大分県が発行した一般財源債（general obligation bonds）で賄われた。

一般的に，ワールド・カップ競技場のために公的資金を投入することの承認を得るためには，住民投票が必要であった。地方政府は有権者に，巨大な投資

図表 5-3　ワールド・カップの開催地域における経済的負担

	建設費 (百万円)	観客収容席	人口 (百万人)	1人当たりの負担 (円)	ワールドカップ 関連予算 (百万円)
札幌市の札幌ドーム『ヒロバ』	42,200	42,300	1.82	23,190	3,492
宮城県の宮城スタジアム	27,000	49,133	2.36	11,440	2,890
新潟県「ビッグスワン・スタジアム」	31,000	42,300	2.48	12,500	2,550
茨城県鹿島サッカースタジアム	23,600	41,800	2.99	7,890	2,713
埼玉スタジアム2002[1]	35,600	63,700	6.98	5,100	2,822
横浜市横浜国際競技場	60,000	72,370	3.35	17,910	1,370
静岡県静岡スタジアム・エコパ	30,000	51,349	3.74	8,020	1,965
大阪市ナガイスタジアム[2]	40,100	50,000	2.61	15,360	4,739
神戸市神戸ウィング・スタジアム	23,100	42,000	1.51	15,300	1,571
大分県大分ビッグアイ・スタジアム	25,100	43,000	1.22	20,570	2,141
合　計	337,700	497,952	29.06	11,620	26,252

注：1) サッカー専用球場
　　2) ワールド・カップのための修復費も含まれる。
出所：県の統計による 2001 年度の年末における人口。建設費は日本経済新聞, 2002 年 4 月 8 日付。
　　　運営費については, Hirose, 2003：137 を参照。1 人当たりの負担については筆者が計算。

を通じた迅速な収益（たとえば，雇用の創出，地域企業のための新たな事業の創出，そして住民のための経済的な富の増大）を約束したこともあり，賛成率は 80 から 95％までに達した。日本の政治家や市民は，ばらまき政治〔地方人気とり補助金政策で，地方議員が選挙区の利益のために政府補助金を獲得すること—訳者注〕に慣れており，地域住民は，「成長の機会」としてのスポーツの神話を信じようとしたのである。

3. ワールド・カップの国民経済への影響

2002 年に実施された世論調査では，韓国人の 80％以上，そして日本人の 60％以上がワールド・カップによる大幅な景気浮揚を期待していると報告している（パイストン・エコノミックレビュー，2002 年 3 月 7 日付）。25,000 人を対象とした NTT-X と三菱総研によるオンライン調査では，実際にほとんどの日本人（64％）が経済へのプラス影響を予想し，わずか 7％だけが懸念を示し，また 15％の人は，何の予想も示していなかった（Goo Research, 2002）。

成長神話への期待は，2002年2月4日，小泉純一郎総理の日本国会での演説のなかに最も顕著に現れる。

「今年ワールド・カップが開催されます。大会期間中，日本は世界に注目され，多くの人々が日本を訪問します。これは，日本の利益と日本への理解を増大させることのできるこのうえないチャンスです。我々は，海外の観光客の数を増やし，地域経済を活性化させるために，文化的伝統と豊かな観光資源を世界に紹介するつもりです。我々は，経済的な波及効果を含め，この大会が日本と日本人が再び発展し得る機会を提供するだろうと強く信じています（国会議事録のオンラインデータベース，http://kokkai.ndl.go.jp）」。

メディアは，経済的な収入が増大するだろうというイメージを広めるのに重要な役割を果たした。ワールド・カップの前に，開催の利益をかなり楽観視するいろいろな数値が日刊紙で発表され，大衆の呼応を受けた。「NECリサーチ研究所」は，大会の経済的な総利益を，GDPの0.1%に相当する1,417億円になると計算したのに対し（Amagai, 2002, p.1），「第一生命研究所」は，GDPの0.3%に相当する3,700億円を予想した（日本経済新聞，2002年4月2日付）。

「社会工学研究所」と「人間の研究のための電通研究所」（世界のサッカー発展のために主導的役割を果たしていた広告会社の電通の研究機関）の共同研究においては，最も誇張した数値である3兆6,000億円の効果を予測した（Manzenreiter and Horne, 2002, p.10）。32回の試合を通じて出てくるであろうというこれらの数字は，日本の経済成長が過去の10年間において毎年1.1%であったことからすると，相当な景気浮揚を意味する。総務大臣であった片山寅之助は，日本の四半期ごとのGDPが1.4%成長するならば，ワールド・カップの要因によって成長率は2%まで加速すると見込んでいた（Mallard, 2002）。

メガスポーツ・イベントの経済的利益を計算することは，それ自体で活発なビジネスになるので，多くの場合，シンクタンクや研究所は顧客が期待しているメッセージを伝達することに専念する。確かに，事前報告書は，事後の報告書よりも数字的に豊かであるが，ほとんどの場合が重要な間違いをしてしまう。ほとんどのレポートは，基本的に，イベント前の投資とイベント中の消費者支出によって発生する直接的な効果だけでなく，それらの直接効果によって

引き起こされる経済活動の間接的効果をも研究する。

　しかし，これらの経済的計算はほとんど推測に基づいており，他分野における分析で消費とビジネス活動の代替として取り上げられる直接・間接コストの代替効果（substitution effects）を度々無視する。クラウディングアウト効果〔crowding out effects：政府の財政支出の拡大が，企業の投資の萎縮を発生させるもの。政府の財政赤字や拡大財政政策で金利が上昇し，民間消費と投資活動を萎縮させる効果である—訳者〕を測定することも同様に難しい。大会は，一般観光経済を補足するのではなく，代替する傾向があるが，これは，開催都市がすでに魅力的な旅行目的地として機能しているからである。

　より困難な問題は，一般的な経済周期からワールド・カップ特需を分離することである。スポーツ経済学者であるシーズマンスキ（Szymanski, 2002, pp.173-176）は，日本のための経済的な乗数効果が高くても1.47であると計算しており，長期的な平均値と比較しても，同じ段階のビジネスサイクルと比較しても非常に微弱な数値で，有意味な数値ではないと主張している。彼の予測は，景気浮揚論者の一部の主張を検討しようとする我々の計算や他の研究者たちの計算によって証明された。

　たとえば，ワールド・カップ開催12カ国の大会前とその後の経済成長を研究したツァン・セ・ムン（Chang Se-Moon, 2002）は，ワールド・カップ決勝戦が終わった後の，より強い経済を予想していた。ほとんどの場合，ワールド・カップ以前よりも後に大きな成長が観測された。ワールド・カップ前の平均成長率は2.2％だったのに対し，ワールド・カップ後の平均成長率は3.1％だった。OECDの数値をみると，日本は2001年から2002年マイナス0.4％の成長率を記録したが，2002年から2003年までには2.7％の成長率という一般的な傾向をみせている。しかし，2001年に6.3％の成長率と2002年に2.6％の成長率をみせた韓国は，この傾向に逆行しており，成長仮説の再評価が必要になる。

　株式市場もまた，サッカーが経済活動における主要同伴指標や主導的な指標になるという主張に往々にして使われる。HSBCの分析レポートは，典型的な逆U字型をみせたが，これは開催国の株式市場は，大会が始まる前まで上昇し，大会が開始されると，売却が起こる傾向にあるからである（フィナンシャ

ルタイムズ，2001年12月21日付）。確かに日本の株式市場の日経指数は，このパターンを示した。2002年の最初の5カ月間の日経指数は10,542から11,764までの漸進的な上昇をみせたが，年末になると日経指数は落ち，8,579という20年ぶりの最低値を記録したのである。

韓国の場合でも，KOSPI指数は698から855まで上がった後，年末には633まで落ちた。株式市場は，実体経済の流れよりも投資家の性向や気持ちを反映する傾向がある。そのため，これらの株価推移のパターンは，ワールド・カップの景気浮揚に対する高い期待の後には苦い幻滅が付随することを示している。ワールド・カップによる不動産の神話においても同じことがいえる。活発な事業活動が長期間は続かないことを観察したホテル投資サービス・グループのリサーチ機関であるジョーンズ・ラング・ラサール（Jones Lang Lasalle）は，このような経済的な復興への高い期待感に驚きを示している（Sanderson et al, 2002, pp.10-11）。

実際に，電通による果敢な予想は，過去6年間に及ぶインフラ投資（電通の分析によれば計1兆4,400億円にのぼる）に基づいており，収入の残りの部分はよくしられた可変的な性質の消費者支出に依存しなければならなかった。しかし，住友生命研究所が1964年の東京オリンピック（日本の世論は，この大会をメガイベント開催による経済的利益の証拠として考えている）を含む大規模な文化イベントを開催した日本の歴史的経験を調査したところ，10のイベントのうちで，1970年の大阪万博だけが消費支出に大きな影響を及ぼし，他のスポーツ・イベントは大阪万博のような影響を与えることができなかったのである（Yamamaoto, 2002, p.3）。

2002年ワールド・カップの場合，我々は「全国消費実態調査」と「家庭調査」からデータを選別した。2002年におけるすべての家庭の毎月の平均生活費は26万8,787円で，2001年の27万1,759円から0.3%減少し，特にその年の第2四半期中にはより低い数値を示していた[2]。

2002年における消費者心理の0.3%の上昇は，2001年におけるマイナス1.5%の後退から緩やかな回復を示した。しかし，四半期別にみてみると，最も高い成長はワールド・カップ直前であり（1.5%），ワールド・カップ期間中には0.9%，ワールド・カップ直後には0.3%の小幅の上昇しかなかった。最後

の四半期のマイナス成長（−1.5％）は，定期的な成長の効果をほとんど相殺させた（ESRI, 2003）[3]。

4. ワールド・カップの地域経済への影響

これまでの議論では，ワールド・カップ開催と関係し，2002年の日本経済と民間の消費が景気の回復と低迷に対して一貫性のあるシグナルを示していないことを明らかにした。ワールド・カップ特需に対するより正確な情報を得るために，分析を，国レベルからワールド・カップ開催による経済成長の影響力の大きさを発揮する地域レベルに移す必要がある。地域経済に対する経済効果の分析は，大会前においてほとんどの地方政府から要望された。方法論や分析期間の枠組み，拡散効果の深さ，そして地域の経済構造の違い等によって数値はかなりの差をみせている。しかし，一般的に，地域のシンクタンクも，前述した全国調査のように過大に評価する傾向がみられた。日銀の新潟支店は，1,000億円の経済効果を予測しており，大分地域では60億円，横浜地域には260億円の効果を予測した（内閣府，2003，42頁）。また，茨城地域は計770億円の効果を予想し，札幌市には70億円の効果を予想していた（HIFA,「将来の発展に関する北海道研究所」，2002）。

名の知れたイベントは，大勢の観光客を呼び込み，観覧客の流入は，イベントによる経済的効果と直結するため（Gratton et al, 2006, p.51），観光関連の支出は，すべてのモデルのなかで重要な標準変数として使われる。国土交通省と住友生命のシンクタンクは，ワールド・カップによる海外観光客を36万人から40万人までに予測していた。したがって，合計144万人の来場者と数千人もの関係者（たとえば選手，スポーツ管理者，チームと大会の従事者，そしてメディア）が支出する金額は，外部資本が地域経済に流れてくる最も確実な方法であると理解できる。ここで，「外部」とは，日本以外の諸外国だけでなく，日本国内における他の地域も含んでいるので，地域の経済は，経済全体よりもワールド・カップ特需で，より多くの利益を獲得できなければならないことになる。

しかし，2002年における観光客の数値からすると，期待された観光客の流

入（資本流入）の予測があまりにも楽観的であったこともあり，実際にワールド・カップは，観光客の増加に正の影響を及ぼすことができなかった。法務省によると（オンラインデータベース），2002年5月31日と6月30日の間に日本に入国した外国人の総計人数は44万1,000人であった。この数字は，前年度の同期に比べ3万7,000人の増加である。ワールド・カップ期間中であった6月に，日本に入国した外国人旅行者の増加率（19.4％）は，年平均成長率（8.4％）を上回っている。

しかし，2月（55.7％）と5月（21.4％），8月（16.2％），10月（23.0％），11月（21.3％）でも同様な傾向があり，2002年に外国人観光客が577万人に達するところで最高値を更新したのである。日本観光協会（JNTO，2004）によって提供される毎月の入国統計をみると，ワールド・カップの効果はあまり意味がないようであった。大会期間中に日本に入ってきた観光客の増加率（9.3％）は，毎年の増加率（9.8％）よりも落ちており，特にその年の下半期と比較すると，より低い増加率であった（11.6％）。

海外から訪れた観光客のワールド・カップへの支出は，国内の観光市場の成長にわずかな影響（3.3％）しか与えなかった。国土交通省によれば2002年における観光市場の成長率の3分の2は日本人観光客の日帰り旅行によるものであり，残りの3分の1が外国の訪問客の1泊2日の旅行から出てきたものである。外国人旅行者数は，日本国内の旅行市場の10％未満であり，観光市場の成長は，ワールド・カップ以降における1泊2日の旅行の回復によってもたらされたものであった。この部門における30.4％の成長は，日帰り旅行と外国人観光客の旅行で出てきた収入の減少を相殺した。このデータは，大規模なイベントに伴うクラウディングアウト効果を示している。まず，イベント期間中における価格上昇とサッカー・フーリガンの危険性など，望まれない副作用のため，一般の訪問客は消極的になる。国籍別入国データは，隣接国である韓国と中国，香港，台湾からの旅行者が，特にワールド・カップ期間中に日本への旅行を保留してしまい，過去10年間における東アジア地域からの国内観光の上昇気流に逆行していることを示していた。

第2の問題は，イベントに関わる国内旅行や観光に伴う消費の増加は，他の観光分野の消費の減少により相殺される。実際に，日本旅行業協会（JATA）

図表 5-4　2002 年におけるワールド・カップ開催地の地域経済

	実質地域GDP	2002年の各地域の収入	変化率(前年比)	2002年各地方自治体の未済借金	変化率	国内外観光客数の前年比率	2002年の失業率	失業率の変化(前年比)
日本全体	1.2	2,843百万円	-1.5	585 千円	3.8	—	5.4	8
北海道[1]	-1	2,563	-2.8	868	6.4	-0.6	6.1	5.2
宮　城	-0.9	2,576	-3.7	557	0.9	1.5	6.2	17.0
茨　城	0.3	2,902	0	498	5.7	-2.6	4.8	4.3
埼　玉	-0.5	2,657	-4	392	5.4	2.2	5.8	9.4
神奈川	-0.3	3,061	-1	287	2.5	1.5	5.1	10.9
新　潟	-0.8	2,713	-2	789	4.6	-3.1	4.5	4.7
静　岡	2.9	3,221	1.7	529	2.1	-3.7	4	5.3
大　阪[2]	0.3	3,030	-0.6	469	2	-1.6	7.7	6.9
兵　庫[3]	1.6	2,647	0.5	553	3.6	-1.7	6.6	6.5
大　分	-4.2	2,580	-2.3	794	1.4	1	4.9	-10.9

注：1) 札幌市が位置する地域
　　2) 大阪府
　　3) 神戸が位置する県
出所：すべてのデータは，自治体の統計局と政府関係のウェブサイトの資料を参考にした。

は，2002 年第 2 四半期における国内観光客が例外的に少なくなったと報告した。あらゆる種類の国内観光商品の熱気が著しく冷え，特に卸売業者や小売業者は，ワールド・カップ期間中に負の影響にさらされた（JATA, 2002）。サッカーの観客はいつも試合以外の時間をワールド・カップ開催都市で過ごしたわけではなく，地域における人々の流入と流出のデータは，ワールド・カップに関連して一貫したパターンを示していない。開催 10 地域のうち，埼玉（2.2%），神奈川（1.5%），宮城（1.5%），そして大分（1.0%）では，日本人と外国人観光客の平均増加率とほぼ同じであったが，開催地域のすべての地域をみると減少したと記録されている。

　地域の成長に関するマクロ的な経済指標も，ワールド・カップ特需の明確なパターンをみせることはできなかった（図表 5-4 を参照）。2002 年の日本の GNP 成長率 1.2%であったが，静岡（1.7%）と兵庫（1.6%）だけがこの成長率を上回り，茨城（0.3%）と大阪（0.3%）の成長率は日本の GNP 成長率にも及ばず，その他すべての地域でマイナスであった。地域収入の 1 人当たりの分配率は，茨城で停滞，そして残りのすべての県では減少しており，静岡（1.7%）と兵庫（0.5%）だけが注目すべき例外をみせた。ワールド・カップ誘致に投入された公的資金を考えると，地方レベルや全国レベルとの間におけるマイナスの数値は驚きの感すらある。

過去において，公共インフラに対し過度な支出が大きいことで有名な札幌と大分，そして新潟の場合を除き，他の地域の1人当たりの負債は，全国平均の585,000円より少なかった。ワールド・カップが開催された2002年の間，札幌（6.4％）と新潟（4.6％），茨城（5.7％），そして埼玉（5.4％）で，公的負債の増加は加速化した。しかも，ワールド・カップ開催地域の平均成長率は全国平均成長率である3.8％よりも低かったのである。

 経済関連分野のなかで，雇用の場合には，開催地域の平均値が全国平均を凌駕している。宮城（17％）と神奈川（10.9％），埼玉（9.4％）の失業率は全国平均増加率8.0％を越えたのに対し，総雇用人口が事実上増加した大分を除いて，他の地域の失業率は全国平均より少なかった。しかし，労働統計だけで，雇用のプラス効果について言及することは非常に難しく，特に多くの新しい仕事が，低賃金の仕事かあるいは非正規社員であるという疑問が強く提起される場合にはなおさらである。

 メガスポーツ・イベントに関わる雇用効果についてのこれまでの研究は，雇用創出の質や雇用期間などの主要な問題を提起してきた。モントリオール，バルセロナ，そして他の都市の夏季オリンピックに関するケーススタディでは，新たな雇用の大部分が，観光や関連サービス産業における不安定で不健全な労働条件のもとで創出されたことを明確に示している。すなわち，メガイベントの開催は非熟練労働者の雇用機会を向上させるだけで，地域雇用の質の向上を前提とする価値のある雇用の創出にはつながっていないのである（Whitson and Horne, 2006, pp.79-80）。

5. 政策目標とその実際の結果

 ワールド・カップ開催がプラスであったかマイナスであったかという都市間の勝敗に関する我々の探究は，政治的な宣伝と実際との間における見とおしのギャップだけにとどまらない。開催のための政治活動についての議論は，地方政府の願望と動機に関する我々の関心と関連している。予測した経済的利益の実現が失敗に終わった場合，地方政府はこれらの経験をどのように生かしたのであろうか。彼らが経済的な利益以外の目標を追求している場合，その目標は

何だったのか。彼らは自分たちの業績に満足したのだろうか。もし，失望している場合は，どのような点に失望したのだろうか。

公共業務を管理する地方機関の役割と責務を評価するために，広瀬（Hirose, 2003）は，2002年ワールド・カップを開催している10カ所の地方政府の事業実績について事後評価を行った。それぞれの都市や県に送られたアンケートと，開催地域の地場企業や最高責任者とのインタビューや書面インタビューを通じて，包括的な調査データが収集された。回答者からは，現在の総務省の前身，日本地域開発センター（Japan Centre for Regional Development），そして地方政府によって支援された地域開発およびスポーツについての予備調査のプロジェクトで確認された25の政策目標の適用可能性について評価してもらった。

ワールド・カップ後，地域の公務員に配布された質問票は，政治行動の異なる3つの段階の重要性を確認し，評価するよう構成されていた。まず，回答者は25項目のうちワールドカップの開催（政策ビジョン）の予想と一致するものを特定しなければならない。第2に，彼らは，目標（数値目標）実現のために政治が実践されたのかどうかを答えることになっている。最後に，実際の成果を評価するために，各項目の点数については，1点（全く効果がない），2点（少しの効果があった），3点（一定の効果があった），4点（かなりの効果があった），5点（大きな効果があった）をつけることにした。

地域政策に関するこれまでの定量的評価と説明は，ランダム観察や定性的であいまいな解釈に依存してきた。これまでの研究におけるもう1つの弱点は，非線形的な評価尺度に起因するものであり，そのため，開催の政治活動と成果との関係の測定から意味のある比較やデータの計算がほとんど不可能であった。統計上の目的のために，すべての項目の点数のうち1点項目も意味をもっていたが，しかし「全く効果がない」ことに対して1点を付与することは，平均と指数の情報を歪曲する。

比較目的のために，我々はアンケート上の未分類のカテゴリを，4つの政策分野，すなわち「政治へのアイデンティティ」，「地域開発」，「インフラの構築」，「対外関係の促進」を中心に再編成した。政治へのアイデンティティとは，地元のプライドや社会的な結束，地域イメージのブランド化のような無形

図表 5-5 地方政府におけるワールド・カップ政策の実行と自己評価の結果

政策	政策フィールド	n/po[1]	n/pm[2]	政策目標	Pts[3]	Pts[4]	φ pts	φ pm	φ pt
1. アイデンティティ政治	1.1. 地域アイデンティティ	8	8	1.1.1. 地域意識の統合	24	25	2.8	3.1	3.0
		8	8	1.1.2. 一体感をつくる	23	25	2.8		
		8	6	1.1.3. 自尊心を強化する	29	29	3.6		
	1.2. 地域イメージ	4	4	1.2.1. 地域色の再考	12	17	2.4	2.9	
		9	9		31	31	3.4		
2. 地域開発	2.1. 経済再生	10	9	2.1.1. 観光客の流入	21	21	2.3	2.1	2.7
		9	7	2.1.2. 商店街の活性化	16	17	1.9		
		10	6	2.1.3. 地域経済への肯定的影響	20	20	2.2		
	2.2. スポーツ・プロモーション	9	9	2.2.1. 大規模なスポーツ施設の提供	31	32	3.2	2.9	
		8	5	2.2.2. 公共スポーツ施設の活用	18	19	2.7		
		10	6	2.2.3. 地域スポーツ・システムの活性化	16	16	2.7		
		10	6	2.2.4. スポーツ参加促進	11	11	2.8		
		9	9	2.2.5. スポーツ・イベント・マーケティング知識の強化	30	31	3.1		
		9	7	2.2.6. 地域におけるサッカーの人気を高める	28	29	2.9		
3. インフラの構築	3.1. 交通	7	7	3.1.1. 道路と交通の状況を改善	22	22	2.4	2.3	2.7
		5	5	3.1.2. 鉄道ネットワークの改善	16	20	2.2		
	3.2. 都市景観	7	8	3.2.1. 都市景観の再設計	18	23	2.6	2.6	
	3.3. 環境	5	6	3.3.1. 環境への貢献	15	16	2.3	2.3	
	3.4. 文明社会	10	10	3.4.1. ボランティア参加意識を高める	34	34	3.4	3.1	
		7	5	3.4.2. 新しいNGOの設立	23	29	3.2		
		7	7	3.4.3. 都市再建への市民の参加	23	28	2.8		
4. 対外関係の促進	4.1. 国際化	10	9	4.1.1. 国際的な意識の高揚	26	26	2.9	2.9	3.0
		10	10	4.1.2. 国際交流の促進	29	29	2.9		
		10	9	4.1.3. 社会と国際的なことに関する教育	29	29	2.9		
	4.2. 歓迎行事	10	10	4.2.1. おもてなしの意識を高める	31	31	3.1	3.1	

注：1) それぞれのアイテムのため政策目標を構想した開催地の数。
2) それぞれのアイテムの実現のために特別な方法を開発した開催地の数。
3) 自己評価から算出されたスコアの合計。地方自治体の政策目標と一致したもののみ。
4) 自己評価から算出されたスコアの合計。

的な利益を意味する。地域開発は，地域社会におけるスポーツ・スポンサーで収入を上げるさまざまな方法を意味する。インフラの構築は，開催地の物質的・精神的遺産，すなわち，交通，都市景観，環境，ボランティア組織などを包括する。対外関係は，国際感覚の育成に寄与しうるすべての目標と交換プログラムを含む。図表5-5の左側の列は25の目的だけでなく，10個のサブ・グループ上の分布，そして上記した4つのテーマを詳細に示している。

すべての開催都市の政治家と官僚たちは，ワールド・カップが成功的な大会だったと自らの気持ちで評価している一方（図表5-6の右側にある3つのセ

図表 5-6 政策に関する地方自治体の順位，政策の実行および結果

政策目標[1]	目標値[2]	合計得点[3]	平均得点[4]	インデックス[5]	インデックス2[6]
1 宮城 (25)	1 宮城 (25)	1 大分 (90)	1 大分 (3.6)	1 大分 (0.90)	1 大分 (0.9)
1 埼玉 (25)	1 静岡 (25)	2 静岡 (86)	2 静岡 (3.4)	2 静岡 (0.88)	2 静岡 (0.86)
1 大分 (25)	1 大分 (25)	3 埼玉 (69)	3 埼玉 (3.3)	3 茨城 (0.84)	3 埼玉 (0.82)
4 横浜 (24)	4 茨城 (23)	4 茨城 (68)	4 茨城 (3.0)	4 埼玉 (0.82)	4 茨城 (0.81)
4 静岡 (24)	4 横浜 (23)	5 宮城 (66)	5 宮城 (2.8)	5 神戸 (0.70)	5 神戸 (0.73)
6 茨城 (22)	6 埼玉 (18)	6 横浜 (61)	6 札幌 (2.6)	5 札幌 (0.69)	6 大阪 (0.70)
7 新潟 (19)	7 神戸 (15)	7 新潟 (55)	7 横浜 (2.4)	7 宮城 (0.67)	7 札幌 (0.69)
8 神戸 (17)	8 新潟 (14)	8 神戸 (45)	7 新潟 (2.4)	8 新潟 (0.64)	8 宮城 (0.67)
9 札幌 (15)	9 札幌 (9)	9 札幌 (37)	9 神戸 (2.0)	9 横浜 (0.60)	9 新潟 (0.66)
10 大阪 (13)	10 大阪 (5)	10 大阪 (33)	10 大阪 (1.7)	9 大阪 (0.60)	10 横浜 (0.59)

それぞれのポジションと括弧の中の数字がランキングと価値を示している。
注：1) ワールド・カップの開催に関する政策目標の数。
　　2) 特別な方法が実行された政策目標の数。
　　3) 結果の評価に関する総得点（1=効果がほとんどない，2=少し効果があった，3=相当な効果があった，4=それぞれの政策目標に対し非常に効果があった）。
　　4) それぞれの政策目標の結果に関する平均得点。
　　5) 政策目標として特定されたフィールドにおける結果を，それぞれのフィールドで可能とみられる最大の数値で割った，総得点。
　　6) 政策において特別な方法が実行された政策の結果を，それぞれのフィールドで可能とみられる最大の数値で割った，総得点。

ルを参照），政策目標の比較と目標数値の実践とその実際的成果などに関しては非常に複雑で注目すべき差異をみせた。収集された調査データからは，10の地方政府によって追求された目標と手段の種類と数において大きな差異を発見できた。宮城や埼玉，大分では25個の目的のすべてを選択したのに対し，横浜，静岡，茨城は，20以上の目的を選択，そして札幌と大阪は15個と13個の目標だけをそれぞれ選択した。

　開催に関連する目的を達成するために，具体的な課題を実践する段階において，開催都市の政策の実績は増えている。宮城と静岡，大分は，彼らが政策目標として選択した25個のカテゴリのうちいくつかの課題と目標数値を提出した。茨城（23）と横浜（23），埼玉（18），神戸（15），そして新潟（14）は，彼らが選択した分野において特別プログラムを導入した。札幌（9）と大阪（5）は，6または8つの政策分野だけを選択しただけである。多くの場合，成果に対する評価方法に顕著な差異が存在していた。

　一般的に，より多くの政策や課題を選択した県がより高い満足度を示した。大分（90点/100点）が最も高い点数を記録し，静岡（86点）と埼玉（69点），そして茨城（68点）が後に続いた。これに対して満足度が低い方には神戸

(45点)と札幌(43点)そして大阪(33)が位置している。提案が開発政策のビジョンによって暫定的に示されているか,または課題の実践のなかで具体的に示される分野だけにおいて自己評価テストが有効であるなら,上位ランキングはほとんど変化がないであろう。中間と下位ランクに位置する諸都市は,主に確信をあまりもてなかった地方政府の影響であったが,それは,彼らが集中した限られた分野の成果だけを高く評価する傾向にあったためである。

政策テーマの観点から,地域のアイデンティティと市民社会の無形的な効果は最も高い成果として認識されている(図表5-5を参照)。ワールド・カップ大会が地域のアイデンティティを強化し,社会的団結と地域的なプライドを高揚させたという点において一般的な同意がみられる。大分県の知事は,周辺都市までもがワールド・カップのような世界的なイベントの開催要件を充足したことに大きな満足感を表明した。静岡県の知事は,イベントの成功による外国人旅行者たちの賛辞が,日本人の伝統意識を強化したと述べた。

ワールド・カップの期間中,旅行者のために文化祭やその他の付帯行事で,地域のいろいろな伝統行事が繰り広げられた。青年組織と女性団体が地域のプログラムで協力し,数多くのボランティア参加者がJAWOCの公式ボランティアとして働き,地域機関の主導する組織に参加した。当時,オリンピックと世界陸上選手権大会の開催を申請していた大阪市の関係者らは,2002年ワールド・カップが,将来,国際大会における重要なリソースとしてボランティアの存在に関心をもったと述べた。

平均的に,開催地域は地域のイメージを再びブランド化させ(4),都市の景観を再設計し(7),道路(7)と鉄道(5)ネットワークを拡張させ,環境への関心を知ってもらう(5)ための出発点として,ワールド・カップを利用することには,それほど多くの関心を寄せなかった。ただし,すべての開催地は,外部との関係性の強化と経済開発の促進に関わるものとしてワールド・カップを認識していた。10の地域は,ワールド・カップにおける彼らの貢献が住民の国際的感覚を上昇させるだろうと予想した。観光客の流入(10)と,メディアの活性化(9)のような関連目標もほぼ全員一致に近い同意を受けた。

おもてなし,経済力,そして文化的特色を表わすために,開催都市は,さまざまな活動を計画した。すべての開催地は,その地域で試合をもつチームの国

籍を考慮して外国の応援客のための特別な歓迎行事を準備し，訪問客の国旗をもったり商店街にその国の国旗を飾り，各国の言語でパンフレットや小冊子を発行した。神戸と他の都市では競技場近くの小学生たちに外国のチームの歴史や文化，そして伝統を教えるために，正規の教科課程を変更し，学生たちをワールド・カップの試合に無料で入場させ，訪問チームに対して積極的な応援を行った。

官僚の自己評価では，国際化政策の成果は2番目に高い得点（2.9）となったが，これは開発プログラムの評価（2.7）と大きな対照をみせた。このカテゴリーにおいては，スポーツ後援（2.9）の6項目が含まれていなかったら，より低いスコアを記録したに違いない。スポーツ施設の提供（9）と大衆のスポーツ参加機会の拡大（10），スポーツ・イベント・マーケティングに関する知識（9），サッカーに対する地域的関心の上昇（9）のような政策目標が主に挙げられている。しかし，スポーツ後援の分野における実際の行動と結果は非常に低調であり，これはワールド・カップの誘致とサッカーとが直結されなかったためである。

政策ビジョンにおいて高いところにランクされた経済復興が低い点数で終っているのは，この目標の失敗を証明するものである。事実，すべての地方政府は，日本人と外国人観光客による資金の流れ（10）と，地域レベルにおける取引やサービスの活性化（9），地域経済の幅広い波及効果（10）を希望していた。広瀬は「日本のように発展した経済においては，スポーツや文化が経済の重要な軸となる多くの機会が存在する」という静岡県知事の言葉を引用している。静岡と茨城県知事は，支出の約1.5倍の利得を得たと報告したのに対し，他の回答者は，結果に対して多少冷静であった。政策実行のレベルにおいては，地域経済復興への努力の代価として，わずか8つの地域の政府だけが，各政策分野の目標値に到達した。これとは対照的に，すべての開催地が国際化の目標に対して積極的主導権をもち始めたのである。

6. ワールド・カップの成功（勝者）と失敗（敗者）に対する評価

地域ごとの期待感，実践，そして実績結果の評価から，それぞれの差異を検

討する場合，非常に複雑で矛盾した図式が導出される。広瀬によると，地方政府の回答者は，ワールド・カップに対する彼らの認識に大きな差異を示していた。最も顕著な違いは，「ワールド・カップの開催」に付与した重要性の度合いから観察される。大分は，戦略的なアプローチをとっていた。行政の継続性の観点からして，大会前の戦略的意図と大会後の政策の実践と実績結果において優れた一貫性をみせていた。長期的な政策の計画プロセスにおいて，経済の中心地である九州と本州を接続するための新たな交通施設がさまざまな地方に設置された。

ワールド・カップの期間中，中津江という小さな村におけるカメルーンチームへの情熱的なおもてなしは，メディアから集中的に注目を受け放送された。大分は「低迷している地域」という従前からの汚名から脱することができ，全国的な名声を得るようになった。期待された経済復興は実現できず，さらには地域経済の実質的な後退があったにもかかわらず，地方政府はこの結果に満足感を表わした。大分の戦略において否定的側面である公的債務の長期的な影響は，官僚たちの自己評価においては軽視されていた。

成果に関する評価で最も高い評価を受けた地域は，大分や宮城のようにワールド・カップ大会を統合的な開発政策の一部として活用した地域と，静岡や神奈川，埼玉，そして茨城のような伝統的にサッカーの強い地域であった。ワールド・カップ以降，茨城においての競技場活用のための課税は，地域的な抵抗にさらされることはなかった。過去10年間においてサッカーが地域のイメージの向上のための主要な商品になった時点で，最も有名なサッカー大会を開催するという一生に一回の機会をもてたことは，地域のイメージの向上により成功的な結果をもたらしたという評価にまでつながったのである。ワールド・カップ競技場の総運営費は，ワールド・カップ後の最初の2年間，毎年25億円を超える金額であったが（読売新聞2003年5月5日），自称「サッカー王国静岡」やほかのサッカーセンターが，損益分岐点において帳尻を合わせることは難しいことではなかった。

経済的数値を比較すると，地域機関の関与と実際の成果との間に直接的な関連性はみられなかった。大阪と神戸の場合，1年間のビジネスは豊かであったが，ワールド・カップのための準備とその経済効果は比較的注目を浴びること

はできなかった。これとは対照的に，大分は経済が回復するというシグナルはみられなかったものの，自己評価尺度では高得点を記録した。日本の北に位置する宮城も，景気の後退に苦しんだが，数多くの政策ビジョンと目標値にみられるように，都市の復興への期待感はみられた。一般的にいって，日本の大都市（札幌，横浜，神戸，大阪）は，ワールド・カップを通常行われる多くのイベントのなかのたんなる1つとして考えていた。このような都市がもつ経済の規模はワールド・カップは関心事の1つにすぎず，文化的多様性や地域的ニーズも違っていた。大阪がこれに該当する代表的な事例であるが，調査では，この都市は，政策ビジョンの欠如と具体的措置の不十分さを現わしたのである。数十年の間，プロ野球チームの本拠地であった大阪と横浜は，ワールド・カップがもつ文化的な魅力と，地域のイメージを組み合わせる必要がなかったのである。

7. おわりに──招致による利益

　メガスポーツ・イベントの開催に関わる政治経済的なこれまでの議論を要約すると，スポーツ復興主義は，日本の政治にも明確な兆候を残しているといえる。サッカー大会のための公共投資から，簡単に補償が得られるという前提については，ワールド・カップ開催前から相当な議論があった。国家レベルと地域レベルにおいて景気を浮揚させるかどうかの「証拠」について，数多くの民間の研究機関から発表され，メディアを通じて国全体の潜在的な利益となる1つの事実として数字が広められ，政治家と官僚の承認を得ようとした。誰もが，雇用の創出と地域経済の成長に反対していなかったため，ワールド・カップ関連のプロジェクトへの公的支出を国民は承認したのであった。しかし，ワールド・カップ開催の主目的であった経済的利益と有形的な利益の獲得は，ほとんど実現できていない。

　政治的目的を達成するためのさまざまな課題履行に焦点を合わせたこの研究は，開催都市を取り巻く環境と条件の重要性を示してくれた。文化的な資源や他のリソースによって，地方政府は，ワールド・カップに対するさまざまな期待感をもったまま，多くの支援プログラムを発足させた。多くの無形資産

(soft assets) をもつ地域においては，ワールド・カップに小さな価値しか付与しなかったが，これらの開催地は，さまざまな定期的イベントを組織しなければならなかったため，1つのイベントに多くのリソースを割り当てる余裕はなかった。一般的に，公的資金の追加割り当てを要求する政策分野（たとえば，交通インフラや都市の再編成）は，自己評価において低い点数を記録したのに対し，測定が困難で特別な履行を必要としない目標は，比較的成功していることで注目を浴びている。

メガスポーツイベントの経済的効果の側面からすると，日本も例外ではなく，開催の効果に関する事後調査研究の結論に従う形となっている。マイナス効果とプラス効果を定量的に表わすことが困難であるにもかかわらず，これらの研究は，2002年ワールド・カップが，開催国の国家経済や地域経済に大きな影響を及ぼしていないと結論づけている[4]。国家経済と地域経済に関する予測データと統計情報が示しているように，開催に伴うビジネスは組織委員会には成功をもたらしてくれたが，開催機関には犠牲がもたらされたのである。

いくつかの地方政府の調査において，自己評価報告書のなかで示されていた目標と経済的業績との間に，意味ある関係性が見出せなかったという点は注目に値する。広瀬が，明確な責任の欠如であると解釈したものは，我々にとっては規模の機能（function of size）——成熟した経済において，世界的なメガイベント事業は，経済成長と生産性に限られた影響しか与えられない——であり，都市成長管理体制論を支持するもう1つの事例として把握される。

それにもかかわらず，経済的利益が不平等に分配され，地域経済の根幹を支えることができないとしても，地域の指導者および力ある仲介者たちは，メガイベントによって提供される複雑な機会を利用することになる。したがって国家は，スポーツ・イベントから，経済的な利益を得ようとするより，国家の発展と文化の提供のための統合的な投資の一環としてスポーツ・イベントをとらえる必要がある。日本における勝者と敗者の比較が示唆するように，開催地域は，地域内における文化的な生活の促進に，より集中することができ，市民社会を発展させるための地域の行政や市民の結束をよりよく高揚させることができる。開催地は，無形的かつ持続的な効果のために，メガスポーツ・イベントを活用しなければならない。

注
1) 日本も為替レートの動きから利益を得た。FIFA の計算は，米国ドルに基づいていた。1996 年と 2002 年の間に，円に比べドルは 10% 暴落した。ワールド・カップの当時，100 円は約 0.85 ユーロと 0.84 ドルの価値をもっていた。
2) 2002 年の四半期ごとの数値（前年度同期からの変化）—— Q1：267,143（-1.0%），Q2：264,002（0.2%），Q3：267,970（1.9%），Q4：278,965（-0.3%）。総務省統計局の毎月の家計の調査から得られた過去のデータと現在のデータが http://www.stst.go.jp/data/soutan/1.htm からダウンロードできる。
3) 日本政府の内閣傘下の経済社会リサーチ研究所（ESRI）の四半期ごとの調査による消費傾向に関する過去のデータと現在のデータが，http://www.stat.go.jp/data/soutan/1.htm からダウンロードできる。
4) 驚きではないが，2006 年ワールド・カップのドイツ経済への影響を調査したドイツ経済研究所によって，これとまったく同じメッセージが発せられている（Brenke and Wagner, 2007）。

学 習 課 題

1. 2002 年の日本でのワールド・カップ招致は国民の文化および国民経済へプラスの影響をおよぼしましたか？
   1) 経済成長への影響。
   2) 家庭の消費動向への影響。
2. 2002 年の日本でのワールド・カップ開催の地域経済と地域文化への影響について質問します。
   1) プラスの評価をした地域・県はどこですか？
   2) 評価がそれほど高くなかった地域・県はどこですか？
   3) その差が生じた理由は何か説明しなさい。
3. 第 5 章 6 節の「ワールド・カップの勝者と敗者に対する評価」と 7 節「おわりに－開催の利益」を読み，あなたは，ワールド・カップ・サッカーやオリンピックのようなメガイベントを将来ふたたび開催することに賛成ですか，反対ですか。それはなぜですか？

第 6 章

日本とインド間比較にみるメガスポーツ・イベントの経済への影響

C. ラックスマン
訳：早川　宏子
高橋　由明

要　約

　この研究は，競争優位を表すポーターダイヤモンド理論を利用して，メガスポーツ・イベントの経済・ビジネスへの影響について考察をしている。とりわけ2つの国のメガスポーツ・イベントの影響の相違について比較し分析する。すなわち，日本とインドで開催された，2002年のFIFAワールド・カップと1996年のICCクリケット・ワールド・カップの開催に関する問題について分析している。この分析から，メガスポーツ・イベントが，2つの国の社会と経済にどのような影響を与えたかということについて，相違があるということである。この相違についての分析では，両国でのメガスポーツ・イベントの開催前と開始後で，違った影響があったことの内容を明らかにする。この研究では，アジアの発展途上市場のインドと，すでに発展した市場の日本との違いについて比較し，その相違についての理論を一般化するという広い展望をもっている。

1．はじめに

　メガスポーツ・イベントとは，スポーツのプロ化とスポーツ文化を普及させることで主な役割を演じており（Kaufman and Patterson, 2005），かつ経

済と社会の発展に貢献をする。このようなイベントは，主催国が世界に自国を認知させるに寄与する（Matheson and Baade, 2004）。このようなイベントを招致する主な理由としては，世界各国に知名度が上がることに加えて，もう1つは，結果として経済効果が上がる可能性があることである（Versi and Nevin, 2004 ; Matheson and Baade, 2004 ; Owen, 2005 ; Madden, 2006 ; Solberg and Preuss, 2007）。しかし，ホスト国の多くがそのようなメガスポーツ・イベントの活発な経済効果をつねに期待できるかどうか（Solberg et al., 2002 ; Matheson and Baade, 2004 ; Owen, 2005）という問題があるが，こうしたイベントは，途上国にとって好ましいことであるかという議論がある（Matheson and Baade, 2004）。これを決定する問題点について，ここではFIFAのワールド・カップ2002年韓国と日本の共同開催と，1996年のICCワールド・カップであるインド・パキスタン・スリランカ共同開催とを対比し考察する。

　この研究の目的は，メガスポーツ・イベントが，ホスト国の経済に寄与するという意見の人と，その考えに異議を唱える人との議論を検討し，この問題に関する見解を明らかにし，学問的に貢献するところにある。それは，両者で主張される議論の内容と，アジアの先進国と新興国の間の潜在的な違いの両面を的確に調査し，この目的を達成するよう考える。ビジネスと経済成長へのメガスポーツ・イベントの影響・効果を分析するにあたり，ポーターの競争優位性に関するダイヤモンド理論を利用し，日本とインド，2つの国におけるメガスポーツ・イベントの経済への影響の違いを比較分析する。そして，そのようなイベントがその国の社会と経済の両面でもたらした影響の違いを明らかにする。さらに発展途上国と先進国の社会と経済の上に現れるそのような違いを分析するために，経済成長とインフラ・ストラクチャーの関係について検討している。

　まず，この経済効果について検討するため，ポーターのダイヤモンド理論の枠組みを簡潔に提示し，日本とインドの比較分析に利用した。つぎに，日本とインドを選んだ理由を論理的に検討をした後，この両国のスポーツ・イベントの準備とその状況を簡単に説明している。定性的な比較分析の基礎としてポーターのダイヤモンド理論を用い，経済上の議論と，メガスポーツ・イベント主

催に関して，他の利益をもたらすことについての重要な提案をしている。世界を牽引する経済国の1つである日本について，発展途上国の1つであるインドで行った定性的分析をすることによって，アジアにおけるメガスポーツ・イベントの状況を評価するのに役立つと思われる。この分析は，スポーツ環境のビジネスと，この両国以外の国々の定性的分析にも役立てることができる。この分析からの教訓は新興国のさらなる経済発展に寄与し，日本のように発達した経済の景気後退を防ぐのにも寄与できることを期待している。

2. 関連文献のレビューと命題

(1) 関連文献レビュー

　ほとんどの国は，メガスポーツ・イベントを主催することを期待し積極的に議論をしている。この研究では，発展途上国の経済に対するメガスポーツ・イベントがもたらすいくつかの影響に関して，先進国のそれと比較すると基本的な違いがあるかについて検討している。ある国における経済発展のレベルとその内容は，メガスポーツ・イベントの主催がもたらす影響を判断するにあたっての重要な要因である。その場合，インフラの可能性と複合化した問題は，スポーツ・イベントの主催が成功する程度に影響する決定的な要因である。さらに，その国においてそれを支援する産業が存在することと産業の力の大きさもまた，メガスポーツ・イベントの成功を決定する大きな役割を演じるであろう。発展した先進国はスポーツに関する物理的・組織化したインフラがすでに整っていて，さらにメガスポーツ・イベントの主催が成功するかどうかを決める要因は，メディアとエンターテイメント産業を支援する力をもっているかどうかにある。このことは，発展途上経済のケースには妥当しないが，ほかに多くの諸要因に基づいている（Hoskisson, 2000 他参照）。インドのような発展途上国のケースでは，物理的インフラと幅広い要因の条件についてイベントの開始以前に強化される必要がある。そのケースとは，これから開催される2008年中国北京でのオリンピックのようなイベントにあてはまる。したがって経済効果の評価は，発展途上国市場においては問題となるイベントよりも前に重要な経済活動が現れ，他方で先進国ではイベントの期間中とその後とに重

大な経済活動が現れることになろう。

ほとんどの経済効果に関する研究は意外にも，スポーツ・イベントの事後の影響だけを検討するか，あるいは事前的に経済効果の経費について調査結果を明らかにしている（Madden, 2006）。ただ1つの例外はChang (2002) の研究にみられる。1954年からワールド・カップ前後のそれぞれの年で，すべてのFIFAワールド・カップ決勝戦のホスト国の経済成長の割合を調査したもの（Horne and Manzenreiter, 2004 参照）である，彼は，12のケースのうちの8ケースで試合後に成長が高まり，また4つのケースでワールド・カップ以前に成長が高くなっていた，ことを明らかにした。日本とインドの定性的分析はポーターのダイヤモンド理論を使用し，開催時点の事前と事後のインパクトの不釣り合いに焦点を合わせて調査をした。この調査分析に基づき，このつぎの節で，このようなスポーツ・イベントの事前と事後という観点から途上国と先進国との間に違いがあることを指摘している。

(2) 主要命題

発展途上国経済と発展した経済国の間で，メガスポーツ・イベントの影響について主要な相違点を発見するため，すでに述べたようにポーターのダイヤモンド理論を利用することにした。ポーター（1999）は，各国の競争優位を，4つの主要因によるダイヤモンドを構成し検討している。彼はいくつかのケースの状況でこのダイヤモンドを紹介し，これらの要素を各国の競争優位に用いることが役に立つと主張している。ダニング（Dunning 1992, 1993）と他の研究者は，世界のビジネス活動に関して静態的で数量化していない定性分析モデルを大々的に批判し，競争優位モデルを再公式化するよう誘導している。これらの再公式化したモデルは，世界のビジネス活動を含んでおり，さらに政治体制を含み，競争優位性に貢献する追加的な要素を包含している。これらの再公式化は非常に固定的な初期のモデルが，過度に静態的であるという限界を処理し，さらに競争優位を達成する道程で国の成長のダイナミックな局面モデルをも包含させるよう試みられている（Dunning, 1999, 1993 ; Narula, 1993を参照）。

それに対して，基本となるポーターのフレームワークは，静態的な性質とそ

の他の限界があるにもかかわらず，このモデルは，発展途上国経済と先進国の間でメガスポーツ・イベントの経済効果を潜在的に探求する文脈で調査しようとする場合には価値がある。世界のビジネス活動の調査や分類整理の上では，ポーターを修正した他の研究は，この研究では必要としない。ポーターのダイヤモンド理論こそがこのような問題に関する研究目的には役立つ唯一なものと考えられる。したがってこの研究ではポーターの基本フレームを使用する。

　ポーターのダイヤモンドは以下の4つの柱から構成されている。① 要素条件，② 需要条件，③ 関連産業の強さ，④ 企業の計画や組織の競争関係，という4つの「支柱」である。これら支柱のそれぞれは，ある国がもっている競争優位性を形づくっている。あるビジネス活動に関する要素条件が存在するとその可能性は，そうしたビジネス活動における国の競争優位性と確かに関係するであろう。同じように，ビジネス活動において国内に十分な需要があることは，ビジネスでの経済活動を刺激するので，その国にとっての競争有位性に貢献する。関連産業活動力の大きさについても，中心となるビジネスにおける競争優位性を生み出す主な根拠になる。ダニングは，グローバルな世界では多国籍企業は，要素条件，国内の戦略と競争だけに依存するのではなく，地球規模で国境を越えビジネス活動の範囲を広げていくことを示している。しかし，筆者たちは，インドのクリケットと日本のフットボールに絞り込み，生み出される消費（output consumption）というよりはむしろ過程で消費するイベント（process consumption events）である（Dolles and Söderman, 2005参照）の視点に立ち，その過程は国境を超えるというよりはそれぞれの国で行われるから，この分析にはポーターのダイヤモンド理論が一番役立つと考えている。

3. メガスポーツ・イベントの経済に及ぼす地域差異
　　　——日本（サッカー）とインド（クリケット）の例——

(1) 先進国と発展途上国という相違

　メガスポーツ・イベントの経済効果に関して，アジアの発展途上国と先進国の経済を比較すると基本的に差があるという想定で，我々はアジアの2カ国におけるこうしたイベントを比較しようと考える。最近行われたイベントとして

は，2002年のFIFAワールド・カップは日本と韓国の共同開催であったが，ここではアジア経済で発展していた日本を選択した。インドは，ICCクリケットカップ1996年の開催国であったので，発展途上国経済の国としてインドを選択している。というのは，アジアを背景とした研究にとって，比較的豊富な開催過程の資料を提供すると考えたからである。インドのICCクリケット・ワールド・カップを選択したのは，スポーツ・ビジネスのための大きな市場の分析を導き，アジアの経営学研究における空白の部分を補うのに役に立つと考えたからである。インドにおけるメガスポーツ・イベントの研究は，最も必要な焦点を発展途上国の経済に向けている。こうした視点にたった研究はアジアの経営学研究において軽視されてきたからである。

途上国と先進国の相違を予想するために，インドと日本を選び，インドについてクリケットのスポーツを選んだのは，インド人は狂うほどこのスポーツに夢中になっているからであり（Kaufman and Patterson, 2005），日本についてサッカーを選んだのは，世界の他の国（Dolles and Södrman, 2005）同様に，インドのクリケットに当たるからである。これら2つのスポーツとリーグに関係する人たちは，それぞれのスポーツがまだ支配的になっていない国や市場に届くようにそのスポーツの国際化に挑戦している。これまでの研究は，スポーツをする人の使命や目的の類似点とか，観客の愛着とか没頭の程度には触れずに，メガスポーツ・イベントの影響を比較分析するためという理由だけでこの2つのメガスポーツ・イベントを選択してきた印象がある。しかし，この2つのメガスポーツ・イベント（ワールド・カップ）は，スポーツの国際的規模を広げているという戦略的意味をもっている。日本とインドの比較は，日本は韓国との共同開催という視点を含めて，メガスポーツ・イベント効果の違いを評価するという意味で有益といえる。

(2) 日本のサッカーとインドのクリケット
1) 日本のサッカー

サッカーは，イギリス海軍司令官が東京海軍学校で指導したことを通してまず日本に入ってきたといわれている（Dolles and Söderman, 2005）。スポーツは後に教育制度を通じて広まった（Horne and Bleakley, 2002 ; Moffet,

2002)。2004年発行のニュースレターの『日本ガイド』によると，サッカーは日本で一番ポピュラーなスポーツになったということである。日本のプロサッカー・リーグである「Jリーグ」は，1993年に始まった。1999年には2つのステージ（J1とJ2）から構成され（Dolles and Söderman, 2005）。アマチュア・サッカー・リーグである「日本リーグ」は，1993年よりもずっと以前から存在している（Horne and Bleakley, 2002参照），しかしJリーグこそがサッカーを最もポピュラーにさせたといえる（Dolles and Söderman, 2005）。

今日，日本で最も人気のあるスポーツは，野球とサッカーである。サッカーへの愛着は高く，ロボットによってプレイが完全に行われるスーパー・リーグを発展させようと真面目な試みをなされる程である（ロボット産業，2002）。1998年のフランスでのFIFAワールド・カップ決勝トーナメントへ，日本代表サッカーチームは初めて参加した。それから，外国クラブが中田英寿のような選手を勧誘することに興味を駆り立てられるほどになった。

2) インドのクリケット

クリケットはインドでは非公式な国技で，その発展はインドの歴史と密接に結びつき，競走，カースト制度や国民性などの点をめぐって多くの文化発展を映し出している。クリケットはインドの国技であるフィールドホッケーのように，初めはイギリスから伝えられた。一番初期の試合の記録は1721年に海軍が上陸許可を受けたとき，イギリスの船乗りチームと競技をしている。アジア大陸へのイギリス支配が広がるなかで，彼らが行く至るところで彼らとのゲームが行われた。しかし初期のころのゲームの歴史をみると，特にボンベイ（現在のムンバイ）のような大きな都市に集中している（http://bcci.cricket.deepthi.c 2007年12月12日アクセス）。

1928年にインドでクリケット管理委員会（BCCI）が成立したが，その数年後にイギリスで初めてのテスト・マッチが行われている。R.E.グラン・ゴヴァン政権下でのBCCIの設立とともに，インドのクリケットを統治する最高機関が，イギリスをベースとする世界クリケット委員会ICCの正式メンバーになったのである。インド・クリケットクラブは，1926年から，BCCIのような中心となる機関が間もなく設立されるという同意のもとに，ICCで代表機関

となっている。BCCI では，ランジ杯やイラニ杯，ドゥリープ杯のようないくつかの国内トーナメントが行われ，ごく最近ではチャレンジ杯も行われている。ランジ杯は 1935 年に始まったが，各州でチームを組織し，現在ではインドの主導的地域トーナメントとして継続している。

3) 日本での 2002 年 FIFA ワールド・カップ

2002 年の FIFA ワールド・カップ第 17 回大会は，5 月 31 日から 6 月 30 日まで，韓国と日本で行われた。1996 年に FIFA の会議で 2 つの国がホスト国に選ばれたからである。ワールド・カップが 2 カ国共同開催で行われたというのも初めてであり，アジアで受け入れたのも初めてで，ヨーロッパとアメリカ以外の国で行われたのも初めてであった。共同開催の 2 カ国が名の知られたこのメガイベント招致のキャンペーンを熱烈にかつ懸命に進めたこともあり，サッカー統治委員会内で最終決定として，韓国と日本にトーナメント主催国の権利を与えるという決定がもたらされたのであった（Butler, 2002 ; Horne and Manzenreiter, 2002 ; Moffett, 2002）。

4) インドでの ICC ワールド・カップ（1996 年）

ICC ワールド・カップは，1996 年 2 月 16 日と 17 日に行われた。インド・パキスタン・スリランカの 3 カ国による合同招致であったが，多くのゲームはインドで主催された。クリケットの一番大きな世界大会は，ワールド・カップで，1996 年に 12 の資格国が参加した。このイベントは，巨大な利潤をあげる方向に進展することによって，組織体に利益をもたらした（HP 参照，2007 年クリケット・ワールド・カップ）。クリケットは，インドで感情的愛着を独占した支配的スポーツ文化の 1 つである（Kaufman and Patterson, 2005）。愛着心の激しさがあまりに強いために，1996 年 3 月 13 日，インドのファンは，スリランカとの準決勝で，ビンを投げたりピッチの上にモノや道具を投げたりして騒々しく荒れ，インドが試合放棄をしたため，スリランカは先例のない不戦勝という勝利を得た。インドにおけるクリケットの試合への感動や熱狂の激しさは，日本と韓国のサッカーに対する感動や熱狂の激しさに通ずる。韓国の人たちは，「オー・ピルサン・コーリャ」と歌いながら多くの観客の赤い旗や

シャツの色で海の波のように変わるのである。また日本でも，交通信号灯の無視や，信号のてっぺんに登るとか，旗で行うウェイブとか，「にっぽん！　にっぽん！　にっぽん」と歌うような観客の熱狂に対して，日本の警備機関は，普段国内で見過ごしていたようなことも，目くじらをたてなければならなかった（Horne and Manzenreiter, 2004）。それはイギリスのフーリガンよりも危惧する行為もみられた（Larimer, 2002）。このように感情的に熱の籠った状況から，韓国がサッカー・ワールド・カップの主催で経験したのと同じような状況（Versi, 2003）で，メガスポーツ・イベントの主催では経済的に得るものがあるという期待を膨らませた。その利益とは，彼らのもつ経済性と文化性の向上である。スポーツの文化普及と，そのプロ化が進んでいる日本のサッカーとプロ化が一般化していないインドにおけるクリケットは，このようなメガスポーツ・イベントから取得される文化的利益の部分である。

5）　日本とインドの比較分析

　競争的優位性のフレームワークを使用して，まず初めに定性的分析をする。その時に予期される状況を補強するいくつかの予備的証拠で補っていく。我々は分析とそれを発展させる上で，2つの国，アジアにおける先進国市場と途上国市場に関して，その両者と関連させて，ポーターのフレームワーク（1990）のそれぞれの強さの違う影響の動向を，図で分析し発展させたいと考える。分析では，スポーツ・イベントの主催を促進しつぎの年には経済変化をもたらすために，要素の資質，関連産業の成長，国内の需要の強さと，スポーツビジネスに強い関連企業が存在している状況などを比較検討するなら，日本に多くの有利な状況があることを示唆している。それに対してインドには，関係企業の資質と成長について見逃すことのできない欠点があり，クリケットのワールド・カップ主催時点で，優位性の情況においていくつかの弱点があった。

　先進国（特に日本）と途上国（特にインド）の間での重要な相違の1つは，国内の要素条件と，関連産業・支持産業の状況にあった。競争的優位性のフレームワークを構成している要素のなかの相違を比較するにあたり，プラスの影響を支持する理論（Madden, 2006）と反対の立場を支持する理論（Owen, 2005）を検討すると，メガスポーツ・イベントに関する論争の本質を理解する

一助となる。さらに重要なことは，それらの要素は，なぜ先進国のメガスポーツ・イベントの影響が特に悪いのかという諸論争を理解し易くさせるのである (Matheson and Baade, 2004)。

　経済と社会における事前の影響について検討することは，先進国経済もしくは発展途上国経済のために極めて重要になる。主催国に存在する事前の影響と要素条件は，国ごとに異なり経済発展の高さとその程度に基づいている。たとえば，インドでは，多くの途上国にみられるように，基本となるインフラと現在の関連・支援産業は，イベントのために向上させる準備を加速させる必要がある。このことは，事前に経済活動を増加させ，そこから経済利益を得る結果となる。同時にこのことは，事後，時間的に長い枠組みで実現することになる「遺産的影響」と呼ばれる可能性がより低くなる原因になるであろう（参照：Owen, 2005 ; Madden, 2006）。他方で，先進国では，インフラ設備を生産的に使用することによって実質的に財源を生み出すという，事後的影響を及ぼす可能性が高くなる。収支決算によると（Versi, 2003）報告書では大会を組織した側に利益をもたらさなかったのであるが，日本（および韓国）におけるFIFAワールド・カップの事後的影響は，高くなったことが明確になった (Manzenreiter, 2008)。それに対して，インドでのICCワールド・カップは，事後的には明白な影響をもたらさなかったが，会計報告書によると，大会組織者たちに利益をもたらしていた（HP, 2007年12月12日アクセス）。このようにスポーツのメガイベントは，途上国経済にとっては経済と社会の発展を加速する良い機会になるであろう。他方で，先進国地域では，全体的な経済でそれらを調整することによって投下資本の生産的使用をもたらし，事後的影響をより明確にみることができる（Owen, 2005参照）。

4. ポーターのダイヤモンド理論に依拠しての日本とインドの分析

(1) ダイヤモンド理論での日本の分析

　日本に関してポーターの枠組みを利用した分析は，以下のように示される。この分析の目的は，スポーツ・イベントや国に与えた影響と，その結果，さらに影響の本質や方向性等を評価することにある。ダイヤモンドの4つの項目

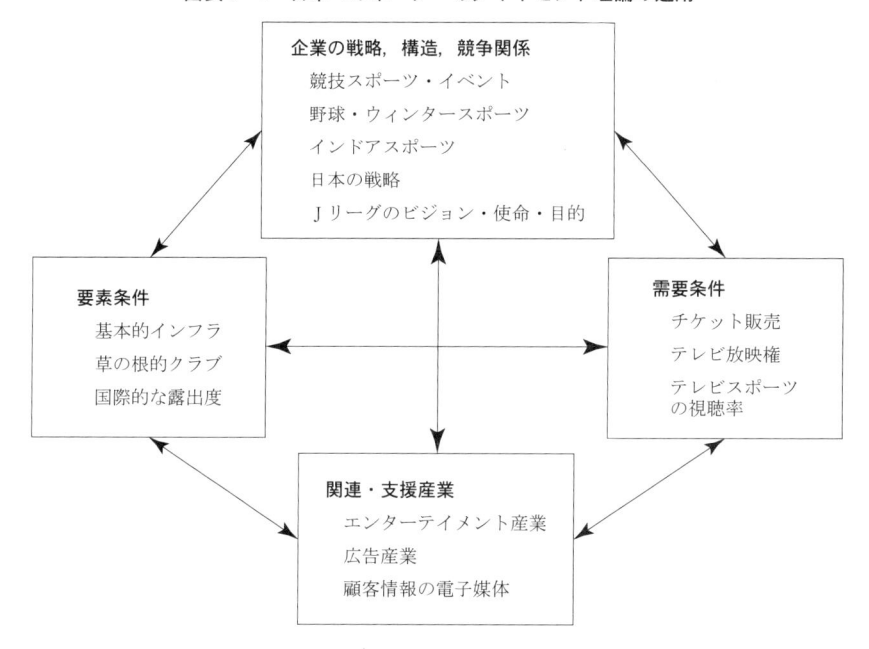

図表6-1　日本へのポーターのダイヤモンド理論の適用

企業の戦略，構造，競争関係
- 競技スポーツ・イベント
- 野球・ウィンタースポーツ
- インドアスポーツ
- 日本の戦略
- Jリーグのビジョン・使命・目的

要素条件
- 基本的インフラ
- 草の根的クラブ
- 国際的な露出度

需要条件
- チケット販売
- テレビ放映権
- テレビスポーツの視聴率

関連・支援産業
- エンターテイメント産業
- 広告産業
- 顧客情報の電子媒体

は，分析のためにさらに下位要素になるリストが示されている（図表6-1）。たとえば，要素条件に関しては，草の根クラブやプロクラブの存在，世界へ向かっての認知度といった形で，組織的インフラを含むインフラ要素などが挙げられる。図表6-1でみるように，スポーツ・イベントの競争，国内の競技の成熟度と技術的な強さ，Jリーグの使命，目標，戦略等は，確かな戦略，構造，競争相手の分類で調査した。

1）要素条件

インドと同じ他の開発途上国経済との関連でみると，日本にはメガスポーツ・イベントの主催を可能にする多くの有利な要素条件がある。サッカー競技場などの要素条件で足りないというものがあっただろうか。日本はイベントを主催する企画を進めるためにおよそ10億米ドルを支出していた（Finer, 2002 ; Manzenreiter, 2008）。スタジアムなどのインフラ設備，関連するスポーツに必要な用具・備品は丁度適した量で足りていた。情報技術（IT）イン

フラとかメディア・インフラ，十分なスポンサーの量，広告活動などを含み，メガスポーツ・イベント主催のための組織インフラは，すべて満たされていた（Horne and Manzenreiter, 2002 : Kattoulas, 2002）。さらに，日本ワールド・カップ組織委員会（JAWOC）と日本サッカー協会は，当時ともに国内リーグを立ち上げていたが，この両方もまたともに良好に運営されていた（Horne and Manzenreiter, 2004）。日本の代表チームを強化することに貢献している国内サッカーリーグは，可能性を確信し確実かつ適切に円滑に展開されていた（Dolles and Söderman, 2005 参照）。1991年にJリーグが開幕し，サッカーの教師・コーチ・知識をもった選手の移入を通じて，外国の知識を確実に取り入れた。このことは，日本におけるすべてのスポーツ文化を変えてしまうことを意味していた。日本人をより創造的にさせた伝統的な階級制度，衝突のない日本文化などをすべて変えてしまう取り組みをもたらした（Moffet, 2002）。加えて，創始者たちは一緒になって日本をFIFAワールドカップの試合で真に戦えるチームにつくり上げる目的をもって活動し，Jリーグは組織化されていった（Dolles and Söderman, 2005 参照）。Jリーグは，日本だけでなく世界中の選手から日本のサッカーが急激に注目されるような状況をつくった。外国のチームですでにキャリアが終盤にかかったインターナショナルな選手や，魅力的なヨーロッパのクラブに対しては，日本ではサッカーのようなまだ駆け出しの若いスポーツには需要があるといって，スター選手を懇願して日本に連れてきた。このように日本におけるサッカーの初期の人気は，世界で活躍しているサッカー選手を必要とした。Jリーグは，サッカー選手・コーチ・知識のすべてについて世界の素晴らしい地域から学習し採用してきた。それらはすべて世界的に質の良い資源から取り入れたものであった（Moffett, 2002）。このように日本の要素条件は，スポーツ・イベントの誘致に対して，高度な優位性をもっていた。

2）関連・支援産業

　西側諸国に比較してスポーツのプロ化は，アジアでは一般的に遅れているにもかかわらず，日本ではそれが妥当せず，スポーツ・ビジネス産業が非常に発展している。そうしたスポーツ・ビジネス産業は，中核的な製品とサービスに

対する良好な消費者マーケットを開発しながら，エレクトロニクス，ビデオゲーム，エンターテイメント産業などを構築してきた。音楽やビデオゲーム，アニメといった日本文化の国外輸出は，2002 年には米ドルで 40 億ドルに達していた（Fowler，2004）。日本のアジア域内でのプログラミングの市場は，アメリカが競争相手にもかかわらず増大し，テレビ放送やスターテレビにおける成長で証明されている。多くのエンターテイメントの分野での日本のテレビ放送や，ビデオゲームや，エンターテイメント産業の強さを示している。こうした強さこそ，スポーツ・ビジネス産業を強く支援するのである。ポーターのダイヤモンド理論では，あるビジネス活動におけるその国の競争的優位性は，関連・支援産業によって影響を受けるということを示唆している。日本のスポーツ・ビジネス産業の強さは，メガスポーツ・イベントを成功裡に招致することが期待されていた。

3） 企業の戦略構造，そして競争関係

日本ワールド・カップ招致委員会（JAWOC）と日本サッカー協会（JFA）およびJリーグは，FIFAワールド・カップを招致するために，すべて見事なまでの調和を発揮し，組織的に確実な可能性を証明した。閉会式については非常に早くから韓国側からの継続的な要求に直面し，再度十分なレベルの戦略的調整を行うことによって，このイベントを見事にやり遂げる組織力を発揮した（Kattoulas，2002）。招致委員会（JAWOC）はワールド・カップのための基金を集める仕組みとして寄付金を，さらにJリーグは，リーグを成功させ世界の舞台で日本のサッカーを最強にしていくために貢献する，といった明確に関連づけた戦略と使命をもたせた（Dolles and Söderman，2005；HP，2007 年 12 月 12 日アクセス）。

　Jリーグの百年構想は，組織的戦略で競争的優位性のために必要な要素条件に貢献することを明示している。Jリーグ 100 年構想は，① 芝生のスタジアムをつくり，どの町にもクラブがあってスポーツを促進する。② 市民がどんなスポーツをも選んで楽しむことができるスポーツクラブをつくる。③ さらにスポーツを通してすべての年齢の人々を結ぶ（参照 HP，2007 年 12 月 12 日アクセス）のが，3 本柱である。スポーツ文化の育成に加えて，構想では，J

リーグの目的として，サッカーを向上させるために身体的インフラを創造することと，文化的インフラを育成させるという文化的要因とを挙げている。人々が行うスポーツの基本で捉えるというよりは，むしろ人々と一体となって焦点を当てる，野球から格闘技まで，100年構想は，すべてのスポーツを包括した構想のように思える。

スポーツ分野では，サッカーに加えて，この国では野球が非常に盛んで人々が夢中になっている。サッカー関係者がそれを発展させるのに対抗意識をもったのは主に野球と相撲とであったが，ワールド・カップのサッカーではスタジアムに観衆を集めた。このことに関して，直接の試合よりむしろ一般的スポーツ文化や包括的なものに焦点を当てながら，Jリーグ内部で調査をした。さらに契約や，スポンサーの数や賛助金，テレビ放映権料などについて，Jリーグ理事会が中央で行う経営システムを採用するというJリーグのビジネスモデルは，これまで不確かだった多くの私立クラブの経営という形式でなく，リーグのための経営をした。もしこの方式を採用しなかったら，野球が直面したように衰退の方向をたどることになったであろう。

4) 需要条件

Jリーグは，1991年10チームでスタートを切った。1996年には16チームに広がり，1998年には20チームに増えた。さらにJ1とJ2の2つのディビジョンで構成されるようになり，全30チームという結果となっていった。ここにフットボールに対する強い需要条件の存在が示されている。Jリーグは，FIFAワールド・カップに強い国が参加してくることを望んだ。『ピープル・デイリー』によると販売の初期の段階ではチケットに対する需要は巨大であったという (*People's Daily Report*: HP，2002年6月アクセス)。そしてついにワールド・カップに突入した。2002年ワールド・カップは，観戦者の数は総計で270万5,197人に達し，1試合当たり平均で4万2,268人であった。2006年のワールド・カップでは335万9,439人（1試合平均で5万2,491人），1998年は278万5,100人（1試合平均4万3,517人：HP，2007年12月12日アクセス）だった。世界の至る所でFIFAワールド・カップのテレビ放映権に対する需要は膨大に膨れ上がり，スポーツ観戦に対する興味を世界中で高め

た。このことはまた JAWOC にとっても先例のない収入があったことを意味する。ISMM の系列会社で世界規模の ISL 社は，2002 年と 2006 年のワールド・カップのためにヨーロッパ大陸以外でのテレビ放映権を獲得した。そのためにそれぞれ 3 億 7,600 万米ドルと 4 億 3,400 万米ドル，その間ドイツの巨大なメディアであるキルヒは，ヨーロッパのテレビ放映権として 3 億 8,700 万米ドルを獲得している（Finer, 2002：HP, 2007 年 12 月 12 日アクセス）。

(2) ダイヤモンド理論によるインドの分析

図表 6-2 は基本の物理的なインフラと，草の根クラブの発展のようなその国の協会のもつ影響力と支持力など，要素条件を分類したものである。クリケットチームがどれほど国際的に活躍しているかなど，異なった下位要因のリストを示している。加えて競技スポーツイベントや，国内での競技の特徴とその強さ，BCCI の戦略などについては確実な戦略や構成，そして競争の質などの分類について調査がなされている。

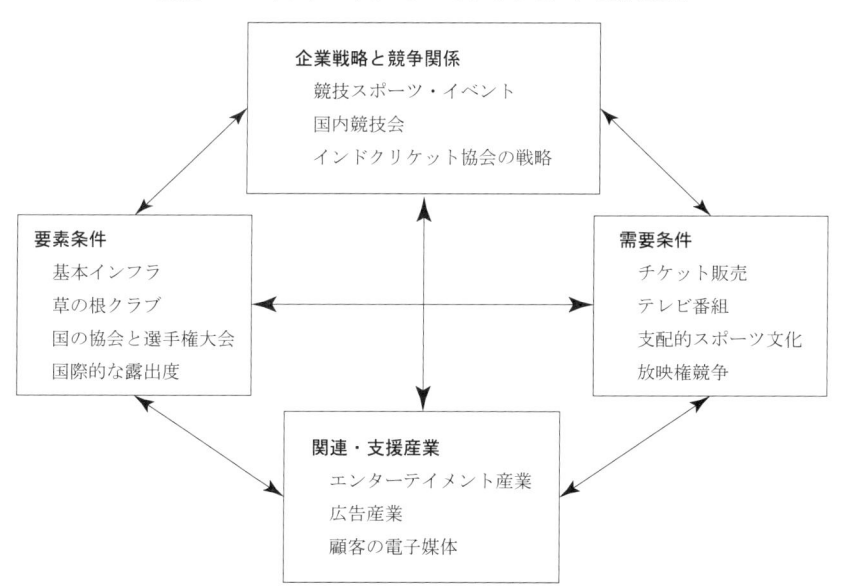

図表 6-2　インドへのポーターのダイヤモンド理論の適用

```
                    企業戦略と競争関係
                      競技スポーツ・イベント
                      国内競技会
                      インドクリケット協会の戦略

  要素条件                                      需要条件
    基本インフラ                                  チケット販売
    草の根クラブ                                  テレビ番組
    国の協会と選手権大会                          支配的スポーツ文化
    国際的な露出度                                放映権競争

                    関連・支援産業
                      エンターテイメント産業
                      広告産業
                      顧客の電子媒体
```

168　第Ⅱ部　アジアのメガスポーツ・イベント

1) 要素条件

　草の根クリケットクラブの存在と強さ，国と協会からの支援，インドのクリケット選手の国際認識度等については，相対的に高い位置にあるが，ICC クリケット・ワールド・カップが行われた時点で要素条件が弱かったのは，基本のインフラの部分であった。発展国に比べて，メガスポーツ・イベントをスムーズに運営するためあらゆる点で関連するスタジアムに関する対策は比較的弱かった。それゆえメガイベントを取り巻く経済活動の多くは，イベントが始まる前年までに行われ，事後の影響は大きくなかった。つまり草の根クラブの財政状況や国や地域の協会の状態を経済的良好にするには，むしろ草の根クラブと国内の試合の質を高めることが予期された。

2) 関連産業および支援産業

　この要素については，一般的にアジア，特にインドのスポーツのプロ化に関係する。アジアにおけるスポーツのプロ化は，西側諸国の発展とは違い，かなりの時間を要し遅々として進まずインドでは特に遅れていた。

　アメリカとイギリス全体のスポーツ・ビジネス市場の規模は，インドやアジアのほかの国に比較すると非常に大きい（Shukla, 2005）。エンターテイメントや広告や顧客情報産業のようなこうした要因に関する分析は，日本あるいはアジアのほかの発展国と比較して，相対的にみるならインドではすべてにおいて発展していない。このように，メガスポーツ・イベントを巡る経済活動のほとんどが，これらの関連産業・支援産業を加速させ，強力にするだろうと予想することができる。これらのほとんどは事後よりも事前に存在しているように思える。このことはメディア産業における FDI の活動で明らかになる。ウォルト・ディズニーが所有したグローバルなスポーツ・テレビ・ネットワーク，ESPN のようなメディア産業は，ほとんどのスポーツ協会とそれらをより大きなビジネスに発展させるために提携した取り組みをしている（Shukla, 2005）。このことはいくつかの報告によると，テレビ産業の成長は，10 年連続で毎年 20％の割合で大きくなっている（Hindu Business Line, 1999）という。広告産業では，ICC クリケット・ワールド・カップの年まで続く 49.5％の急成長を示したが，その後は，続いてスローダウンしていると報告されてい

る。

3) 企業の戦略，構造，競争関係

インドでは，クリケットに対する人気が非常に高いこともあり，BCCIは実際に売り手市場に直面した。BCCIは，ほかのメガスポーツ・イベントを主催することを率先して行い，1987年のルライアンス・ワールド・カップのように多くの主導権により国内の試合を強めている。BCCIが国有ドールダルシャンと同盟したのは，時間的に異なる点で利益と不利益の両面をもっていた。ケーブル通信と宇宙通信の両産業の成長に伴い，BCCIとクリケットの両方は，広くなった基盤上でスポーツを確立することについてドールダルシャンに依存するようになった。このことは地方の電化やテレビの浸透が相対的に低い，さらにケーブルやサテライトの浸透に至ってはもっと低い小さな町や村にとって，加入者が何百万に達する可能性について，ドールダルシャンとの同盟が意味するところに重要性がより高くなる様子を表す。このように，ドールダルシャンは国民的娯楽（Hindu Business Line, 2000）としてのスポーツの確立に大きく貢献してきた。しかしながら，スポーツに投資する戦略，あるいは違った迫り方をする試みは，ESPSとかスター・スポーツと比較すると見劣りする（Shukla, 2005）。しかし全体としてはクリケット統治体の戦略と計画は積極的である。

4) 需要条件

クリケットに対する国内の観衆の需要は，地域的に行われるイベントだけでなく，1999年にイギリスで行われたワールド・カップや2003年に南アフリカで行われたときにみられたように，ほかの場所でも少なくなることはなかった。そのときにテレビ放映権のための争奪戦（Shukla, 2005）や，広告費とテレビ産業の成長などが明らかにみられた（Hindu Business Line, 1999；Subramanian, 1999）。さらに，インドではクリケットが支配的スポーツ文化として存在しているということが明らかにされ（kaufman and Patterson, 2005），新聞のクリケットに当てられたスポーツ・ストーリーの平均的な割合の大きさをみても明らかであった。インドでのこのような需要条件で，メガイ

ベントの影響は顕著に表れている。このようなプラスの影響は，高いレベルの知名度や，グローバルなメディアで大々的に報道された認知度をみても，スポーツ界でクリケットの力量ある姿を示し，この国の経済的影響力に十分に到達しており，将来的にはインドでのスポーツのプロ化など，多くのことが起きてきている。

(3) ダイヤモンド理論からみた日本とインドの分析の結論

以上，ポーターの競争優位性のダイヤモンド理論を使用して，前述した2つの国の定性的分析はメガスポーツ・イベントを主催した結果として，インドにおける多くの経済的影響とそれに起因する活動が事前とイベントの最中で一番多く現れているということができる。このような経済諸活動とそこからの便益は，ある観点（特にMadden, 2006）では，インフラストラクチャー，スタジアムやほかの施設のような要素条件を建設することが生じ，さらに，サテライト，放送技術，広告サービスのような支援産業を強化するのである。一方，事後的には，経済活動とそれがもたらす結果は，日本について先の分析が示したように状況は異なったものとなろう。インドでは，事後的に良好な影響を及ぼす経済活動を期待できない。しかしながら，イベント期間とその前では経済活動とその便益は，実り多くなるのである。

こうした分析から，この研究から引き出された中心的な命題は，メガスポーツ・イベントの事前と事後の視点からみると，発展途上国経済と先進国経済においては，メガスポーツ・イベントの経済への影響に違いがあるということである。特に事前の影響が発展途上国経済にとって支配的なファクターになっているのに対して，先進国経済国では事後的影響力が大きいということである。したがって，つぎのように主張することができる。「メガスポーツ・イベントの主催の影響は，先進国経済と発展途国上経済では，異なった形で現れる。発展途上経済の場合では事前的影響力が，先進国発達経済では事後的影響力が大きい」ということである。

日本とインドの経済データを検討すると，この命題と一致している。しかし，競争優位のフレーム・ワークを用いて経済的影響の相違の予想を分析し確認するという視点からすると，これらのデータは，この研究の扱うべき確かで

十分な範囲を満たすものではない．そうした限定のもとで，予備調査では，生産指標と景気経済指標（www.conference-board.org　2007年12月12日アクセス）で日本の経済効果を考察するために1990年から2006年までの期間の日本のビジネス・サイクル指標を分析した．生産指標と経済指標の両方が，ビジネスと工業生産とマクロ経済の要素を含んでいる．日本の生産指標と経済指標のパターンは2002年以後はっきりとした傾向を呈している．メガスポーツ・イベントに投下された資本の増加は，経済成長と見事な関係を示し，家族が自由に使用できる所得を増加している．このことは，日本の場合に事後の顕著な経済効果として跡づけとなっている．

　日本における事後的影響力とは対照的に，インドからのデータでは，イベントの事後よりも事前の経済活動に目立った影響を与えている．1990年から2006年までの日本のビジネス・サイクル指標の指標やほかの指標を考慮するなら，つぎのような結果が得られた．ワールド・カップを経験した日本とインドの間の重要な差異の1つに，事後に現れてきた経済への影響にある．日本の場合，それ以前の2度にわたる不景気に対して経済を再始動させる役割を果たし，スポーツ・イベントに続いて経済活動を活発化させるという意外な副産物があった．インドの場合は，イベント開催の影響は，事前あるいはイベントの開催期間中でその影響はピークに達し，事後はイベントの年と同等レベルか，あるいは低下していったということである．

5．おわりに

　このような2つの経済発展程度の違った国で，スポーツ・イベントの経済効果に関しての考察を進めるために，ポーターのダイヤモンド理論を利用し定性分析を行った．ダイヤモンドを構成している要素を調査することを基礎に，2002年FIFAワールド・カップと1996年のICCワールド・カップの，日本とインドの経済効果のケースをそれぞれ比較分析した．両国のもつ要素条件が，それぞれの国の経済の本質において当然の違いがあることが明らかになった．発展途上国経済では，メガスポーツ・イベントを成功裡に主催するために不可欠な多くの要素条件が欠乏していた．したがって，途上国の多くの経済活動

は，イベントに優先して要素条件をつくりださなければならないところに本質があるわけである。これを基礎にして，関連し支援する産業の存在とその力の大きさが規定される。

先進国には，ITインフラやスポーツ・ビジネス（スポーツ関連用品を含む），およびメディアやエンターテイメント産業など，発展途上経済と較べるとそれらのすべてが充実して存在している。したがって，経済先進国に比べて発展途上国では，経済活動の多くはイベントの前に行うことが，核心的な問題となるのである。発展途上国のインドでは他の要因に関して，たとえばBCCIのケースでみると，戦略と構造，さらに日本のJリーグやほかの組織に似た"国内の強い感情的な需要"という非常に強い傾向が出ていた。

ポーターのフレームワークの4つの項目は，それらが構成をつくり互いに補強し合う方法で，基本的には強化し合っている。たとえば国内に強い需要が存在していることと，強い関連産業が存在していることなどは，もちろん要素条件とリンクしているし，たぶん戦略や，構成，そしてビジネスの領域の競合会社などを通じてリンクしている。インドの場合は国内の需要の高まりが，要素条件の設立と関連企業のそれぞれでBCCIの側の適切な戦略を発展させ，いくつかのメディア・キャンペーン（ESPN/スター・スポーツ）を煽動したのであった。BCCIはそうした側面を考慮し，国際的に取り上げられる露出の機会を増やす意味合いも含めながら，カップ戦やほかのワールド・カップの試合（1987年のルリアンス・ワールド・カップなど）の主催をすることによって，国内競技会の構造を変化させてきた。

ESPNの行った成果でのインドの特徴は，ホスキソン（Hoskisson）らが明らかにしてきた市場調査報告書の提示と一致している（2000）。お決まりの理論フレームワークは，企業と新興経済の政策立案者のために初期のステージでより実際的になるが，その後「業務コストの理論フレームワーク」へと続き，さらに情報供給源を基にした理論へと続く。画一的理論の適切性は，メガスポーツ・イベントを招致するという可能性の点で，その国のなかでの正当性と関連産業が高まっているかどうかという点にある（DiMaggio and Powell，1983参照）。ホスト国のそれぞれの政策立案者とビジネス・マネージャーは，メガスポーツ・イベントの招致の利益やそれを生み出す機会を得るということに焦

点を当てなければならないということが，まず初めに考えなければならないことになるであろう。この研究では，確かな理論に関する妥当性が両方の国で顕著であった。韓国と日本の間の獲得競争のときに明らかになったように，フットボールのワールド・カップ招致にとって日本の正当性については誰もが大きな疑問を感じた。インドのクリケット・ワールド・カップ招致の可能性についても（1987年の先行の経験を軽視して）その正当性について論争がされた。もし正当性が最大の問題なら，諸国は費用・便益の点については心配しないであろう。多くの予想によっても好ましい状況となる可能性は少ないのではないかと思い描いたとしても，実際にプラスの利益がなかったのである（Owen, 2005 参照）。

　ホスキソンらの示すところによると（2000年），新興経済の政策立案者やそれぞれのビジネス・マネージャーらは，第2段階での費用便益分析に焦点を当てる必要がある。そうした費用便益分析は長期の視点から考慮する必要があり（フレームワークは本質的には短期の視点になりがちであるが），その方向は完全に取引コストのフレームワークに従う必要はない。さらに，分析が提案するところによると，新興経済における政策立案者とそれぞれのビジネス・マネージャーは，長期の視点で具体化する必要があるが，事前と事後の両方の効果が，メガスポーツ・イベントに関する論文のなかのいくつかの論争が解明することになる（Owen, 2005, 他のスポーツ・イベントからの経験も提示する）。こうした費用便益の分析も全くない資源を獲得する視点から必要になるであろうし，それを発展させて，資源ベースのフレームワークとの一致，そのような段階でのそれら理論の関連性を検討することも必要になろう（Hoskisson et al., 2000）。

　以上においてアジアにおける発展国と途上国の間の経済，社会，文化のありようによってメガスポーツ・イベントの影響がどのように違ってくるかについての概略が説明された。この論文はポーターのダイヤモンド・モデルの利用により，これら2つの経済を質的に分析し，その結果を政策作成者やビジネス経営者のような種々の関係者への提案の開発に結びつけようと考える。

学 習 課 題

1. メガイベント開催の経済への影響について，日本のようなすでに発展した国とインドのような発展途上国においては，どのような違いがありますか？
2. ポーターのダイヤモンド・モデル（理論）とはどのような内容ですか？
3. ポーターのダイヤモンド・モデルに基づき，日本におけるサッカー・ワールド・カップ開催と，インドでのクリケット世界選手権とを比べると，どのような違いが発見されましたか？

第7章

ウルトラマラソン・ワールド・カップ
韓国大会と起業家精神

シリ・テーリエセン
訳：早川　宏子
高橋　由明

要　　約

　この章は，2006年IAU（国際ウルトラランニング）ワールド・カップ100km大会の主催で，非常に盛り上がっている韓国での，超長距離マラソン（ウルトラランニング）の起業家的発展とプロフェッショナリズムについて述べている。ケース・スタディに基づいたこの研究は，さまざまなマクロ経済の環境や，韓国のスポーツ文化の文脈の下での草の根の起業プロセスにおける個人的推進力となる要因を紹介している。マクロ経済の環境要因として，韓国の経済危機においての友情や文化価値，そして感情的表現力や企業家精神などがある。個人レベルではセルフ・リーダーシップ，中心にまとまる点，持続性，チームダイナミズム，そして資源へのアクセスがウルトラランニング（マラソン）の発展ならびにIAUワールド・カップ開催への献身的活動を説明する要因となる。スポーツ起業家精神と，アジアにおける草の根主導のメガスポーツ・イベントとの関係について検討される。

1. はじめに

　2006年10月7日，韓国はIAU・100km超距離世界選手権大会（IAUワールド・カップ）を主催した。IAUワールド・カップは，世界の第一級ウルトラマ

ラソン選手権大会であり，世界陸上競技連盟 IAAF（陸上競技の国際的な統治機構）によって認可されており，IAAF は夏のオリンピックの陸上競技も統括している。2006 年の IAU ワールド・カップは，24 カ国から 300 人を超える選手とマネージャーが参加し，世界中のランニングを報道するメディアにより注目された。ウルトラランニングは，2000 年に初めて韓国で紹介され急速に成長した。韓国国内では，多くの国のウルトラマラソンに定期的に参加しているランナーがおよそ 2,500 人いる。

ウルトラマラソンとは，従来のマラソンの 42.1km（26.2 マイル）を超える長距離走である。「超長距離」と称され，ウルトラランニングは世界中で，特にアジアにおいて最も急成長した草の根的スポーツの 1 つである（Milroy 会見）。ウルトラランニングの起源は，道具を使用し走って動物を捕まえていたころまで遡ることができる。しかし，最初の近代の距離がウルトラであったレースは，1869 年 4 月 15 日にロンドンのスタンフォード・ブリッジで行われている。

ビクトリア朝時代の試合は，冒険的スポーツであり，一般的にはエンターテイメントや賭けとして捉えられ，イングランドやアメリカで最も才能がある一握りの人たち（男女）へのわずかな収入となっていた（Milroy, 1988；Terjesen, 2005）。その後，ウルトラランニングは，1890 年代まで人気はなかったが，1920 年代に再び姿を現した。1972 年には大々的に復活を遂げ，イギリスとアメリカで行われるようになった（Milroy, 1988）。毎年，全世界で 7 万人以上の人がウルトラマラソンを完走する（http://en.wikipedia.org/wiki/Ultramarathon　2007 年 11 月 30 日最終アクセス）。IAU は 1984 年に設立され，ハイレベルの国際大会が開催できるよう，世界中のさまざまな統治組織を傘下におさめた。

第 1 回 IAU ワールド・カップは，1987 年にベルギーで行われ，最も一般的なウルトラマラソンの距離である 100km で開催された。ほかの代表的なウルトラマラソンは，50km（31.1 マイル），50 マイル（80.5km），100 マイル（161km）と 200km（124 マイル）となる。ウルトラマラソン競技には 24 時間，48 時間，6 日間というステージ設定もあり，アスリートはできる限り長い距離を走りきり，多くの場合 1 周 1km や 1 マイルを周回するコースとなる。

この研究は，IAU ワールド・カップというメガスポーツ・イベントを開催することにより，非常に盛り上がるスポーツが，起業精神とプロフェッショナリズムの高揚に貢献するが，その諸要因のうち，個人的要因とマクロ経済的要因について探求する。既存のメガスポーツ文献における研究は，オリンピックや FIFA ワールド・カップのような大規模のイベントが中心となっている（Horne and Manzenreiter, 2002 ; Kasimati, 2003 ; Dolles and Söderman, 2005, アングロサクソンの国々に関しては Gratton et al., 2006 を参照）。

ここでは，メガイベントについてのロシェの定義をみてみる。彼は，メガイベントを大規模な文化的イベント（商業的価値，スポーツの意味を含む）と定義している。それは，人々を感銘させる特徴をもち，大衆からの人気を得ており，国際的にも重要な意義をもつ。IAU ワールド・カップは，以下の点において，これらの条件を満たす大会であるといえる。つまり，それはトップクラスのウルトラランニング競技者にとって最高峰の大会であり，世界中のウルトラランニング・コミュニティーと密接に関わっており，有数の陸上連盟に承認されているからである。

さらにイベントでは，アスリートと観客に，イベントを通して地域と国の文化を紹介する機会ともなる。IAU 実行委員会に対して，決定をまとめ最高の提案を行った国に IAU ワールド・カップの開催権が与えられる。ほかの IAAF 世界選手権大会のように IAU ワールド・カップは毎年行われ，これまでにスペイン，フランス，アメリカ，日本，イタリア，オランダ，ロシア，台湾で開催されてきた。

2007 年 IAU ワールド・カップにおける競争範囲は，グラットンらが確認しているように，ほかのメジャーイベントと類似している。たとえばヨーロッパ短水路水泳とか，ヨーロッパ・ジュニア水泳と似ている。さらに，世界選手権での個人戦に加えて，IAU ワールド・カップは，タイム上位 3 人のアスリートを組み合わせた男女団体戦を創設している。

ウルトラマラソンのもつ草の根的な性格は，古代からの基本的競技から，趣味としてのスポーツ，あるいは IAAF により認可されたワールドチャンピオンシップに至るまでの発展の成果から生まれたものといえる。どのメガスポーツ・イベントもある程度の規模からスタートする。たとえば，オリンピックで

のバスケットボールの人気は，1936年のロスオリンピックのエキシビションマッチを契機に，劇的に増加した。スポーツ・マネジメントの研究者たちは，新しい理論を異なる人や場所に関する影響調査に組み込んだメガスポーツ・イベントの研究を求めてきた（Horne and Manzenreiter, 2006）。ウルトラランニングは生物の継続的運動の研究に関して，自然の法則にしたがった実験を提供している。既存のウルトラマラソンの研究は，医学雑誌に限定されており，水分補給・栄養補給や内出血，エネルギー放出力学などに着目している（この研究に対するノアクスNoakes, 2002の考察を参照）。

　本章で提示する研究は，非医学的観点からウルトラマラソンを考察した初めてのものであると考えている。この論文では，韓国におけるウルトラマラソンの草の根的性格が，この競技を急速に成長させたこと，そのプロフェッショナル化がメガスポーツの起業家精神を惹起させた参考例になる，という考え方を発展させている。ガートナー（Gartner, 1985）は，起業家精神を新たな組織の創造と定義している。

　韓国のウルトラマラソンの場合，新興組織（国のウルトラランニングを統括する団体）は，韓国ウルトラマラソン連盟（KUMF）の設立をもたらし，300を超える地域特有のレースを行い，ついに2006年にはIAUワールドカップの開催にこぎつけている。40カ国を越えるグローバルな起業家活動における起業家精神を観察した比較研究の視点からみると，韓国は世界有数の起業家活動が旺盛な国である。起業活動を行っている人々の割合は，世界平均では10%であるが，韓国ではおよそ15%の人々が行っている（Reynolds et al., 2004）。近年の，韓国の起業家精神の研究では，新会社の成長に着目した研究はあるが，個人の起業活動や法人格をもたない事業体の活動に関しては検討してはいない。

　この章では，第1に，ケース・スタディの方法論と韓国の社会文化環境の背景について論じる。第2に，マクロ経済における近年の起業精神の理論の役割と，新規ベンチャー発展における個人的要素の役割について体系化し論じる。最後の考察と結論では，起業精神を分析する環境としてのメガスポーツ・イベントの実現可能性や，従来のメガスポーツ・イベント研究においては一般化可能性が欠如していることを指摘し，さらに韓国や海外で開催されるウルトラマ

ラソンやほかのメガスポーツ・イベントの将来について触れていく。

2. 研究方法

　研究分野としては，企業家精神の進展「過程」の，詳細な分析が必要であり，ほかの企業経営の発展に比べ異質現象として特徴づけられている。繰り返されず，予測ができない大規模イベントの起業家精神に関しては数量化することはできず，定性分析が適している（Davidsson, 2004）。インタビューや，2006年5月から2007年6月の間に収集され保存されているKUMFとIAUワールド・カップの企画書類データ，さらに韓国の国際的なウルトラマラソンの発行文献・資料を基に，このケース・スタディは実施されている。この期間にインタビューをしたのは総勢21人である。内訳は，ブリュッセルを拠点とするIAUの主要な事務局メンバー5人，ソウルを拠点とするKUMFの指導者2人，KUMFのメンバー4人，ロード・ランニング統計学協会員1人，アジアのアスリート2人，ヨーロッパ3人，北アメリカ2人，オセアニア2人で，IAUとKUMFの指導者へのインタビューは，イベント前に2回，さらにイベント後に2回実施された。インタビューは30分から2時間の間で，それが文字に起こされている。これらのインタビューのうち5ケースでは，事前に質問がメールで送られていた。

　ケースに関する資料は，起業プロセスに関する幅広い文献レビューの後，カテゴリー法とサブカテゴリー法を用いて分析されている。カテゴリー法には個人能力や環境トレンドが含まれ，サブカテゴリー法にはセルフ・リーダーシップと持続性が含まれる。IAUワールド・カップでの経験がこの理論的背景に組み込まれている。

3. 韓国における社会文化，スポーツ，およびウルトラマラソンの成長

　組織の行動について，特にアジアという環境での行動を評価するときに，(Meyer, 2006 ; Yang and Terjensen, 2007)，文脈（コンテキスト）は重要な

意味をもつ（Jons, 2006）。この節では，社会文化とスポーツ環境の観点から韓国の文脈を説明していく。

(1) 社会文化とスポーツ環境

陸上競技にとっての韓国の社会・文化環境については，長距離走者で全国的に知られるキヨン・ソン（Ki-jung Son）とヘオン・ジ・ベ（Hyeong-jin Bae）の話のなかでいきいきと語られている。日本植民地主義下での韓国のアスリート，キヨン・ソンは1936年のベルリン・オリンピックの予選会で日本人チームを打ち負かし勝利者となった。彼はキテイ・ソン（Kitei Son）という日本人名で出場し，金メダルを獲得し，後に当時の心境を振り返っている。「その当時朝鮮人が名声を得ることは不可能でしたが，スポーツだけは例外だった。そのため，オリンピックに勝利したのは朝鮮人だと世界に知らしめたかった」。キヨン・ソンは日本の国旗が挙げられ国家が歌われたとき，悲しみに打ちのめされていた。ユニホームの上に韓国の旗をかけた姿を紙上に掲載した韓国の新聞社は，その後閉鎖された。彼は何度も私財を使い若い陸上選手のコーチをするなど，残りの人生を陸上に捧げた。その後，彼は韓国陸上連盟の会長と，韓国オリンピック委員会委員を務めた。1988年彼はソウル・オリンピックの開会式で聖火ランナーを務めている。ソンの死に際し，韓国の金大中大統領は「民族意識を呼び起こした」と深い哀悼の言葉を送った。

近年では，ヘオン・ジ・ベの話で韓国は盛り上がりをみせている。彼は自閉症の症状を持つ20歳の青年で，知的能力は5歳であるが，2001年にチャンチェン・マラソンを完走している。韓国映画「マラソン」は彼の物語を基にして作成され，爆発的な人気をはくし，2005年の韓国の最優秀作品賞を受賞した。キヨン・ソンとヘオン・ジ・ベのストーリーは，韓国の長距離ランニングの精神を表している。韓国陸上連盟に加え，大企業の社員が国内や国際大会に参加する「企業チーム」という方式も韓国にはある。プロ選手やセミ・プロである企業選手は，マラソンや短距離レースで競い合っている（Milroy 談）。

韓国は，「86年の夏季アジア大会」，「88年夏季オリンピック」，「2002年FIFAワールド・カップ共催」など，数々のメガスポーツ・イベント開催に成功しており，また，アジア発の最初のプロサッカーチームを設立させ，その地

位を確立しているが，他のスポーツも発展している。現在までの韓国で開催されたメガスポーツ・イベントに関する研究は，FIFA ワールド・カップや夏季オリンピックのような大規模大会に限定されており（Matheson and Baade, 2004a），そのイベントの地方や国内の経済発展・経済成長・インフラなどへの影響について研究対象としている。たとえば FIFA ワールド・カップでは 89 億米ドルを生みだした。その数字は韓国経済の 2.2％に値する。27 億米ドルを新しい 10 カ所のスタジアムの建設に投資したが，大会期間中のスタジアム占有率は 78％でしかなかった（Beech, 2002）。この 10 カ所のうち 5 カ所しか継続的に使用されていない（Matheson and Baade, 2004b）。さらに，イベント開催によるツーリズムに増加傾向はみられなかった。つまり，韓国を訪れる海外からの観光客の人数は，2002 年のおよそ 46 万人とそれ以前では同じであった（Golovnina, 2002）。

　FIFA ワールド・カップやほかの主要なスポーツ・イベントの研究により，スポーツ産業の理解を非常に深めることができるのに対して，それらの発見をウルトラランニングのような草の根の活動を本質とするほかのスポーツに適用し，一般化させることは難しいだろう（Horne and Manzenreiter, 2002）。たとえば FIFA ワールド・カップや夏季オリンピックと比較してみても，IAU ワールド・カップは新しいインフラに大規模投資を必要とせず，ミサリ・モーターボード・スタジアムやオリンピックの選手村など，既存の施設を代用することができる。さらに FIFA ワールド・カップは，観客主導のイベントであると考えられている（Gratton らの定義，2006）のに対し，IAU ワールド・カップは，競技者主導のイベントであり競技者の友人や家族が主な観客となっている。また IAU ワールド・カップは，地元の人々が，競技者（リレーランナー），ボランティア，観客として参加することを奨励している。スポーツ事情に加え，韓国ではウルトラマラソンの企業精神の発展に貢献するマクロ環境の要因も研究対象となっている。

(2) 韓国のウルトラマラソンの成長に貢献するマクロ経済的環境要因

　多くのウルトラマラソンの選手がこの競技へ関心をもったのは，1997 〜 1998 年のアジア金融危機がきっかけであったといわれている。この経済危

機は，不景気と，韓国の大財閥の半数が崩壊するという結果をもたらし，このため2つの大きな経済再編成をもたらした。倒産を避けるため国際金融基金（IMF）からの借り入れが必要だったために，韓国企業は主権を失う事態に陥った（Ismail, 2002）。大手戦略企業家であるリー・ヨンシクは，いかにその経済危機が個人生活の変化に影響を与えたかを，我々のインタビューで説明した。

「この経済危機は仕事中に大きなストレスをもたらした。椅子に座ったまま死んでしまうのではないかと感じた。私は，家の近くにある小学校の小さなグラウンドでランニングを始めた。当時，私は40歳であったが，韓国では40歳代男子の死亡率が非常に高いことで有名である。マラソンを始めて2カ月も経たないうちに，私はハーフマラソンにチャレンジし，その後フルマラソンに挑戦しようと決めた。命がけの決意であった。私はフェイディピデス（Pheidippides）がマラソンを完走した後に死んだという話を疑い始めた。ギリシャ神話によるとその兵士は，マラトンでの戦いでペルシャ軍が敗れたことを伝えるために，マラトンからアテネまで走ったといい伝えられている。私はより長い距離に挑戦したいと思い，2000年に韓国で初めて100kmマラソンの完走者となった。」

リーは，即座に「トライアル・ランニングに対する情熱を発見し」，"韓国横断315km：東西海岸レース"を組織し，2000年12月に韓国ウルトラマラソン連盟（KUMF）を設立した。彼の努力により，韓国のマラソンランナーの約15％にあたる2万人がウルトラマラソンに挑戦した。リーはつぎのように謙遜した態度で述べている。

「私は，マラソンランナーをより長い距離で走るように転換させる役割を果たしただけです。長く走れば走るほど，彼らは気分が良くなる。多くのウルトラランナーは40～50歳代で，彼らは自分自身のために自由になりたいと思っている。強靭な身体をもっているにもかかわらず，若い人達は長い距離を走ることが厳しいと思っている。私は，これは精神的な強さ

が欠けているからと考えます。こんなに早くウルトラランニングが韓国で流行するとは誰も予想をしていませんでした」（インタビュー）。

「自分は本来アスリートでもないし，ウルトラマラソンのランナーでもない。私が一般常識からはかけ離れたことを普及しようとしたのです」と訴え，彼の計画を妨げるマラソン競技者に対し我慢強く接していった。

彼はボクジン・パクと親しくなった。彼は経験豊富なマラソン選手であり，後にすぐウルトラマラソン走者となった。彼は陸上シューズ業界で35年以上働いていた。パクは，最近自分のシューズ会社を設立した。「faab」という会社で，鳥のように自由に（Free as a bird）という英語を略した社名となっており，「マラソン競技者にとって，恐らく韓国で一番の靴だろう」とリーは説明している（インタビュー）。パクは，Webzine, Run114 やその他のウェブサイトなど，韓国ランニングのメディアに，定期的にウルトラランニングに関する記事を書いている。

ウルトラランニングの成長期に韓国の経済も回復した。パクは，経済の回復がスポーツの発展を如何に有利に機能したかについて記述している。「GNPが一度1万米ドルに届くと，人々はランニングについて考え始める。彼らはスポーツに投資するためにもっとお金を準備して，腰を上げるのです」（インタビュー）。

(3) 韓国の文化

ウルトラランニングは，韓国の多くの諸文化との強いつながりによって成長してきた。それらは，勤勉さ，集団主義，家族の強い絆，感情の直接的表現，開拓者精神，高エネルギーな食べ物などである。カナダ生まれで韓国を拠点としている学校教師のデイブ・デゥブルヴェイス（Dave Deubelweiss）は以下のように述べている。

「私が観察した韓国人は，他の文化より規律というものを理解しており，忍耐力もある。彼は挑戦し続ける。ウルトラランニングは，精神面を試される競技であり，単に身体的な競技ではなく，また，韓国人の文化的習

慣や人格的性格からも適している。そのためウルトラランニングが韓国にとって魅力的なのです」（インタビュー）。

　同時に，特に西欧社会と比べ，韓国文化は本質的には集団的であり，チーム志向である。KUMF ウルトラランニングレースでは，完走者をすべて勝者として扱い，特に最後の1人はその日のヒーローとして扱うことが重要だと，リーは主張している。韓国のウルトラランナーはウルトラランニングをチームスポーツとして適応させており，個人スポーツとは対照的に，レースをサポートする式典を開催している。

　韓国社会は家族とともに過ごす時間が非常に重要視されており，韓国ウルトラマラソンはそれに応じてスケジュールが立てられる。韓国マラソン（および西欧諸国のウルトラマラソン）は，土曜日か日曜日の午前の中ごろから，午後の中ごろの間で行われるが，韓国ウルトラマラソンは通常金曜日か土曜日に行われる。リーによると，夜のレース・スケジュールは，急ぐことなく自由に過ごし，また家族との時間もつくることができるからである。典型的な韓国のウルトラマラソンでは，夜の7時におよそ500人から600人が参加をしている。山岳地帯で急な温度変化があるので，ほとんどのレースで参加者はヘッドランプをつけ，光を反射するようにデザインされたナップザックの中に雨具を携帯しなければならない。ほかの国のウルトラマラソン同様，韓国のウルトラマラソン走者は，しばしば一緒に固まって走り，飲み物や水をシェアし，レース中常に笑顔が絶えない。アジアの「アイルランド」（Gannon, 2004, p.128）と評され，韓国文化はそのような感情の直接的表現を好むのである。同時に，特に西欧社会と比べ，韓国文化は本質的には集団的であり，チーム志向である。

(4)　関連した産業での起業家精神

　韓国のウルトラランニングの成長は，ソウルの下町にあるクリーン・ポーク・ハウスと呼ばれるレストランを設立した1人のウルトラマラソン走者から，さらなるサポートを受けている。そのレストランには，ウルトラランニングの写真や記念品が飾られており，ウルトラランナーなどの人々が公式的にも，非公式にも集まる場所になっている。先のパクもまた，彼の陸上シューズ

会社「faab」を通じてウルトラランニングの成長を促進している。

　デュブルヴェイス（Deubelweiss）は，このスポーツの成長と新しいイベントが毎年のカレンダーに掲載されるようになったのは，韓国の起業家精神のおかげだと述べている。

> 「至るところで多くのスモールビジネスが展開されているのがみられ，人々は彼ら自身ですべてのことを行っている。起業家精神はウルトラランニングを通じてより広まっている。彼らは，それらを一手に取りまとめ，イベントを開催する」（インタビュー）。

　しかし，彼は，韓国は「パリパリ」の国，それは韓国語で，準備の最終段階になって彼らは急ぎ始めるという意味であり，警笛を鳴らすのである。最後に，デュブルヴェイスは，韓国の食べ物とスポーツの関係性についても述べている。韓国には吸収が早く高カロリーの食べ物が数多くあり，長距離を走っている最中でも容易に摂取することができる。

> 「私のお気に入りの1つである「kimbab」は，1つおよそ1ドルで，アルミホイルに包まれており，大きなすしのようである。ランニング中，コースサイドで買うことができる。地域のお店に入り，料金を投げ入れ，どれでも良いから手に取り，レースに戻ればよい。トレーニングのあとは，多くの人々がマッコリというお米からつくられている乳白色のお酒を楽しむのです」（インタビュー）。

4. 個人レベルの要因がもたらすウルトラマラソンの成長への貢献

　起業家活動は個人によって始められる。その個人はウルトラマラソンのコミュニティーに属しており，IAUワールド・カップ開催を実施している。また，全員がウルトラランニングを通じて重要な企業精神を養っているウルトラランナーである。個人レベルにおけるウルトラランニングと起業家活動のつながりは，いくつかの文献に掲載されている。

(1) 自己統率力

まず初めに，企業過程で維持してきたものと関連する自己統率力の原理（Neck al, 1991）もまた，ウルトラマラソンを走る決定要因になり，完走するという能力につながるのである（Allison, 2003）。

(2) セルフ・リーダーシップ

セルフ・リーダーシップとは，「自己の向かう方向性を定め，実行に必要なモチベーションの確立に影響をもつ過程である」（Neck et al., 1999, p.478）。その意味に，自己管理の枠を超えて，より高いレベルでの自己支配を表し，最善な結果を得るためにモニタリングを行うことや，戦略を考えるということも含んでいる（Manz, 1986）。強力なセルフ・リーダーシップをもつ人々は，日々の仕事を通じて自己対話を行い，成功する精神イメージをもっている（Manz, 1992）。ネック（Neck）は，起業家やアスリートが示す特定の行動に焦点を絞り，起業家がもつセルフ・リーダーシップの考え方を発展させた。たとえば，起業家とアスリートはともに，パフォーマンスの向上につながる自己対話や自己表現を行う。KUMFの起業家的組織者たちも，自己対話の実践について述べている。先にも引用したが，KUMFの代表であるリーは，事務所の椅子で死ぬかもしれないと考え，ハーフマラソンに挑戦をした。その挑戦が成功した後，もしマラソンを完走できたなら，そのつぎはウルトラマラソンも完走できるのではないかと自分に問いかけたとレポートしている。リーは視覚化（みえるようにする）についても触れている。

> 「多くの人々がウルトラマラソン完走により得られる感情を非常に楽しんでいると思っていた。そして，この感覚を共有することができると分かっていた」（インタビュー）。

リーの考える視覚化の成功は今日まで続いている。

> 「スパルタスロン（ギリシャ），自然桜街道ランニング（日本），オーストラリア横断，アメリカ横断などの世界規模のレースに，より多くの挑戦

をメンバーにさせることにより，KUMFを世界で最高のウルトラマラソン団体につくり上げるつもりである」（インタビュー）。

ウルトラマラソンに挑戦している間，KUMFチームはメンタル・イメージをつくり上げる能力を通じてセルフ・リーダーシップを経験している。リーとメンバーは，これら視覚化の技術が，600kmを越えるレースへの挑戦中に，いかに自分をみつめることに役立つかを表現している。リーはIAUワールドカップ自国開催の実現を想起した。

「私は2004年のIAUワールド・カップ・ウィンスホーテン大会が大変印象深く残っています。ヨーロッパはウルトラマラソンに大きな貢献をしました。ここ韓国でもそうできると思います。これが我々のつぎの目標です」。

そして，KUMFチームは，IAUの幹部を，将来のIAUワールド・カップ開催に向けて，それが適切であるか否かを判断してもらうため韓国に招待した (Neck and Manz, 1992)。訪問期間中，IAU会長のストゥルマンは，韓国のウルトラマラソンの歴史に対する大いなる理解と，ワールドクラスのイベントを開催しようとする意欲に驚かされた。スタート地点からの総距離には圧倒されるが，ランナーはレース中，ほかにも水分補給，栄養補給，エネルギーの維持などさまざまな挑戦に立ち向かうことになる。セルフ・リーダーシップとは，障害を考えることではなく，チャンスを考えることを意味する (Neck and Manz, 1992)。「チャンスの思考」とは，可能性のある挑戦や，これらの状況をうまく処理する諸方法に焦点をおいた表現である。対照的に，「障害の思考」とは，ネガティブな障害物に焦点をおき後退を招く要因となる。ウルトラマラソンは，チャンスに焦点を合わせ，拡大した現実の運動であると認識されている。スタートからの長い距離は人の気力を弱めるが，ランナーは栄養を摂取しエネルギーを維持することにより，レースを通して数々の挑戦に直面することになる。

焦点を絞るということはセルフ・リーダーシップのもう1つの重要な要素で

あり，起業家精神は彼らの目標をひたすら追求する。リーは，ほかのことを犠牲にして，空いている時間のすべてを KUMF に注ぎ込んだと述べている。

> 「妻は4回離婚しようと申し出てきた。私は釜山にいる両親や親族を7年以上訪れていない。今や彼らは私のことを『ろくでなし』と呼ぶ」。（インタビュー）。

(3) 粘り強さ

起業家やアスリートが示すもう1つの重要な要素は，粘り強さである。自分の目標を達成できる人は常にモチベーションを保っており（Gotwals et al., 2003），自身の起業への意欲を持続している（Kuratko et al., 1997）。釜山で車の販売をしている44歳のチョイ・スチェルは，ウルトラマラソンへの思いを以下のように述べている。

> 「通常のマラソンに比べるとウルトラマラソンは自分にとってチャレンジだと思った。ウルトラマラソンを完走したときのような達成感は，私の人生で他では味わえないであろう。まるでドンキホーテになった気分だ」（Limb, 2005, p.1）。

リー，パクや他の KUMF 指導者が得た初期の成功は，新たな挑戦の探求によるものであった。起業家とビジネス所有者のパフォーマンスの種々の方策との間の関係性は確立されており（Neck and Cooper, 2000；Goldsby et al., 2005），起業家的活動の良い循環として提起されている。

(4) チームダイナミズム

起業ベンチャーは，しばしばバランスの取れた補完的な資源を供給し，さらなる起業努力を行う意思を示す個人に対してチームの産物を提供する（Vesper, 1990；Timmons, 1999）。最も成功を収めたベンチャーチームは，名声や正当性，有益な情報，財務資金などの資源へ幅広いアクセスを可能にしている個人から成り立っている。KUMF は非常に補完的なリーダーシップを発

揮するチームを形成しているといえる。先のIAUワールド・カップ開催委員長であるヤンシク・リーは，KUMFの代表である。彼は，ソウル大学で環境保全学のマスターを取得しており，韓国の大きな財閥のなかでも，上級管理者の地位についている。リーは，ランニングクラブのメンバーから，「舞台裏で活躍する人間であり，とても管理能力に優れており，プロフェッショナルであり，プランニングに優れた才能をもっている」といわれている（インタビューとDeubelweiss, 2006）。彼の仕組みづくりや組織づくりの能力は，活動的な起業家であるKUMFのプランニングディレクターのボクジン・パクによってバランスが保たれている。パクは，経験豊富なマラソンとウルトラマラソンのランナーであり，シューズ会社の起業家であり，ランニング雑誌のコラムニストであり，また，周りの人たちからは「活動的で社交的な人間」で，「豊富なアイデアをもち」，「リスクを恐れない」，「プロジェクトを前進させる精神と大きなエネルギーをもっている」といわれている。

(5) KUMFのメンバーのチーム像

あるKUMFのメンバーは，以下のように述べている。

> 「私たちは全員ウルトラマラソンランナーであるという共通点がある。我々は全員がボランティアであり，それぞれ自分の仕事を持っている。私たちはお互いの学歴や社会的地位を気にしないが，それはランニングとは関係のないことであるからである。我々はさまざまなところから集まってきて，一緒に走るのである。我々は協力し合い，どんなことがあっても実行する」。

(6) **資源へのアクセス**

メガプロジェクトは，地域のコミュニティから多くの人員や，財務資金，物的資本のサポートを必要とする（Kidd, 1992）。新しい組織を設立する起業プロセスにおいても，多くの補助的資源が必要となる（Timmons, 1999）。IAUワールド・カップ開催に向けて資源を確保することが，非常に大きな課題となっている。それは主に選手の移動費が増加傾向にあり，ヨーロッパ開催で

も15万ドル，ヨーロッパ以外だと25万ドル費用がかかる（インタビュー，Milroy）。さらに，新しい施設の開発が小規模ではあるが必要となるが，物的資源のサポートは大きな重荷となる。なぜなら，IAUとIAAFは，最先端の施設と，最高級の宿泊施設が隣接していることを開催の条件としているからである。

またリーは，選手たちが「平坦で速く走れる」コースを希望していることに気を使っている。

>「私は，長いループ状で段差や勾配がないコースで，ランナーたちが個人ベストを記録できるような設定を考えていた」（インタビュー）。

KUMFは韓国から西へ20kmに位置するミサリにある競艇場の使用料に，7,000ドルを支払った。スタジアムは改修を必要とせず，1986年夏期アジア大会，1988年夏期オリンピック，2004年パワーボート・グランプリなどを過去に開催している。選手たちは1988年夏期オリンピックで使用された選手村のパークテル（Parktel）に宿泊した。KUMFのメンバーはホームステイを希望した海外の選手を，自分の家へ招待した。

手近にある資源を利用するということは，以前の経験から得られた知識やスキルに頼るということでもある。KUMFのメンバーは，挨拶，歓迎，場所，記録，医療，輸送（移送）の6つのカテゴリーで，通常の仕事やボランティアの仕事から発展させたプロジェクト・マネジメントの経験を活用した。多くのKUMF実行委員は，小規模から全国レベルまで差はあるが，ウルトラマラソンの運営を経験している。実際，コースの設定や登録などにこのような経験が役立った。選手たちを歓迎する英語が話せる人材，旗を運ぶ子供たち，オリンピック公園でのパレードの際，選手団の先に立ち引率する子供などの追加ボランティアを集めるためにKUMFはソーシャル・ネットワークを活用した。

必要になる資金調達源と利用可能な資金源との間のギャップに直面するほとんどの起業家チーム同様，KUMFチームのほとんどは資金不足で，資源獲得に挑戦している。2006年のIAUワールド・カップの総費用は，おおよそ30万米ドルであったが，まだ支払いが続いている。リーとパク，そしてKUMF

チームは，韓国スポーツ省や韓国スポーツ議会からいかなる支援も受けなかった。リーによるとこの両者は，ウルトラランニングのようなスポーツの新しい方向に対して，保守的姿勢を取っているということである（インタビュー）。ほとんどの起業家は正式な資金源を利用できないし，そしてKUMFも例外ではない。彼らは自分たちのすべての財源を持ち出さなくてはならなかった。彼らは，最後まで準備をしたが大企業スポンサーの資金を確保することは困難であった。韓国のメディアは，雑誌を通して情報を伝え，テレビはウルトラランニングを放映した。国際的には，さまざまなインターネットメディアがIAUワールド・カップを取り上げた。

5. 検討すべき問題

　IAUワールド・カップは，多くの国際競技代表使節団を韓国に集めたが，他の巨大スポーツ・イベントのようなものをもたらしはしなかった。草の根メガスポーツ・イベントの成功の一番の尺度は，組織者と競技者の目線での個人レベルのものだったといえよう。リーは閉会式で以下のように述べた。

　　「世界中24カ国から集まったランナーの素晴らしいパフォーマンスに感謝をしたい。レースに忘れ難い環境を与えてくれた支援者の皆さんの懸命な努力に有難うといいたい。ここにいるすべての人が真の勝者です」（インタビュー）。

　IAUの会長ダーク・ストゥルマンは，KUMFへあてた書状でイベントの評価を述べている。

　　「国際的な組織体として私たちは，100kmワールド・カップの大会が，成功した大会として見直せることについて非常に喜んでいます。同時に貴方がたの国でウルトラランニングがさらに発展することによって大きな果実を結ぶことを期待します」（インタビュー）。

アメリカのアスリートであり，5カ所で走り終えたハワード・ニッパートはつぎのようにコメントしている。

「競技委員会の人々，人々の歓迎する姿勢，競技開催地，いずれも卓越していました。一番良かったとはいいませんが，私が走ったどんなレースよりも良好な風景でした。しかし，私はレースをしている間は，特に風景をみていません。私は競争相手をみます。オリンピック・パークテル（Parktel）の宿泊施設は素晴らしく，人々は一生懸命に働いていました。不親切な顔をした人をけっしてみることがなく，すべてが見事でした」（インタビュー）。

IAUワールドカップで感激したパクは，韓国で一番有名なウルトラマラソン「韓国縦断537km」で，まだ完走していないコース（実は13週間前に彼がドロップアウトしてしまったレース）を完成させるために戻ってきた。

「私は2006年7月15日に，220km地点でギブアップしてしまいました。マラソンを始めて7年間で完走しなかったのは初めてで，それを受け入れるのは困難でした。2006年10月14日，それはIAUワールド・カップが終わって1週間ほど経った日でしたが，完走しようと自分自身に挑戦しました。220km地点までバスで行きました。真っ暗になる3時（実際にはその時刻に私は「断念します」と宣言したのですが）を待ちました。そして再度一人でスタートをしました。50km毎に私の制限タイムを記録するための人はいません。100kmで私に水をくれるレース関係者も誰もいません。マメやアキレス腱をみてくれる，あるいは他の支援をしてくれるボランティアの人もいません。最終的に私は韓国の南端から軍事境界線（北の方へ韓国人が行ける最終の所），537km地点まで達しました。最終ラインに届いたのです」（インタビュー）。

IAU世界陸上の成功は，リーとパクを，つい最近のウルトラランニング（ソウルからピョンヤンまで）に関与させる動機になった。彼らは未来の可能性を

議論するために，調停と協力の韓国委員会会長に会見している。ウルトラランニングと企業家精神の強力なパイオニア精神が，より草の根的スポーツの主導権をアジアにもたらしている。

6. おわりに

この研究では，韓国のウルトラ長距離ランニングにおいて起業活動が成長していることについて，マクロ経済・文化環境と個人レベルの要因とを関連させて考案した。マクロ環境的要因には，経済危機とそれに続く経済の再生，韓国の同好会的文化的価値，感情表現と起業家精神などがある。個人的な要因には，自己統率力，集中力，持続性，チームダイナミクス，そして資源へのアクセスの能力などがある。さらにこの研究では，個人とマクロ環境の要因の両方に関わる重要な関連を強調している。たとえばアジアの経済危機，これは韓国の経済支配力を危うくし，韓国の人々が，不確かな時代にあって自分自身を管理することができるのかということについて考えさせた。何人かの人は，個人の旅行がきっかけでランニングやウルトラランニングをやってみようとした。韓国財閥のマネージャーとして働いたウルトラランナーたちは，彼らの個人的な時間やエネルギーを，KUMFやウルトラマラソン競技といった完全に新しい組織や活動のなかへ集中させた。

ここで発見されたことは，メガスポーツ・イベントは，その実施の文脈のなかで，起業精神がはぐくまれる過程を分析することができるということである。メガスポーツ・イベントは現代の国内外の国民のアイデンティティを形成する現代のイデオロギーの文化的産物であるということである。

学術的な起業家精神の定義は，すべての形式の新しい組織を含むものであるが，非伝統的・非企業的な環境での調査研究には限界がある。ここで詳細に提示したこのケーススタディは，メガスポーツ・ベンチャーに内在する起業家特有の本質や，機会やプロセスに付随するものを示している。IAU ワールド・カップにおいて，イベント開催は近年設立された KUMF が担ったが，それに続いてさまざまな活動を生み出した。さらに，IAU ワールド・カップの事例は，起業家の関与がより発展したことを説明している。たとえば，KUMF

の設立者であるリーは，KUMF の設立・発展に彼のエネルギーを注ぎ込むようになったが，その前に家の近所でランニングを始め，ハーフマラソンから，マラソン，そしてウルトラマラソンへと順番に挑戦をしていたのであった。2004 年 IAU ワールド・カップへの参加が彼を刺激し，2006 年誘致の成功につながったのである。

　IAU ワールド・カップでの経験は，FIFA ワールド・カップやオリンピックなどのすでに確立されたスポーツ・イベントから得られる研究結果が，他のベンチャー・イベント，特に草の根のイベントに通ずるとして，一般化することはできないことを示している。たとえば，KUMF や IAU リーダーシップにおける理念上の関心事は，ウルトラランニングや IAU ワールド・カップをスポーツとしての正当性を確立することにある。一方で，FIFA ワールド・カップやオリンピックは確実に確立されており，投資家やインフラ整備に着目しているリーダーたちにとって魅力的なイベントである。草の根のスポーツは増加しており，ゴルフのようにゆっくりと成長するスポーツでも，参加者や観客を魅了している。

　近年では，ミシガン州のブルックス・ハンソン・ランニング・プロジェクトに対してメディアが関心を示しているように，草の根スポーツへの世間の関心は高まっている。そのプロジェクトは高いポテンシャルをもつアスリートに，宿泊施設，練習，食事，運動療法，地元のランニング・ショップで働くことで得られる収入など基本的な資源を提供し，オリンピック出場という夢をサポートする（Kolata, 2007 参照）。しかし，中国のようなアジアの他の国で行われたメガスポーツ・イベントの起業家精神に関する調査研究では，起業家精神の特徴が急速に変化していることを伝えている（Dolles, 2006）。

　これまで行われたことを現象的に説明することにとどまらず，韓国における起業家精神にうらづけられた草の根イベントである IAU ワールド・カップは，超長距離走イベントの国際化へ向けて大きな一歩を踏み出したといえる。IAU は，2010 年インドでのコモンウェルスゲームにて，100km のエキシビジョン・イベントの開催を申請している。これは，コモンウェルスゲームとオリンピックに向けて承認されるための第一歩である。

学 習 課 題
1. ウルトラマラソンと，一般的にいわれているマラソンとの違いについて，その距離の長さだけでなく，普及の状況など、他の違いについても説明しなさい。
2. 韓国でウルトラマラソンが成長した理由のうち，マクロ経済的要因と文化的要因について説明しなさい。
3. 韓国でウルトラマラソンが発展した理由としての個人的要因について説明しなさい。

第 8 章

中国におけるアンブッシュ・マーケティング
―― オリンピック・スポンサー企業への対抗企業 ――

ホルガー・プレス
カイ・ゲマインダー
ベノワ・セガン
訳：早川　宏子
　　高橋　由明

要　　約

　本章は，2004年アテネ・オリンピックについて報道されたときに，各社が使ったコマーシャルを調査することにより，中華人民共和国の公営テレビ・ネットワーク CCTV5（オリンピック公式テレビ局）が，アンブッシュ・マーケティングをどのように認識し，それをどう使うかについて経験したことを基礎に考察しようとするものである。アンブッシュ・マーケティング（不法戦略マーケティング，すなわちオリンピック・マーケティングを公式に認められていない機関が行うマーケティング）のさまざまな様式の特徴を，5つに分類した。北京政府が，2008年のオリンピックに先駆けて，アンブッシュ・マーケティングと戦う努力をしたにもかかわらず，その結果は，中国ではアンブッシュ・マーケティングが実施される懸念が深刻なものになったのである。この研究は，2002年オリンピック・シンボルマーク保護法に基づいて，中国のケースについて分析を行っている。この研究は，オリンピックのスポンサー全体の保護について倫理的な視点から結論を出し，アンブッシュ・マーケティングに結びつく中国特有の文化的背景について一定の結論を出している。

1. はじめに

オリンピックは過去30年間に驚くべき成長をとげている。オリンピック誘致は今や民間セクターの支援が不可欠な，複雑で費用のかかる事業である。

「ビジネス界からの技術，専門性，人材，サービス，生産，通信，遠距離通信，資金援助などがなくては，オリンピックの開催はありえないし，このような支援なしに世界最高のスポーツ・イベントで選手たちは競技に参加できず，最良の結果を達成することもできない」と，J. ロッゲは述べている。

テレビ局放送と他のマーケティングの権利からの収入は，オリンピック組織委員会（OCOG）と各国オリンピック組織委員会（NOCs）の資金源のほとんどを占めている。世界オリンピック委員会（IOC）の世界規模のスポンサーシップ・プログラム（TOP事業）は，この20年間以上で900%も収入を増大させている（図表8-1）。このことは，オリンピックが広告パートナーにとって大きな収益をもたらす可能性のある，強力なブランドであることを意味している。今後，オリンピック・ブランドとして提携できる会社は，世界的規模の独占権を得ているにもかかわらず，現実をみるとTOP事業スポンサーに限られていないという意外な事実が存在している。実際，スポンサーになっていない多くの会社が，経済的事実認識に基づき，オリンピックと強く結びつくことにより利益を得ることを願い，この独占市場の舞台を使わざるをえないと感じている（Seguin and O'Reilly, 2008）。そのような試みが一般にアンブッシュ・

図表8-1　TOPプログラムの発展

	TOP I 1985-88	TOP II 1989-92	TOP III 1993-96	TOP IV 97-2000	TOP V 2001-04	TOP VI 2005-2008
会社の数	9	12	10	11	10	12
各国内オリンピック委員会の数	159	169	197	199	202	202
生み出された収益（ドル）	96	172	279	579	663	866 US

出所：2006年国際オリンピック委員会，Preuss, 2004年。

マーケティングとして知られてきた。

　アンブッシュ・マーケティングの主な目的は，オリンピックのような大型イベントと結びつくことにより，何らかの利益を得ることであるが，そのことにより，本来得られるべき公式スポンサーの経済的影響を弱める結果をもたらすことである（Sandler and Shani, 1989）。いい換えると，非常に感動的なイベントは，消費者の注意を喚起し，また同時に，感動を呼び起こすので，オリンピック・テーマを舞台として宣伝をする会社数が増大し，「混乱」をひきおこすことになる（Seguin and O'Reilly, 2008）。この混乱は，コミュニケーションの過程で「問題」をおこすことになる（Shank, 2005）。すなわち，宣伝活動を通して，消費者の注意を引き寄せようと，公式・非公式スポンサーが争っているのである。もし，この非公式スポンサーの活動を制限できず，アンブッシュ・マーケティングによって混乱が起こされると，オリンピック市場を積極的に獲得しようとする公式スポンサーの動機を低下させる危惧があるのである。IOC マーケティング・ディレクターのミッシェル・ペネ（Michael Payne）によれば，メナガン（Meenaghan, 1996, p.108）の叙述を引用して，アンブッシュ・マーケティングとは，スポンサーシップを破壊する可能性があり，最終的にオリンピック事業の財政を危うくすると述べている。

　2008 年北京オリンピックは，世界規模で注目される情報源になっている。ビジネスの立場からは TOP 事業（1 業種 1 社事業）のようなスポンサー・プログラムを計画・遂行する際に，中国は文化環境でいくつかの挑戦をしている。たとえば，中国人にとって文化を知的共有物とすることは当然なことである（Alford, 1995）。このため多くの中国の（スポンサーかそうでない）会社にとっては，利益を得る方法としてオリンピックを利用するのは全く正当であると考える。儒教と共産主義の教義が影響している文化のため，個人の知的財産を強く守る必要性の意識は，西ヨーロッパ諸国のように強くはない。中国民主人民共和国（PRC）でよく知られた現象として剽窃行為がある（Montgomery, 2004）。オリンピック・ブランドと結合したビジネスの権利を守る可能性は，中国政府がオリンピック・ブランドを完全に保持する努力をしたにもかかわらず，中国と IOC 事務局にとってのいくつかの特徴のある問題が生起されたのであった。

この研究は，こうした事件を深刻な問題として取り上げる必要性があることを示している。2004年アテネで行われたオリンピック放送中，種々の企業が流したコマーシャルを調査することによって，中国公共テレビ・ネットワークCCTV5でのアンブッシュ・マーケティングに関する認識と放送の実態について考察している。全部で40のコマーシャル場面について，オリンピックに敬意を表し放送された広告の趣旨と，ターゲットにしたケースのタイプを調査することにより分析をしている。まず一般的にテレビで行われている，オリンピックに関するアンブッシュ・マーケティングを紹介し，最終的に，こうしたコマーシャルのうち，2つをケース・スタディとして示している。

2. アンブッシュ・マーケティング文献の概要

　「オリンピック大会で，アンブッシュ・マーケティングが一般的な事件になってきている」というタイトルで，1988年ウォール・ストリート・ジャーナル誌上に記事が掲載されたことにより，アンブッシュ・マーケティングに関する科学的研究について弾みが付いたといえる。サンドレとシャニー（Sandler and Shani, 1989, p.11）は，このテーマで初めての学術論文を書き（1989年11月），アンブッシュ・マーケティングをつぎのように定義をした。「少なくとも公式スポンサーが関係している認識や理解を獲得するために，スポンサーでない組織により意図的に自分たちをイベントと関係づける努力（キャンペーン）である」。

　このサンドラーとシャニーによる初めての出版物は，スポーツ・マーケティングの分野で新しい研究の方向の出発点となった。アンブッシュ・マーケティングに関する多くの出版物が出され，この経営戦略を分析している。(Sandler and Shani, 1989 ; McKelvey, 1994 ; Meenaghan, 1994 ; McDaniel and Kinney, 1998 ; Crompton, 2004 ; Pechtl, 2007)。他には，倫理的見地からの出版物（Ettorre, 1993 ; Meenaghan, 1994 ; Pound, 1996 ; Payne, 1998 ; Payne, 1998 ; O'Sullivan）と，法律的観点からの出版物（Townley, 1998 ; Hoek and Gendall, 2002 ; Crow and Hoek, 2003）がある。

　覚え書きや学術的に編集された一連の出版物には，アンブッシュ・マーケ

ティングの真の意味をいくらか混乱させているものもある。ホークとジョンダル（Hoek and Gendall, 2002），クロウとホーク（Crow and Hoek, 2003）らは，アンブッシュ・マーケティングの概念の周辺にはかなりあいまいな点があることを示している。一方でIOCは，アンブッシュ・マーケティングについて，スポンサーから何かを「盗むこと」，生産的でなく，倫理的でない，専門性に欠けるもの，と捉えている。「盗まれた」会社は，マーケティング担当者を解雇し，他の広告会社を探さなくてはならなくなるであろう（Pound, 1996, p.1）。

　ほかの研究としては，サニーとサンドレ（Shani and Sandler, 1998）は，非公式のスポンサーが，競争促進（技術）と違う他の方法でスポンサーシップで対応することを期待することは現実にはできないのであるから，そのようなアクションが倫理に違反するとみなすこともできないと述べている。この意見を，ホークとジョンダル（2002），そしてクロウとホーク（2003）らは支持している。そしてアンブッシュ・マーケティングを取り巻く彼らのほとんどの論点は，通常の競争的実践に含まれるとしている。つまり，アンブッシュ・マーケティングは，正当なマーケティングの実践とみなすことができるというのである（ホークとジョンダル，2002）。

　多くの研究は，アンブッシュ・マーケティングに対する消費者の反応と態度に集中して行われている。その結果，国やイベントごとに違う所から集められた異なったサンプルを分析するため，多くの場合首尾一貫した結果は出ていない（Sandler and Shani, 1989, 1993；Stotlar, 1993；Graham, 1994；Daniel and Kinney, 1996, 1998；IOC, 1997；Shani and Sandler, 1998；Lyberger and McCarthy, 2001；Preuss, 2004；Seguin et al., 2005）。しかし，彼らのいくつかの調査結果をみるとつぎの点で，矛盾はしていない。①アンブッシュ・マーケティングは消費者の間に混乱を起こすこと。②消費者はその問題点に気づいていないこと，③またその問題に本気になって注意をしていないことである。注意すべき点は，消費者の混乱は市場でも混乱しているという問題である。

3. アンブッシュ・マーケティングの特質

　オリンピックという文脈で独占的諸権利を生み出すという構想は，1984年のロサンゼルス・オリンピックで導入された。それまでは，スポンサーシップの権利を得るためにお金を払う意志のある会社には，すべてにこの権利を与えていた。たとえば1976年モントリオール・オリンピックでは，628の会社が，総計で2,000万ドルの価値のスポンサーシップ契約にサインをした（Landry and Yerles, 1996）。1984年大会では，組織委員会側が独占的権利の方式を提案した。この場合は，その決定をした会社だけが大会に関与できるようになった。このときは，実際は35の会社がオリンピックのスポンサーになり，総収入に影響が出た（ロサンゼルス・オリンピック委員会が1985年に発表した報告では総収入1億5,700万ドルに上昇した）。ロサンゼルス・オリンピックの最終的成功に続いて，IOCは大きな多国籍企業に世界規模の独占権利を提供する"TOP事業"をつくり出していったのである。この独占権のために，世界で最も力のあるいくつかのブランド企業間で猛烈な戦いが起きることになった。その戦いは，アメリカン・エクスプレス社と，VISA（TOPスポンサー）との間で起こり，かなり悪名高いものであった。公式スポンサーでなかったアメリカン・エクスプレスは，1992年から1994年までのオリンピック・スポンサーであったVISAに対して紛らわしい広告を使用し，アンブッシュ・マーケティングの手法を使ったことで何回か告発された。しかしその目的がアンブッシュ・マーケティングを意識的に使用していないという主張があったので，VISAに対しては大会の間の支払いがVISAカードだけしか使えないという対応をした。面白いことにアメリカン・エクスプレスは，1996年のアトランタ・オリンピックの間は紛らわしいコマーシャルを自制するという決定をしていた（Netzle, 1996 ; Schlossberg, 1996）。

　多くの著者がアンブッシュ・マーケティングのいろいろな技術について述べているが（Meenaghan, 1994 ; Crompton, 2004），我々はアンブッシュ・マーケティングの最も一般的な意図を以下のように提示する。

① 金を払わないでスポンサーのイメージをもたせ利益を得る。
② オリンピック参加（義務）に関して，マーケット競争相手を対抗勢力にまで押し上げる。
③ スポンサーの紛らわしいキャンペーンを正す。
④ スポンサー権が高すぎる，あるいはその領域が広く開放されていない場合に，オリンピックから利益を得る。
⑤ 広告費用についてスポンサー権を取得するための金を倹約し，利益を得る。など。

サンドラーとシャイニーの研究（Sandler and Shani，1993）は，もしアンブッシュ・マーケティングをする者が，オフィシャル・スポンサーよりももっと創造的な方法で活動をするなら，アンブッシュ・マーケティングは唯一やりがいがある行為であると指摘している。アンブッシュをしたくなる数々の誘因があるうえに，企業が戦略としてアンブッシュ・マーケティングをせざるをえなくなる他の理由もあるからで，つぎに述べるのは，2004年アテネ・オリンピックのテレビ放送期間中に，中国の企業がアンブッシュ・マーケティング活動を行う可能性の動機を示している。第1の理由を除外して，中国企業は北京オリンピック期間中でもアンブッシュ・マーケティング活動開始することが予想される。
① 独占権部門——1つの製品のカテゴリーで，ただ1つの会社しかサポートには入れない。したがってアンブッシュ・マーケティングは，オリンピックとの共同を図っていきたいという要望にとって，価値ある戦略になる（Drengner and Sachse，2005，p.1）。
② 高額な値段——オリンピックのスポンサーシップの値段は，小さな会社が，オフィシャル・スポンサーになることを考えるとあまりにも高額の値段である（Seguin，2002）。
③ 広告スペースの制限——アテネから始まった大会でIOCとOCOG（開催都市オリンピック委員会）は，公の広告スペースに開催都市全体で市場独占権を設けた。街の中のすべての広告スペースは，大会の間中オリンピック・スポンサー（オフィシャル・スポンサー）のために確保された。

同様の傾向はテレビ放映権にもみられ，すべての広告一覧表上に初めて拒否権を提示している。

これは，非スポンサーが消費者の注目を引きアンブッシュへ追い込んでいくであろう可能性を減少させる。さらに，アンブッシュ・マーケティングが起きてしまっても，消費者がこれについての知識が不足しているということを示した（Bruhn and Ahlers, 2003, p.276）。これは2004年のアテネ・オリンピックの期間で行われた3カ国（カナダ，アメリカ，ドイツ）の調査で59.8％のアメリカ人，36.2％のカナダ人，54.5％のドイツ人が，オリンピックのマークは，すべての会社が使用できると信じており，オフィシャル・スポンサーだけが使用できることを知らなかった。経済がまだソビエト時代の中央集権的計画経済の影響が続いている状態であると考えても，このような知識の欠如は，中華人民共和国の方がより高いであろう。特に小さな会社ほど，スポンサーシップを十分に利用できるだけの高度な専門知識が不足していた。さらに中国では，スポーツ・スポンサーシップは保護されている知的財産であるということを知らない。このことは中国に限られたことではない。たとえばドイツ・オリンピック委員会は，2004年からアンブッシュ・マーケティングをしたと考えられるほぼ425社に警告文を書き送っているが，文章を初めて受け取ったときに法的違反かどうかを検討した会社は，ただ1件だけであった。

会社がアンブッシュ・マーケティングを利用していると気づくことが増えてきている根拠がある（Preuss, 2004, p.158）。もし，アメリカの消費者の34％程度がオリンピック・スポンサーの製品を好むとする，あるいは誰でもが同じだと考えるならば，アンブッシュ・マーケティングは相殺されることになる（Schlossberg, 1996）。さらに3カ国の調査では，オリンピックの興味が増すほど，消費者はオリンピック・スポンサー製品に注意を払うという，かなり重要度の高い結果を示している。ネツェツル（Netzle1996, p.86）によると，アンブッシュ・マーケティング戦略は，消費者にとってはそれほど深刻な問題として受け取られず，その結果，非スポンサー会社にとって，オリンピックのようなイベントとの提携によって利益を得る，かなり「安全」な方法になるということである。アンブッシュ・マーケティングの複雑な様相が，しばしば承認される原因になったり，広告会社との確かな連携を匂わせているのである。

一般社会では，アンブッシュ・マーケティングはむしろ小さな違反であり許容範囲だとみなされてしまう。しかし，セガンら（Seguin et al., 2005）は，アンブッシュ・マーケティングに関しての社会の認識や姿勢は国民性で違ってくることを示している。ブリュンとアラー（Bruhn and Ahlers, 2003）は現在も進行中の商業化のもとで，イベント組織者の厳格に守られるべき商標権は，社会的意見においてアンブッシュ・マーケティングとして捉えるべきという考えが増えてきている，とも述べている。この点について，しかしながら，3カ国の経験的なデータで，カナダ44.2%，アメリカで36.3%なのに比べて，ドイツでは51.2%の人が，権利代金を払わずにオリンピック・メッセージを使用することに対し，「大いに賛成」，あるいは「賛成」のどちらかであるという事実にも示されるとおり，これは利口なマーケット戦法であるということを示している。このようなデータは，中国ではまだ入手されていない。したがって，中国では国際財産権に対して一般的にその重要性の認識が不足しているので，アンブッシュ・マーケティングが賢いマーケット戦略としてみられることになるに違いない。

　アンブッシュ・マーケティングについては，ほかにも世論調査がある。会社がアンブッシュ・マーケティングの技法を実践しているかどうか，その是非について尋ねたもので，サンドラーとシャイニー（Sandler and Shani, 1993）の調査結果では，回答者の20%がアンブッシュの行為に同意していると報告している。他方で，スポンサーシップに関する国際研究によると，アメリカ人の68%がアンブッシュに同意していると報告している（IOC, 1996）。だが，つい最近のセガンらによる研究では，ほぼ50%近くの回答者が，アンブッシュ・マーケティングを行っている会社を良いとは思わないと述べている（2005），しかしまた，カナダ人（64%）とフランス人（40%），アメリカ人（42%）との間には大きな違いがあることを報告している（Seguin et al., 2005）。したがって，イメージや価値などで潜在的にブランドを脅かすことは起こるであろうと示唆している。このようなリスクは，たぶん購買態度という観点から調査をすると，数値はもっと上がるであろう。3カ国で行った研究の経験的データは，アメリカ人の28.0%，カナダ人の36.2%，ドイツ人の24%が，権利に対する代金を払わずにオリンピック・メッセージを使用している会社の製品

は購入しないと回答している。そこで,いわゆる「知識と恥の戦略」と呼ばれるものが,アンブッシュ・マーケティングに対する戦いに役立つであろう（Pechtl, 2007, pp.54-55）。このような戦略は,アンブッシュ・マーケティングに対する態度は,国によって違うということを考察しなければならないという意味をもつ。

4. アンブッシュ・マーケティングを防ぐための処置

　何年かにわたって,IOCとOCOGによるアンブッシュ・マーケティングに対する防御機構は,警告（証明つき手紙）からパブリック・リレーション技術（公的辱め）や裁判までの段階づけを行った。NOCの場合,自国でのオリンピック五輪を守る命令を受けて以来,自身で法的行動がとれるようになっている。OCOGも,表彰やあるいはシンボル保護に関して違反が生じたとき,法的な処置を取ることができることになっている。明確な法律違反が起こったときには,IOCによっても法的処置は取られる。アンブッシュ・マーケティングをする側が,保護されるべき言葉やシンボル,その他の表象を使用しない,あるいは彼らがアンブッシュ・マーケティングをより巧妙に利用するようになれば,事態はより困難になる方向へ進むことになる（Schlossberg, 1996）。ファレリーら（Farrelly et al., 2005, p.342）は,20人のマーケティングの専門家にインタビューをして,「アンブッシュをする側が,商法あるいは知的財産法を侵害したり破ったりせずに,あるイベントや自分たちの製品,ブランドとの間に不法な結びつきをつくり上げる」ことに気づいた。したがって,アンブッシュ・マーケティングを管理することが難しいため,IOCとそのパートナー（NOC,OCOG,スポンサーら）の双方は,これら研究と関連して捉えなおさなければならず,責任が重くなっている（Seguin and O'Reilly, 2008）。IOCがアンブッシュ・マーケティングを管理するもっと効果的な方法は,ブランド・マネジメント・システムを築くべきであると彼らは指示している。これらには,一貫した関係者間でのプラン,ブランド所有者側のチーム,一貫したスポンサーの市場と取引のプログラム,パートナー間の親密な作業の関連性,そして教育プログラムなどが含まれたものである。

IOC と OCOG は，アンブッシュ・マーケティングに対し人々を敏感に反応させるために，記者会見や印刷物の発行といった PR 活動をしてきた。2010 年冬のオリンピック・バンクーバー組織委員会のケースがそれにあたる。バンクーバー組織委員会は，よく知られた石油会社に対して，その会社があたかもオリンピックを代表するかのような販売促進を実施したのに対して，社会とメディア関連向けに注目を浴びるようキャンペーンを積極的に行い，公然とこれを非難した。この会社は，バンクーバー組織委員会が確定したスポンサー契約に対する将来の可能性を傷つけ，倫理に欠ける行動をとり，人々の注目を引きつける行為を行ったと説明したのである。そのような行動は，カナダの競技になんの利益ももたらさないし，バンクーバー組織委員会の潜在利益を危険にさらすものと，組織委員会は主張したのであった。

このケースに対して広いメディア報道によって，石油会社が販売促進戦略で再び消費を喚起させるそのキャンペーンを，中止させようとした（Hotzau, 2007）。同時にバンクーバー組織委員会のオフィシャル・スポンサーであるペトロ-カナダ（Petro-Canada）に，オリンピック普及活動を運営する明白な市場を与えた。このような戦略がカナダで成功したとはいえ，ほかの国ではできないことかもしれない（Seguin et al., 2005）。したがって，これまで以上の防御をするとしたら，法律という形がとられるだろう。これは中国のケースであるが，中国の知的財産権の保護は，対処方法に関し確実に好結果を得るためには必要な要件であると信じられている（Wang Youpeng（北京市立知的財産権事務所理事），2001）。

IOC の知的財産を守るために，オリンピック憲章 14 は，つぎのように述べている。

「各国オリンピック委員会は，IOC に対して，オリンピックの財産権の使用を保護するために，規則 7-14 条と BLR7-14 を遵守する責任がある。諸規制は，オリンピックのシンボルを保護し，法的な権利を守るという考え方と，オリンピック運動の名誉を保つことである」（IOC, 2004）。

オリンピック・スポンサーの利益を保護し，オリンピック憲章の実現を，主催国との契約を果たすために，中国の国家評議委員会が，オリンピック・シンボル保護法を 2002 年 1 月 30 日に採択し，2002 年 4 月 1 日に発行している

（条約，2007年11月1日）。規定はオリンピック・シンボルを保護することを強化し，オリンピック・シンボルを権利として保持する法律的権利と，そのように考える必要性について明確に述べている。その第2条，（オリンピック・シンボル保護法）は，オリンピック・シンボルに関してつぎのように規定している。

① オリンピックの5つの輪，オリンピックの旗，オリンピック標語，オリンピック表象，IOCのオリンピック賛歌。IOCの利益を守るためにIOCのオリンピック財産を保護することに努めなければならない（IOC, 2004）。
② オリンピック，オリンピアド，オリンピック競技，その他省略語等の表現。
③ 中国オリンピック委員会の名称，エンブレム，シンボル。
④ 2008北京オリンピック大会・企画委員会の名称・エンブレム・シンボル。
⑤ 第29回オリンピックのための北京組織委員会の名称とエンブレムのような象徴と，マスコットと，29回オリンピック賛歌，およびスローガン。
⑥ 第29回オリンピックに関するその他のシンボルが，第29回2008年オリンピックの憲章のもと，受け入れ都市の契約のもとに設定される。

第3条は，第29回オリンピア大会について，オリンピックのシンボルの保持者は，IOCと中国オリンピック委員会，そしてオリンピック北京組織委員会に帰属すると規定している。4条では，ついで商業目的に関して，オリンピックの五輪のマークを合法的に使用することを許される者について規定している。権利をもち特権がある者以外は，何人もオリンピック・マークを商業目的に使用することができないのである（権利保持の公認）。これらの規則の目的としては，商業目的の使用とは，5条(3)で述べられているように，利潤を生み出す目的や広告の目的でオリンピック・シンボルを使うことを意味している。5条(6)では，オリンピック・シンボルの権利を所有している人とそれを実際に行使する人との間に，スポンサーないし他の支援関係があるかのように，人々に思わせる他の行為について規定している。

5. 中華人民共和国の知的財産権

　中国人民共和国で知的財産の保護を施行する難しさは，知的財産に関するヘッセの文献（Hesse's, 2002）にみることができる。すなわち知的財産が所有物であるという着想は，ヨーロッパの人の啓蒙思想で生まれたものである（2002）。知的財産権という考え方は，歴史的にみると中国文化にとっては外国の習慣の一部のように考えられやすいなど，いくつかの理由が提起されている（特にNippa, 2004, pp.70-74を参照）。まず，中国の儒学者の伝統では，個人主義的活動にみられるように新たに学んだり創造したりするよりも，むしろ他人がつくりあげた創造的仕事を移転することに焦点を当てると論じられてきている（Alford, Montgomery and Fitzgerald, 先祖人を愛せ, 2006, p.408）。儒教的考え方では，知的財産は，通常の財産と同様に，それが制限なく利用され分かち合うときに，社会へ最大限の利益をもたらすと考えられ，何ら矛盾せずに中国の伝統的な儒教の観念に入れ換えられるのである。

　その上，他人のものを直接にコピーすることは，彼または彼女の当然の権利を侵すという考え方より，作者への敬意の表れとみなされてきた。結果として，ほかの公認された作家やアーティストの作品の自由なコピーが，寛大に取り扱われるだけでなく，それが奨励されてきたのである（Alford, 1995）。

　第2の理由は，社会主義がこれらの考え方を支持していることである。中国の儒教の伝統は王朝の政治的・イデオロギー的目的によってまさに解釈されてきたとしても，1949年以降の共産党は，知的財産に関する中国の対応について（著者の創造からの利益に対する権利よりは物質的利益に対する社会的必要性を強調する），この伝統を根本的に無効にすることはなかった（Qu, 2002）。モンゴメリー（Montgomery, p.13）によれば，「多くの学術的著者は，……中国において著作権法が歴史的に存在していなかったことは，知的所有権に関する要件を意識する機会がほとんどなく，またそれを展開する機会がなかったことを意味する」ということである。1983年に法制化された中華人民共和国の商標法こそが，知的財産権に関する近代的法制度の体系的確立の初期を表すものであり（http://www.china.org.cn/e-white/intellctual/12-2.

htm;accd.1.November 2007），多くの著者たちの意見があったが，事態は変化しなかった。「公式的な複写権と裁判制度は，1990年代まで中国の知的財産権の環境では重要な要素とはならなかった（Montgomery, 2004, p.12）。知的財産権の概念の展開は，なおも技術の進展の背後に隠れる傾向があり，知的財産法は知的所有に関する指導にたいしても曖昧であったし（Wagman and Scofield, 1999, Maskus, 2000），説明されずにいた（Teece, 1986）。地方の保護主義は，時々，もしくは頻繁に，中央の法制化と法の強化する勢力を弱めてきたのである。

以上述べたことのほかに，知的財産保護を守るための裁判制度は，中国ではほんの20年前に設立されたのである。弁護士と判事は，経験を積み高度な専門知識を得るために多くの時間を必要としている。その結果としては，司法の判例は画一的となり解決のための議論の過程であまり成果を上げていない。クーはそれについてつぎのように要約し述べている（Qu, 2002）。

　　「裁判で著作権を扱うのに失敗した1つの理由として，著作権に対する考え方と，その申請に関する法律的専門家が不足しているからである」。

しかし，知的財産を取り扱った著作物を完全に理解するということが，司法分野で不足しているだけでなく，他の物からコピーをすることに対して悪いことをしていないと信じきっている会社や消費者がいるという日常的現実がある。モンゴメリーは，中国文化普及促進協会長のワン・シーの叙実を引用している（Wang Shi, 2004, p.12）

　　「中国では海賊行為は極めて一般的であるから，映画市場の状況をみればわかるように，中国でつくられた海賊版映画をみる消費者は，海賊版が映画製作に与える影響に対しては少しも考慮していないのです」。

知的所有の保護に対する教育面の方策なくして，中国では，それを侵害することが規則違反であることを認識させるのが困難である。たとえば，公式オリンピック・テレビ放送局CCTV5は，テレビ・コマーシャルでオリンピック五

輪マークを不法に使用した事実のなかで,公認スポンサーを保護することはそのTVチャンネルがオリンピックの活動を促進することに比べれば,その重要性は少ないと説明している。それにもかかわらず,知的財産保護を守ることへの関心は高まってきているといわれる。それは西側社会相手の貿易が盛んになるにつれて,中国はますます多くの問題に直面してくるからである。このことは,スポーツ・マーケティング権において特にいえる。

　しかし,知的財産（TRIPs）などに関わる通商協定などの文書にもられている義務を果たすために国内の法律や慣習を改善する際,中国の政策担当者は,過去に厳正な知的財産法をもっていなかったとしても,西欧ではこういった情報公開の原則が知的財産制度の重要な一面となっていることを,忘れてはならないということである（Montgomery and Fitzgerald, 2006, p.408）。

　オリンピック・シンボルマークを公に共有することが,オリンピック運動の利益になったと主張することはできる。このようなケースで,企業はオリンピック・シンボルを使用し,コストをかけずにオリンピックに関する事情について消費者を教育することができる。とくに,商業的利益の獲得の意図がない場合は,シンボルを無料で使用する（すでに部分に使用されているが）ことが認められるであろう。したがってもしオリンピック・シンボルの関係団体と価値は,商業的利益よりもむしろ文化財とみなされる場合には,知的財産保護法は必要がなくなる。

　しかし,オリンピック活動に必要な資金をスポンサーからの支援金で賄うためには,スポンサーを保護することが大変重要な問題である。中国は,スポーツ権における知的財産制度で,自らの学究的伝統と歴史的経験に組み入れることによって得るものは大きいかもしれないが,今やこのことが展開過程にあるのである。それゆえこの研究では,2004年アテネ・オリンピックの放送期間中にいろいろな企業が使用したコマーシャルについての調査に基づき,CCTV5（中国公営テレビネットワーク）のアンブッシュ・マーケティングの認識とその使用について詳しく検討することにする。

6. 研究方法

　中国政府によって保証されていたにもかかわらず，北京オリンピックに先駆けて，あるいはその大会期間中に，アンブッシュ・マーケティングに対する戦いが中国で成功しうるかについては，疑問が残っている。アンブッシュ・マーケティングを行う機会ないし技術は多種多様であって，クロムトンによると以下のように分類される（Crompton, 2004, p.2）。
　① イベント放送へのスポンサーシップ
　② イベント放送内での広告時間の購入
　③ 組織している団体より他の事業体へのスポンサーシップ
　④ イベント開催地に近いところでの広告空間の購入
　⑤ テーマについての広告とその意味の訴求
　⑥ 対抗するアトラクションの創造
　⑦ 偶然に起こるアンブッシュ・マーケティング

　この研究の実証部分は，2004年アテネ・オリンピックの会期中に中国テレビCCTV5に出てきたアンブッシュ・マーケティングに焦点を当てている。上記のクロンプトンの技術②を使用しているケースや，③か⑤と結合されるケースが，考慮されてきた。それぞれの広告については，著者が発展させた5つの分類リストを使用して分析している（図表8-2）。オリンピック招致に先立って，中国のアンブッシュ・マーケティングを考察する研究の目的に取り組むために，データは3つの情報源から収集された。
　① 2004年アテネ・オリンピック期間に中国で収録されたTVコマーシャル
　② 9つの外国の（中国以外の）TVコマーシャル
　③ 2004年のアテネ・オリンピック期間の中国における特有のスポンサー状況に関する定性的な資料（IOCマーケティング部長へのインタビュー，オリンピック憲章，中国オリンピックシンボル保護法）

　2004年8月26日と27日に，10カ国でテレビ放送16時間が録音された。各日，現地時間の午後2時から午後10時まで，テレビ放送権のあるチャンネルが録音された。そこに加わっていた国にはアルゼンチン，オーストラリア，ブ

図表8-2　オリンピック・アンブッシュ・マーケティングの分類

アンブッシュの分類	内容と例	クロムトによる分類の数
タイプ1：直接アンブッシュ・マーケティング；保護されているシンボルを使用する（中国オリンピック・シンボル保護法2条―オリンピック憲章14条）	五輪の環，OCOGのオリンピック記章あるいは各国オリンピック委員会の記章，賛歌，聖火，オリンピックの標語，オリンピック祝歌。マスコットや少しの訂正。	2と5
タイプ2：間接アンブッシュ・マーケティング	タイプ1に似ているが，オリンピックの試合やオリンピック・ムーブメント，賛歌や聖火，標語などに関してあるいは他のそれに関係するどんな物・者に対しても，より抽象的である。	2と5
タイプ3：間接アンブッシュ・マーケティング；IOC憲章14条の軽い違反行為	タイプ2に類似するも，オリンピックの試合に関するスポーツ・シンボルを使用する非常に抽象的なマーケティング（例：スタジアム，メダル，勝利の儀式）。	2と5
タイプ4：時間あるいは分類に関係する違反行為	過去のゲームだったか，次のゲームだったのかという時間の間違いや，成果やスポンサーのレベルが違っていたりするのに，スポンサーが権利を使い始めてしまうという。	2と3または2と5
タイプ5：人と祝辞	IOC役員会議で承認されてない，コマーシャルの中に出てくる，あるいは祝辞の中で出てくる競技者やコーチのそれ。	2と3

出所：筆者作成。

ラジル，中国，ドイツ，エストニア，フランス，オランダ，スイス，スペインであった。ちなみにユーロスポーツ（ヨーロッパ・スポーツ・チャンネル）の放送は，ドイツで録音された（そこで，コマーシャルはドイツ語だった）。時間帯は上記と同じ。

　この調査のために集められたデータは，2つの要素から成り立っていた。第1の要素は，中国のCCTV5（10分間のコマーシャル時間で扱った）40件のコマーシャルの分析で，そのコマーシャルは，2004年8月26日にオリンピック放送でみられたものだった。マインツのヨハネス・グーテンベルグ大学の中国語教授が，話したり書かれたりした中国語をドイツ語に訳した。つぎに，ジンライケ（Jinlaike）によるコマーシャルのチェックと英訳で，アメリカのミズ

リー大学出身の人類学の専門家によって行われている。その分析は，話された言葉と書かれた言葉，そして視覚と聴覚の要素の判定に重点をおいている。2004年は，COCの公認オリンピック・スポンサー（6パートナー，5TOPスポンサー，6スポンサー）とIOC・TOPスポンサー（10社）だけが，中国地域のコマーシャル権をもっていた。

　他の会社がオリンピックのスポンサーとして関わろうとしたり，オリンピック憲章に反対したりする場合には，アンブッシュ・マーケティングの可能性があるとみなされた。その会社をさらに詳しくインターネットで分析すると，オリンピック活動と関係があることが明らかになった。オリンピック活動と関わっているが公認スポンサーではないという場合には，排他的な規則であることを説明するために，IOCマーケティング部門に連絡が取られた。IOC実行委員会，IOCマーケティング委員会の適任者は，ケース・バイ・ケースで，保護されているシンボルの使用や，オリンピック選手のコマーシャル出演を認めることもあった。しかしIOCは，秘密事項ということで，すべての場合はっきりとした答えを出そうとしなかった。中国オリンピック委員会の事務局長に対する2つの要請は，回答がないままであった。誤解を避けるために，ここに挙げる経験から出た結果は正確な数値としてではなく，傾向として採用されるべきであろう。その結果は明確で重要な主張を示すものである。

　分析の第2の部分では，すべての国々と，録音された16時間の放送中のすべてのコマーシャル時間がその対象とされていた。選ばれた国々は，著者たちによる大規模な調査対象になっている。したがって発展と知的財産保護の観点からのデータ選択としては，中国が伝統的に儒教的性質をもっている国として扱われてはいない。この研究の目的は，単に量的な分析（頻度数）で検討している。

　単純にアンブッシュな広告の量（つまり頻度）だけを分析処理することがこの調査の目的とした。言語の壁と，データがあまりにも膨大な量（計176時間）の録音であったために，大雑把な視覚による判定だけしかできなかった。NOCとTOPスポンサー以外の会社が，オリンピック・シンボルマークや，明らかにオリンピックやギリシャを連想させるものを使った場合は，そのコマーシャルはアンブッシュ・マーケティングに分類された。この視覚的な分析のも

つ限界は，たぶんアンブッシュ・マーケティングをしようとしていた実際の件数を下回る数値を生みだしていると思われる。量的分析はバーゼル (2005) によって処理された。アンブッシュ・マーケティングを試みた件数を数えるために，調査員はそのコマーシャルの意味を解釈しなければならなかった。偏見はあるが，定性的調査の結果も重要で，特別に注意を払う必要があった。ここでは同一人物がすべてのコマーシャルの解釈を担当した。間違った解釈がありうるとしても，調査全体の結果には影響はない。なぜなら同じ間違いはどの国でも起こると思われるからである。

7. 結　果

まず中国公営テレビ放送 CCTV5 が 40 のコマーシャルの分析に着手した。いずれのタイプの違法もみつからなかった。そこで COC は，どの会社に対しても，法的処置をとることはできなかった。しかしタイプ 2-5 のアンブッシュ・マーケティングのいくつかが確認された。

図表 8-3　CCTV5 のテレビコマーシャル (40) の分類

アンブッシュの分類　/　スポンサーシップ	ケースの数
タイプ 1：直接アンブッシュ・マーケティング 　　　　中国オリンピック・シンボル保護法（条項. 2） 　　　　あるいは IOC 憲章 14 章などで保護されたシンボルを使用したもの	0
タイプ 2：間接アンブッシュ・マーケティング 　　　　IOC 憲章 14 章への強い違反	2
タイプ 3：間接アンブッシュ・マーケティング 　　　　IOC 憲章 14 章への軽い違反	9
タイプ 4：時間や範疇の中での違反	3
タイプ 5：人や祝辞 　　　　違反なし 　　　　TOP スポンサー 　　　　COC スポンサー（中国オリンピック委員会公認スポンサー）	3 19 2 4
計	44

2つのカテゴリーに違反する4つのコマーシャルがあったために（図表8-2），40の分析されたコマーシャルは，図表8-3の通り，計44例となった。全体の35％以上ものコマーシャルが，中国のオリンピック・シンボル保護法に違反していることが分かった。

このことは，中国の会社の得る莫大な利益が，オリンピックと関係していることを確証している。これは2つのケース・スタディを使うと，もっと深く調査されるであろう。2つのケースとは，スポーツ・シューズ関係とスポーツ・ウェア関係の会社である。北京のリー・ニン・スポーツ用品株式会社であった（http://www.li.ning.com.cn/for a comp　2007年12月10日アクセス）。

ケース1　アンタ（Anta）社

アンタ社はスポーツ製品を製造している。そして2004年は，COCのスポンサーでもTOPスポンサーでもなかった。しかしアンタ社はオリンピックと関係が深く，2000年のシドニーでは中国オリンピック選手団の服を提供し，また2001年までは北京オリンピックの入札キャンペーンのスポンサーであった。アンタ社は，1984年に設立され，中国最大の幅広い種類のスポーツ用品を提供している。そして自らを「中国スポーツ史上のパイオニアであり，中国のスポーツ活動の後援者である」といっている（http://www.acta.com.cn/eng//about/profile.htm　2007年12月10日アクセス）。そして保護されたシンボルに頼ることなくオリンピックのイメージを使用した会社の良い例となっている。ここで分析された15秒のコマーシャルには以下のものが入っている。

- 古代ギリシャの神殿——アテネ・オリンピック大会に直接結びつく。
- 聖火（このコマーシャルに6～7回登場）。これはオリンピック聖火に結びつくが，トーチ（松明）も聖火台も用いられてはいなかった。
- 著名な中国の卓球選手ワン・ハオは，2004年アテネ・オリンピックの銀メダリスト。彼はそのコマーシャルに何回か（6～7回）現れた。競技中，はっきり誰だか分かる彼の顔がみえる。また白黒の映像が彼の感情を表し，オリンピック標語「優秀への奮闘（Striving for Excellence）」につながっていく。彼は8月23日にオリンピック・メダルを獲得した。そして放送時間には確実にオリンピックとコマーシャルを関係させた。

- ギリシャの円盤投げ選手の彫像（ディスコボロス）――紀元前460年ごろにミュロン作の有名な彫像で，ギリシャ人の調和と均衡感の実例となっていて，直接アテネ・オリンピックと結合するものだった。
- 近代円盤投げ競技の選手，これは現実の高度な演技のスポーツへ連想を引きおこす。
- 聴覚の伴奏は，オリンピックのテーマ曲に似た輝かしい器楽曲である。ヴァンゲリス（Vangelis）は1984年のサラエボ冬期オリンピックのテーマ音楽を演出し，そのテーマ曲は，それ以降オリンピックの記録映像によく使用されている。

このような内容のために，このコマーシャルをタイプ2のアンブッシュ（図表8-3）として分類した。

ケース2　ジンライケ（Jinlake）社

ジンライケ・スポーツ用品会社は，スポーツ製品を製作・販売する専門個人会社である。分析された15秒のコマーシャルの特色は以下のようであった。
- 聖火とジンライケの社旗。これは直接にオリンピック競技との関連を呼び起こした。しかしオリンピックの聖火や聖火台，旗を使用しているわけではなかった。
- 導入部の音響は，大きなスタジアムの何千人という観衆が興奮して声援を送っているもので，2004年卓球の金メダリストのワン・ナンに向かって小さなグループのファンたちが，「ゴー，ゴー，ワン・ナン！ゴー，ゴー，ワン・ナン！ゴー，ゴー」とエールを送り続ける。最後に卓球のスマッシュが成功し，熱狂的な声援が起こる。このような声は，スポーツとスポーツ・イベントの関連性を証明している。
- 一番強烈な違反は，「あなた自身を信じなさい。ジンライケはアテネへの情熱に点火します」と，ナレーションがアテネに直接言及していることです。

こうした内容によって，このコマーシャルもアンブッシュのタイプ2に分類することができる。

両方のケースとも，2004年オリンピックのメダリストたちがコマーシャル

のなかで功労者として使われていた。さらにオリンピックの五輪がスポンサーではない会社のコマーシャルで掲げられていた。IOC 実行委員会からの優先的認可がない限り，2004 年オリンピックの銀メダリストであるワン・ハウと，2004 年オリンピック金メダリストのワン・ナンという功労者の名前の使用は，オリンピック憲章規則 41 条（内規 3）に違反している。さらにアンタ社やジンナイケ社が，オフィシャル・スポンサーでなかったので，そのような許可は下りる見込みはまずないのである。

　　「IOC 理事会の認可なしにオリンピックに参加するいかなる選手，コーチ，トレーナーや職員も，その身体，名前，写真，あるいは競技現場を，オリンピックの会期中に広告目的で使用することは認められない」(IOC, 2004)。

オリンピック選手によるメディア露出の制限は，規則 51（規則 3）によってさらに厳しくなっている。

　　「オリンピック執行役員会が認める以外に，オリンピック・ゲームに参加しているいかなる選手，コーチ，トレーナー，役員は，オリンピック期間中に，その人自身，名前，写真，スポーツ行為を広告目的として使用してはならない」。

違反があった場合 IOC は規則 53 条（内規 1 - 6）に従う。その条文は「どのような違反も，関係した者のオリンピック五輪への資格停止と認可書の没収とする」というものである。アンブッシュのこのタイプは，図表 8 - 2 のタイプ 5 に分類される。すべてのテレビ・コマーシャルの映像に関して，誰がオリンピックのスポンサーかということについて混乱が起きた。CCTV5 は，チャンネルのロゴとオリンピックの五輪とを結合させ，コマーシャルの全時間にスクリーンの左上のコーナーに出したのである。これについては，オリンピック憲章規則 7 - 14（内規 2 - 3）に，つぎのように規定されている。

「IOCは独占的な自由裁量で，オリンピックの放送をする会社に，オリンピック放送の振興を図るためオリンピック・シンボルの使用権や，エンブレム（IOCやOCOG所有の他のオリンピックの財産など）の使用権を与えることができる」（IOC, 2004）。

このことは，スポンサーでない会社はコマーシャルの時間にオリンピック五輪を使用してはいけないということであり，IOCマーケットコミュニケーション・マネージャー，ベンジャミン・シーレイ（Benjamin Seeley）が以下のように確認している。

「コマーシャル時間に，オリンピック標語や合成したオリンピック標語を使う権利は認められていない。放送でマークを使用する場合は，オリンピック放送と直接に関わるか，あるいはオリンピック報道の販促との関わりで使用されるべきである」（2007年8月27日付資料）。

IOCは，オリンピック憲章の規則に従わない認可テレビ局を直ちに遮断する権限をもつにもかかわらず，CCTV5をオリンピック放送範囲から突然に変更することはしなかった。たぶん10億人以上とみられるテレビ視聴者を遮断するという影響こそが，そのような行動を思い留まらせたのであろう。CCTV5が自分の違反行為を知っていたかどうか，あるいはIOCがCCTV5の違反に気づいていたかどうかは，未だにはっきりしていない。

他の国と比較して，中国がアンブッシュ・マーケティングをしがちであることは明確となった。その理由はすでに考察された。この比較からは，その他の国にも，アンブッシュ・マーケティングが存在することを示すことになった。中国と似ている国のテレビ録音については，今回の研究では，すぐに入手することができなかった。

図表8－4に示されている分析は，コマーシャルの視覚的な解釈を基にしている。ここでは各国間にみる違反の比率だけを重要視している。この分析で，中国のマーケットは，アンブッシュの機会を得ようとしている会社にとって豊かな大地を提供しているという，暗黙の懸念を明らかにさせた。しかしオリン

220　第Ⅱ部　アジアのメガスポーツ・イベント

図表8-4　10カ国のテレビ放送16時間の内のスポンサーとアンブッシュ・コマーシャル

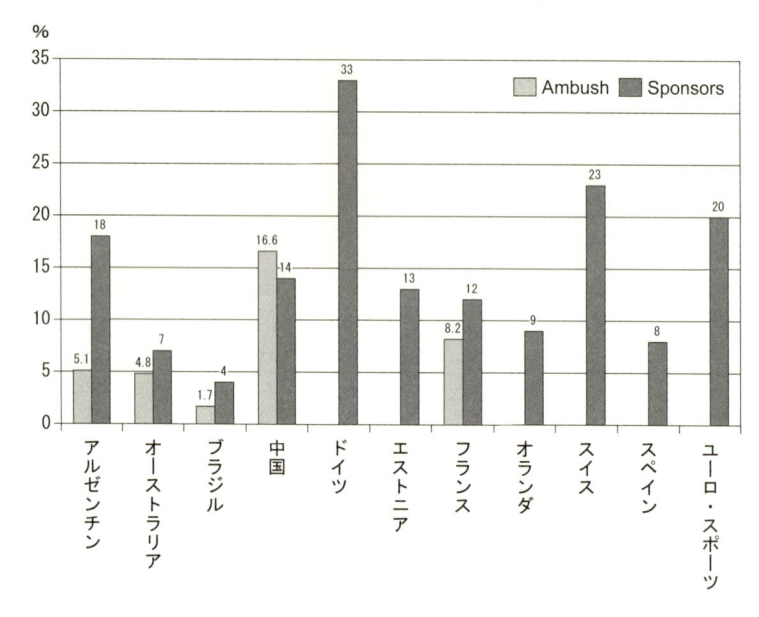

国	Ambush	Sponsors
アルゼンチン	5.1	18
オーストラリア	4.8	7
ブラジル	1.7	4
中国	16.6	14
ドイツ		33
エストニア		13
フランス	8.2	12
オランダ		9
スイス		23
スペイン		8
ユーロ・スポーツ		20

出所：Berzel（2005）．

ピック・スポンサーと関係する利益は，公衆が注目しているかどうかとは無関係であることを認めなければならない。

　40場面（35％がアンブッシュに該当している）の詳しい分析を比較すると，図表8-4にみる16.6％のアンブッシュは，むしろ控え目な結果になる。その理由としては，いくつかのケースはアンブッシュがナレーションによる言葉だけで表わされている。他のケースではタイプ3のアンブッシュ・マーケティングであり，この研究では検討されていない（図表8-2）。

8. おわりに

　西側諸国と他の発展国に比較して，中国はいくつかの理由でアンブッシュ・マーケティングをし易い国とみられている。この論文を通じて，我々はその理由は1つではなく混合したものであることを示した。

こうした状況から説明できることは，中国と同じような国に，このような現象を適用できるかどうかは，さらなる調査で検討すべきであろう。これまでの考察から，以下の点に要約できる。
① 中国の「真似る」傾向については，儒教の伝統がベースになっている。
② 中国の人々は共産主義のなかで社会改造され，特に万物は万人の物であるという考え方に固執している。
③ スポーツ組織の知的財産権が保護されるべき競争市場経済において，スポーツ・スポンサー権が存在することに理解度が少ない。
④ スポンサーになっていない会社のマネージャーと消費者の両方に対する教育には限界がある。これは，ある程度低いレベルの「教育と恥の文化」といった意識的戦略が基盤にある。
⑤ 解釈を必要とする法律分野で，司法権が特に貧弱である。

オリンピック・ブランドを保護しオリンピック・スポンサーの価値を上げるために，IOC は積極的に中国のオリンピック・シンボル保護法の尊守を保証すべきでであろう。アンブッシュ・マーケティングを野放しにしたままでは，スポーツの基本歳入のベースが蝕まれてしまうからである。

2008年北京オリンピック組織委員会は，さまざまな機会に，知的財産保護の重要性を基本目標として強調してきた。ⅰ）北京は2001年の招致都市に選ばれ，ⅱ）そしてオリンピック・シンボル保護法は，2002年と同様に施行されているが，この論文の実証的結果は，この意欲的目標の成功に関しては疑問があることを示している

オリンピックのスポンサーの未来は，オリンピックの輝きとスポンサーの独占権を守るためのオリンピック活動の手腕にかかっている。さらに，オリンピックのスポンサーの価値とスポンサーの数をはっきりと調整して，オリンピック・ブランドを強化していかなければならない。長期の方向づけとして，IOC はアンブッシュ・マーケティングに対して彼らのスポンサー協力者を実質的に守らなければならない（Florin and Carlin, 1995）。しかし，こうした問題の解決は挑戦段階である。というのは法的手段が，図表8-2のカテゴリー2, 4, 5 に分類されているものだけに適応されるからである。

世界が中国を注目しているのは，ビジネスの立場からは，オリンピックは中

国に経済面，貿易面の関係をさらに発展させる機会を与えているからである。今後の調査研究によって，中国におけるアンブッシュ・マーケティングに対する戦いが成功するか否かが分かれることになるであろう。

注
1) トーマス・アーノルド（Thomas Arnold：ドイツ・オリンピック委員会財政課課理事）の私的インタビュー，2007年12月14日．
2) Dr. アンドレ・ギダー教授（Andreas Guder：マインツ大学 GER）と，Dr. スーザン・ブラウネル（Susan Brownell：ミズリー大学）の解説に対して感謝する．

学習課題
1. アンブッシュ・マーケティングの意味を説明しなさい．
2. 中国では，なぜアンブッシュ・マーケティングが多くみられるのでしょうか？
3. 各国の世論調査では，アンブッシュ・マーケティングは，ある程度認められても良いという意見がありますが，あなたどのように考えますか？
4. イベント組織者の立場から，どのようにすればアンブッシュ・マーケティングを阻止できますか？

第9章

北京オリンピック・スポンサー企業の
ブランド訴求
——スポンサー企業の広告パターンの比較研究——

ステン・ゾェダーマン
ハラルド・ドレス
訳：孫　榮振（ソンヨンジン）

要　　約

　本研究の目的は，2008年北京オリンピック開催以前において国際的なオリンピック・スポンサーシップを動かした中核的動力を把握し，それを記述するところにある。

　デザイン，方法，アプローチとして，「手段－目的モデル」を適用する。スポンサーシップをブランド価値および戦略目標と結びつけて発揮される方策を「結合ブランディング（co-branding）」とする。この「結合ブランディング」，「売上高」，「新しい顧客」という3つの因数を手段因数として使用した。目的因数は「製品」，「企業」，「地域」の3次元に区分された。分析は2001年から2007年までの中国の新聞と公式ウェブサイトに出てきた492の広告，記事，マスコミの報道を対象にした。

　発見された事実としては，オリンピック競技までの残余時間（日数）によって，異なったスポンサー広告戦略パターンの原因になる7つの「手段－目的」の組み合わせが抽出された。初期段階におけるスポンサーは，主に「結合ブランディング・マーケティング」に焦点を合わせた。第2段階において，グローバルなオリンピック・スポンサーは，「結合ブランディング」を企業イメージと結びつけており，中国現地ブランドは，「製品イメージ」，「企業イメージ」

と,「新しい顧客」に結びつけている。第3段階においては, グローバルなオリンピック・スポンサーは, 現地市場と現地顧客にさらに焦点を合わせた。中国ブランドは, 売上と製品に基盤を置いた活性化戦略を維持する傾向がみられた。しかし, 少数の現地スポンサーは, スポンサーシップ投資を国際的イメージの「てこ」として活用していた。

本研究の限界は, データ収集が2006年と2007年3月までに限定されたことである。また, 北京と上海大学図書館に所蔵されている刊行物だけが対象とされた。巨大な中国メディア市場を考慮すると, 研究に使われたデータは広告全体量の一部のサンプルであるといわざるをえない。さらに, データ・サンプルには, スポンサーが広告戦略として活用したTV, ラジオなどのマーケティング・チャネルが含まれていないことである。

本研究の創造性ないし貢献は, オリンピック・スポンサー広告の現状と新興市場におけるスポンサーシップに関する新しい理解を提供したことである。また, 企業の国際化レベルにより互いに違う戦略目標とスポンサーシップとに連関があることを明らかにしたことである。

1. はじめに

オリンピックを開催するには, 企業によってもたらされる技術, 専門性, 人, サービス, 製品, 通信, そして財政など, 企業支援なしには不可能であった。このことは今後もそうであろう。アスリートたちも企業支援なしでは競技に出場することも最高記録を出すことも不可能である (IOC, 2008)。オリンピックは, 4年ごとに, 2週間をかけ全世界から関心を引きよせ, メディアの焦点となる。オリンピックという超大型イベントは, スポーツの大会であり, 一方では全世界200カ国の数十億の視聴者を対象にする国際マーケティング・イベントでもある (IOC, 2008)。大型スポーツ・イベントの売上高は巨額で大きい。国際オリンピック委員会 (IOC) は, 2004年までの4度のオリンピックの総売上げを約20億ユーロと推定した (Preuss, 2004)。オリンピックというブランドについて最近多くの学者が研究を進めている (Davies, 2008 ; Dolles and Söderman, 2008 ; Giannoulakis et al., 2008 ; Preuss et al., 2008)。

ディビス（C.Davies, 2008）らは，オリンピック・ブランドについて，多様な製品と非製品の属性で構成された雑多なもの（clutter）であると定義した。オリンピック競技，オリンピックおよび障害者オリンピックに関連した公式名称，語句，商標，ロゴ，デザインなど（以下，「ゲーム・マーク」と呼ぶ）はさまざまな法的保護を受けている。

オリンピック・スポンサーには，必要な売上のために，オリンピック競技，オリンピックおよび障害者オリンピックに対する独占的な関与が認められ，マーケティングの目的で「ゲーム・マーク」を使う独占的権利も付与される。ヤン（Yang et al., 2008）は，たとえスポーツ・スポンサーシップがグローバル市場の主要産業から生まれたとしても（IEG, 2004），中華人民共和国（以下「中国」）も例外ではないと指摘した。しかし中国の文化と経済環境のもとでスポーツ・スポンサーシップがどのように作動するのかについての研究はまだ存在しない（たとえば，Geng et al., 2002 ; Söderman and Dolles, 2008）。彼らは，さらに中国独特の歴史と文化を考えた場合，中国はスポーツ・スポンサーシップに関してもかなり違った市場を提供するであろうと指摘する。中国におけるスポーツ・スポンサーシップは「ブランド価値だけでなく，『関係』，ネットワーク，同盟関係をつくる」のに貢献する。「関係ということは中国ビジネスにおいて当然のことながら最も重要な要素である」（Yang et al., 2008, p.64）。したがって，中国のスポーツ・スポンサーシップの特殊性に関する研究と，中国におけるスポーツ・スポンサーシップに投資しようとする多くの企業に，その内容と特徴を提示する必要性がますます増加しているといえよう。

BBCモニタリング・メディア（2006）によれば，中国は米国と日本に次ぐ世界3大の広告市場である。2005年における総広告費用は305億米ドルで，オリンピック後には大きな成長が予想される。中国市場に参入した外国の企業も広告に熱心であるが，中国の現地企業も広告市場において大きな比重を占めている。実際，中国の広告主トップ10は，すべて中国ブランドにより占められている（Kahn, 2003）。タイ（Tai, 2007）は，国際的なブランドが中国本土の消費者に接近する場合は広告コンセプトに注意すべきであると主張した。我々が中国マーケティング・リサーチに取り組んだ理由もここにある。

我々の研究における論理的根拠は，多様な市場細分化において，同じメッ

セージとポジショニングをもつグローバル・ブランドを創造することに関する諸研究から探すことができる（Hill and James, 1990 ; Meffert and Althans, 1986 ; Rutigliano, 1986）。サミイ（Samiee et al., 2005）が言及したように，マーケティング学者は，ブランドの創造に核心的な役割をもつ標準化されたグローバル・マーケティング戦略と国際マーケティング・プログラムなどに大きな関心を寄せてきた（たとえば，Jain, 1989）。この文脈において，ブランドに関する知識とは，消費者が記憶するブランドの個人的な意味であり，ブランドに関連するさまざまな説明および評価などのブランド情報も包含するものである（Keller, 2003）。すなわち，ブランド知識は，単にブランドの認知だけでなく，マーケティングにおいてブランドに連結させる肯定的な地域イメージ（この研究においては中国の北京），さらに，スポーツ・イメージ（オリンピックとスポーツ）というブランド属性までも包含する。

したがってこの研究の目的は，第1に，北京オリンピックにおけるスポーツ・スポンサーシップを中国と国際市場においてのブランド認知度を創造する戦略的投資として論じ，第2に，スポンサー広告をスポンサーシップの「手段－目的」モデルで分析し，第3に，広告戦略のパターンを分析することである。

この研究の学術的寄与は，スポンサー環境においてのブランド価値に関する新しい視点を提供することである。ファヒー（Fahy et al., 2004）は，競争優位における2つのレベルに焦点を合わせた。1つはスポンサーシップであり，もう1つは製品市場である。特定のスポンサーシップが競争企業より優れても，消費者に価値を提供できる能力がない限り製品市場で優位性を獲得することは難しい（Barney, 1991）。コストを多くかけながらもスポンサーシップ効果の測定にはまだ足りない部分が多い。スポンサーになろうとする組織に何が達成できるか，そして実際，スポンサーになったことによってどのような効果があったのかが分析できるのであれば，オリンピックの主催国はスポンサーに魅力のある提案ができる。さらに，スポンサーシップ契約による売上も持続的に増加するであろう。

2. 先行研究の考察

(1) スポンサー関連マーケティング

これまでの30年間，マーケティング・コミュニケーションの分野では静かではあるが大きな変化を経験した。コーンウェル（Cornwell, 2008），ルストとオリバー（Rust and Oliver, 1994）は，最近の技術発展とメディアの多様化のために「伝統的」な広告方法はいずれ衰退するだろうと予言した。こういう非伝統的プロモーション方法をリードしているのがスポンサーシップ連係マーケティングである。さまざまな定義がなされているが，コーンウェル（Cornwell, 1995）はスポンサーシップ連係マーケティングを「マーケティング活動とスポンサーシップの間に関係性をつくりだし，コミュニケーションが円滑に実施されるようにマーケティングを施行し調整すること」と定義した（Cornwell, 1995, p.15）。この定義には，企業スポンサーシップ活動の大部分，特にスポーツ・スポンサーシップ活動の究極的な目的のほぼすべてが含まれている。この文脈からすると，広告とスポンサーシップにおける確実な差異を，より厳密にしなければならない。スポンサーシップとは，未来の価値に対してあらかじめ費用を支払うことであり，広告は，目にみえるそれによってもたらされる価値とコミュニケーションのために費用を支出することである。また，スポンサーシップは，スポンサーシップ料とそのほかの費用を支払うことになるが，広告はそれ自体が最も価値ある有効な手段になる。

さらに，スポンサーシップにおいては，スポンサーは通常長期的な観点をもっている（Crompton, 2004）。このため，スポンサーになることの顧客への認知度やイメージは，通常，将来の売上に対してより良い環境をつくるための手段になる。一時期，商業スポンサーシップにおいて重要なこととしてみなされてきたメディアがそれをどのくらい報道してくれるかということは，もはやその重要性が非常に少なくなっているといわれている（Pope, 1998）。実際的には，メディアの報道程度は，消費者のブランドに対する態度や行動に影響力がないと明らかにされてきたからである。

(2) スポンサーシップとブランド

　コンセプトとしてのブランドは，さまざまな定義がなされているが，そのほとんどは伝統的な観点に基づいているものである。つぎの2つの例がそれである。コトラーとケラー（Kotler and Keller, 2006）とリツェボ（Rizebos, 2003）は，ブランドとは，製品またはサービスと企業の関連性を暗示する1つの象徴であると定義している。このような比較的狭義の定義に加え，我々はチャナトニーとマックドナルド（Chernatony and McDonald, 1998）の定義を適用した。彼らは「成功的なブランドとは，認知可能な製品，サービス，人，場所であり，購買者や使用者のニーズを最もよく満足させる付加価値を多くするものである。ブランドの成功は，このような付加価値を競争の状態のなかで維持できるときに，得られるものである」と定義した（Chernatony and McDonald, 1998, p.20）。スポンサーシップは「通常，スポーツ，娯楽，非営利イベントないし非営利組織という対象に，スポンサーシップを商業的に利用することによる潜在的条件の対価として支払われる現金または現物」として定義される（International Events Group, 2000, p.1）。スポンサーになることは，グローバルな関心を引くため「芸術やスポーツ・イベントは企業に対する好意的な評判を勝ち取るのに最も優れた手段としてますます人気を博している」（Meenaghan, 1991, p.36）。したがってスポンサー行為は，さまざまな環境において成り立つ。個人のスポーツ選手がスポンサー企業と協力することもあり，組織のレベルとしてはスポーツ・チームとスポンサー企業間においての協力や提携もある。これまで，スポンサーシップを上手に活用することに関する学術的研究は，主にスポンサーとイベントの間におけるマッチングまたは，調和，適合性（fit），関連性，そして類似性などに焦点を合わせてきた（Cornwell et al., 2005）。しかしスポーツのなかにおける協力やブランド要件を扱った戦略的な研究は少なかった。その理由はさまざまであろう。そのような研究を推進するに値した資料や能力がなかったことも1つの理由であるが，より根本的な理由は，基本的に，スポーツの（価値）が企業が追求する商業的価値とは違っているためである。すなわち，スポーツが志向するものと商業的な企業が志向するものが違うためである。こういう傾向は，おおよそのスポーツにおいては一般的であるが，一方では「戦略的」に行動する分野も存在して

いるのである（Fyrberg and Söderman, 2007）。

　スポーツ，芸術，慈善イベントなどにおいて，スポンサーシップがマーケティング活動に関係することを，これ以上長く説明したり正当化理論を展開したりする必要もない。しかし，今までスポーツ連係マーケティングが経営理論または経営研究に統合してきた過程については説明する必要がある。さらに，現存するか未来に展開するだろうと思われる「ロール・スポンサーシップ（role sponsorship）」と，その他の間接マーケティング・コミュニケーションに対する我々の考え方を確立しなおす必要もある。これまで我々は，スポンサーシップ，プロダクト・プレイスメント（テレビの作品の放映の外ではなく劇中の人物に広告すべき商品を持たせるなどの広告方法，インターネットでの広告ゲーム（advergame）など新しい方法を，広告と娯楽が1つになった特殊な興味のある領域として考える程度であった。しかし，このような方法をさらに総合的に考え，コミュニケーションの新しい時代を開く「間接マーケティング」と把握しなければならない時期になったのである。スポンサーシップに対しては，多くの観点が存在しうる。本研究においてはマーケティングとコミュニケーションにおいて広告とスポンサーシップをマッチングさせ効果を得ようとする企業の視点を考慮した。

(3) ブランドとマーケティング・コミュニケーション

　多くのマーケティング・コミュニケーションの学説は，基本的に情報処理に対する心理学にその基礎を置いている。人々の心のなかにどのようなことが起きているのかを分析するにあたって，鍵となるのは関連ネットワーク（associative network, Anderson and Bower, 1973）と広がる活動領域（spreading activation, Collins and Loftus, 1975）の2つである。もし，広告研究においてスポンサーシップを広告の1つの領域として把握するのであれば，スポンサーシップの意思決定もやはり広告マネジメント領域の1つとしてみなさなければならない。しかしまだそうはなっていないのが現状である。これまでの広告研究における主な論点は，広告代理店と顧客との関係（たとえば，Gould et al., 1999年）または，広告の露出を購入するといった取引的なことであった。多くの顧客にとって広告代理店だけがメディアに接近できる窓口であった

のである。これとは対照的に，スポンサーシップ連係マーケティングは，さまざまな形態が存在し，多くの仲介者を含んでいる。企業とスポンサーの対象（property）間における直接的間接的な連帯を含め（Farrelly and Quester, 2005），スポンサー行為は通常関係に基礎を置いて成り立つのである。

　スポンサーシップ情報がどのようにつくられ，またどのように活用できるかについては，露出の方法だけでなく露出対象の性格によって変わる。先行研究では，1人の人間があるスポーツについてもっている知識が，スポーツ・イベントとスポンサーの組み合わせの成功に影響を及ぼすと指摘している（Roy and Cornwell, 2004）。しかしこの先行研究は単にイベントに対する知識だけを言及している。人の記憶のなかにある他の情報の役割は何であろうか。そしてその情報は新しいスポンサーシップ関係にどのような影響を与えるであろうか。

　ブランドや企業の名前を，イベントまたは活動とマッチングさせることは，心理学研究における「組み合せ学習タスク（paired-associate learning task）」に似ている。組み合せ学習パラダイムでは，学習中に2つの単語を与え，一定の時間が経過した後にそのなかの1つの単語を与え，もう1つの単語を連想させる。前の記憶というものが連想記憶を思い起こすのにどれくらい役に立つのかについては多くの先行研究で詳しく説明されている。本研究はアンダーソンとバウワー（Anderson and Bower, 1973）の連想ネットワーク理論を基礎にしている。つまり，1つの語句が他の語句との関係性を理解することに焦点を合わせ，これら2つの語句の関係が，記憶に影響を及ぼすというものである。この理論では，人々は「手がかりとなる単語（cue）」と手がかりとなる単語からの「連想される語句」が作動するという確実な証拠をもつようになるのである（Nelson and McEvoy, 2002）。たとえば，このことは，オリンピックのゲームと5つの円との関係にあてはまる。ネルソン（Nelson et al., 1997）の研究によれば，スポンサーシップと同じように，「手がかりとなる単語」と「標的とする語句」の間に関係が存在する連想経路では「仲介概念（または単語）」を与えることが最も重要である。これは，マーケティング・マネジャーが単に個人がもっている記憶ネットワークだけに頼ろうとせずに，スポンサーとイベントの間に存在する関係を立証できるある着想的な発想を提供しなければならないという意味になる。

3. 分析枠組み

(1) 3つの手段要素（means factors）

① 「結合ブランディング（Co-branding）」——スポンサーの「会社名」と「オリンピック」のような有名な競技といった，2つ以上のブランドが相互利益を得るため，同等な条件で提携することが結合ブランディングである。結合ブランディングは，ブランド提携（brand alliance [Blackett and Boad, 1999 ; Rao and Rueckert, 1994]），ジョイント・ブランド（joint branding [Simonin and Ruth, 1998]），2重ブランド（double branding [Hillyer and Tikoo, 1995]）ブランド結合（brand bundling, [Farquhar et al., 1992]）とも呼ばれる。結合ブランディングは無形資産としてのブランド支援戦略として利益を創出する方法でもある（Filipsson, 2008 ; James, 2006）。これらの因子は，ブランド構築とブランド・マネジメントが，経営陣が重視しなければならない戦略領域を構成していることを反映している（Chernatony and McDonald, 1998 ; Melin, 1999 ; Ruttenberg et al., 1995）。

② 「売上高要素（revenue factor）」——ブランド連関（association）とは，企業や企業ブランドに関連するさまざまなものをいう。連関とは，消費者の心と特定のブランドが直接・間接的に連結されていることを意味する。アーカー（Aaker, 1996），コーンウェルとコート（Cornwell and Coote, 2005）は，連係が企業のために価値を創造すると主張した。消費者が，ブランドに関連する情報を理解することで他のブランドと区別し，自社の商品を購入するようになり，当該企業の売上を増やすということである。

③ 「新しい顧客」——スポンサーシップは，新しい顧客の心のなかに企業ブランドを植えつけ，ビジネスや製品に対する認知度を形成する。ブランド・コミュニティの中心に位置する人々を「活動的な支持者（active loyalists）」と呼び，献身的かつ誠実で，熱情的な使用者ということができる（O'Guinn and Muniz, 2001）。

(2) 3つの目的要素

スポンサーシップ効果の分析は，以下の3つのイメージ形成と関連する。

① 製品イメージ——過去におけるブランド契約は，「1つのブランド＝1つの製品＝1つの契約」であったが，今は「1つのブランド＝1つの契約＝製品群」に変わった（Kapferer, 1992）。したがって，企業は新製品の発売においても既存ブランドを使う（Filipsson, 2008）。本研究における「広告の焦点は製品か」「どんな製品連係が広告に使われているのか」のところでこの問題を詳しく説明する。

② 企業イメージ——ブランディング（ブランドづくり）は，レノボ（Lenovo）のように，多くの企業広告に適用されている（Chao et al., 2003 ; Doebele, 2002）。(Hollensen, 2007）によれば，人々の見る広告は企業の市場参入に焦点を合わせている。人々は，企業イメージがブランド価値を高めてくれると信じている。

③ 地域イメージ（region image）——ブランディングは地域にも適用される（Kotler et al., 1999 ; Kotler and Gernter, 2002 ; Rowe and McGuirk, 1999）。この地域イメージを高めるブランディングは，「海外のターゲット消費者がブランドに対して肯定的な態度をもつよう，企業ブランド価値を開発する過程（Bennett, 1995）」として定義されるが，この「ブラ

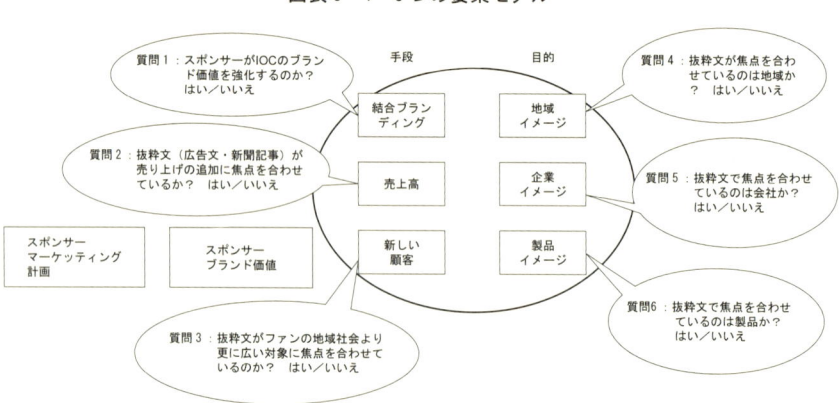

図表 9-1 6つの要素モデル

出所：筆者たちにより作成（以下同じ）。

ンド国際化」に対する関心はますます大きくなっている（Vallaster and de Chernatony, 2005）。我々は中国における広告がブランド価値を作るだけでなく，関係，ネットワーク，提携にまで役に立つと考えている（図表9-1を参照）。

(3) 分析デザイン
1) オリンピック・スポンサー
北京オリンピックのスポンサーシップには5つのレベルがある。
ⅰ) オリンピック・パートナー（TOPプログラム）（12スポンサー）

1985年にできたIOCが管理するトップ・オリンピック・パートナー（TOP[Top Olympic Partners]）プログラムは，夏季と冬季オリンピック・マークを全世界で独占的に使用できる唯一のスポンサーシップである。グローバル・マーケティングの権利には，IOC，各国のオリンピック委員会（NOC），国のオリンピック・チーム，2つのオリンピック組織委員会（OCOGs），4年ごとに開かれるオリンピック競技が含まれる。2008年の北京オリンピックの最高オリンピック・パートナー（TOP）は，コカコーラ（Coca-Cola），アトス・オリジン（Atos Origin），GE（General Electric），ジョンソン・エンド・ジョンソン（Johnson & Johnson），コダック（Kodak），レノボ（Lenovo），マニュライフ（Manulife），マクドナルド（McDonalds），オメガ（Omega），パナソニック（Panasonic），サムスン（Samsung），ビザ（Visa）である。グローバルな最高オリンピック・パートナーに加え，国内では，国内スポンサーシップ・プログラムとしてオリンピック・マークが提供される。スポンサー，供給者，提供者などを含む国内オリンピック・スポンサーシップ・プログラムは，それぞれのオリンピック組織委員会（OCOG）がIOCの指示を受けて管理をする。

国内スポンサーシップ・プログラムは，主にオリンピックの準備段階においてOCOGの特定の必要性を充足するために使われる。国内スポンサーは主催国の国内オリンピック委員会（NOC）とオリンピック・チームも支援する（IOC, 2008）。北京オリンピックでは以下の企業が「北京オリンピック組織委員会（BOCOG）」により4つのスポンサーシップ・レベルとしてそれぞれ選ばれた。

ii) 北京 2008 パートナー（11 の企業）

中国銀行（Bank of China），中国網通集団（CNC），中国石油化工集団公司（Sinopec），中国石油天然気集団公司（CNPC），中国移動通信集団公司（China Mobile），フォルクスワーゲン（VW），アディダス（Adidas），ジョンソン・エンド・ジョンソン（Johnson & Johnson），中国国際航空公司（Air China），中国人民財産保険公司（PICC），国家電網公司（State Grid）。

iii) 北京 2008 スポンサー（10 の企業）

ユナイテッドパーセルサービス（UPS），海爾集団（Haier），バドワイザー（Budweiser），搜狐（Sohu.com），伊利集団（YiLi），青島啤酒股份有限公司）（Tsingtao），燕京啤酒股份有限公司（Yanjing Beer），BHP ビリトン（Bhpbilliton），恒源祥公司（HéngYuánXiáng），統一企業投資有限公司（TongYi）。

iv) 北京 2008 独占サプライヤー（15 の企業）

長城葡萄酒有限公司（Great Wall），金竜魚（Kerry Oil & Grains），北京歌華特瑪捷票務有限公司（Beijing Gehua Ticketmaster Ticketing），浙江夢娜針織袜業有限公司（MengNa），ベイファ（BEIFA），フアディ（HuaDi），ヤドゥ（YADU），スニッカーズ（Snickers），北京千喜鶴食品有限公司（Qinxihe），シニアン（Sinian），テクノジム（TechnoGym），皇朝家私集団有限公司（Royal），ステイプルズ（Staples），アグレコ（Aggreko），シェンカー（Schenker）。

v) 北京 2008 共同独占サプライヤー）（17 の企業）

泰山スポーツ（Taishan），サングロ（Sunglo），EF，愛国者理想飛揚教育科技有限公司（Aifly），水晶石数字科技有限公司（Crystal CG），北京元培世紀翻訳公司（Yuanpei Translation），デル・フロアー（Der Floor），奥康集団有限公司（Aokang），広州立白企業集団有限公司（Liby），プライスウォーターハウス・クーパーズ（PricewaterhouseCoopers），ダイユン（Dayun），キャップインフォ（Capinfo），ユニパック（Unipack），マイクロソフト中国法人（Microsoft（China）），コクヨ（Kokuyo），新奥特珪谷視頻技術有限責任公司（Newauto），モンド（Mondo）。

2) サンプルとデータの収集

最初のデータ群は，200個の抜粋広告文からなっている。新聞記事，メディア向けの公式発表，広告など120個とオリンピック競技およびスポンサー活動に対する中国ウェブページのクリッピング80個である。データは中国で2006年6月と7月に収集した。120個のクリッピングは2008北京オリンピックと北京オリンピック活動と関連した記事や広告を中国新聞と雑誌を検索して抽出した。広告は報道機関のデータベースからは検索できないため，本研究においては報道機関のデータベースは使用できなかった。したがってデータ収集は北京所在中国国家図書館と北京CASS大学院図書館にある中国新聞と雑誌に限定された。北京所在中国国家図書館は中国から出るすべての新聞と雑誌を所蔵している。本章の最後に2006年と2007年に我々が検索した新聞や雑誌の目録を

図表9-2 2006年と2007年におけるスポンサー数の変化

No.	名称	2006年のスポンサー数	2007年のスポンサー数	追加されたスポンサー
1	ワールドワイド・オリンピック・パートナー	11	12	ジョンソン・エンド・ジョンソン
2	北京2008パートナー	11	11	
3	北京2008スポンサー	9	10	統一企業投資有限公司
4	北京2008独占サプライヤー	5	15	長城葡萄酒有限公司, 金竜魚, 北京歌華特瑪捷票務有限公司, シニアン, テクノジム, 皇朝家私集団有限公司, ステイプルズ, アグレコ, シェンカー
5	北京2008共同独占サプライヤー	0	17	泰山スポーツ, サングロ, EF, 愛国者理想飛揚教育科技有限公司, 水晶石数字科技有限公司, 北京元培世紀翻訳公司, デル・フロアー, 奥康集団有限公司, 広州立白企業集団有限公司, プライスウォーターハウスクーパーズ, ダイユン, キャップインフォ, ユニパック, マイクロソフト中国法人, コクヨ, 新奥特珪谷視頻技術有限責任公司, モンド
6	合計	16	65	29
7	実際のスポンサー数	26	45	

添付した[1]。広告は2006年1月1日から7月10日まで収集し，クリッピングは北京オリンピックの開催が決定された2001年から収集した。

2つ目のデータ群は，292個の抜粋文と広告クリッピングで，2007年8月と9月の新聞と雑誌で収集したものである。データ収集方法は2006年のものと同じである。クリッピング内容はスポンサー企業のオリンピック関連広告と企業活動であり，ほとんど2006年におけるデータ収集に使用した新聞と雑誌からのものである。しかし，データ収集は上海市立図書館と上海大学図書館がもっている刊行物に限定された。2006年のサンプルは36社のスポンサーであったが，2007年には65社にスポンサーが増えた。BOCOGがスポンサーを追加したためである（図表9-2を参照）

3) 分析方法，そして制約事項

定性的な内容分析を通じて，広告をスポンサー行為の手段－目的モデルと連係し，質問と組み合わせた。定性的データから抽出した結果をコード化するというクルーズウェル（Creswell's, 2003）の提案に従いデータ分析をした。本研究では総492個の抜粋広告文が手段－目的モデルに関係づけられた。クリッピングとウェブページ内容分析は，本章の著者たちによって行われ，現地専門家（西洋のビジネスに経験がある中国人マーケティング・マネージャー）たちと補完的な討議を行い文化的な偏見をなくそうと試みた。研究結果を評価するために北京オリンピック委員会（BOCOG）およびスポンサー企業のウェブサ

図表9-3　それぞれのパターンとコード

パターン	因子1-3	因子4-6	コード
1	結合ブランディング	地域イメージ	P14
2	結合ブランディング	企業イメージ	P15
3	結合ブランディング	製品イメージ	P16
4	売上高	地域イメージ	P24
5	売上高	企業イメージ	P25
6	売上高	製品イメージ	P26
7	新しい顧客	地域イメージ	P34
8	新しい顧客	企業イメージ	P35
9	新しい顧客	製品イメージ	P36

イトにあるインタビュー記事が，2次情報源として使用された。

手段 – 目的モデルの質問を適用し，すべてのサンプルを9つのパターンに整理したのが図表9 – 3 である。

この分析は，印刷メディア広告だけを対象として，TV，ラジオなどほかのマーケティング・チャネルを包含できていない。また，データ収集も，2006年と2007年における北京と上海で出版された刊行物に限定されている。しかしシモンズ（Simons, 2003）によれば，中国は最も複雑なメディア市場であり，3,000のTVチャネル，1,800のラジオ放送局，1,000種類の新聞，7,000を越える雑誌，そして無数のインターネット・ポータルが存在する。この国の大きさを考えれば，地域的に多様なメディアがあるため，マーケティング分析はさらに複雑になる。中国のすべての広告は地域ごとの基準と規則をもった中国広告協会の承認を受けなければならない（Simons, 2003）。

4. 分析から得られたもの

2001〜2003年を1つの期間とし，オリンピック準備とスポンサーシップを得るための競争に関する80のウェブ記事を分析した。BOCOGが選定した企業のほとんどは，記者会見のようなイベントを組織的に上手に取り組んでいた。選定された中国企業は非常に喜んでおり，中国政府と同格でみなされるBOCOGに認められたことをとても誇らしく考えていた。したがって，オリンピックの準備段階において決定因子となるのは協力ブランディングだけであった（図表9 – 4 を参照）。コカコーラが典型的な例である。コカコーラは1928年のアムステルダム・オリンピックからオリンピック・スポンサーに選ばれ，2020年までの契約となっている。コカコーラは，北京がオリンピック開催都市に選ばれる前から北京の開催を予想し，中国消費者をターゲットにした記念コーラをつくるなど「早期活動者」であった（Woodward, 2005）。また，コカコーラは，オリンピック・パートナーシップにおいて歴史上初めて「多くの中国消費者とオリンピック精神を共有できるよう，オンラインとオフラインのプラットホームからなるオリンピック聖火リレー放送を通じてコカコーラを集中的に露出させた」（Choi, 2008, p.248）。

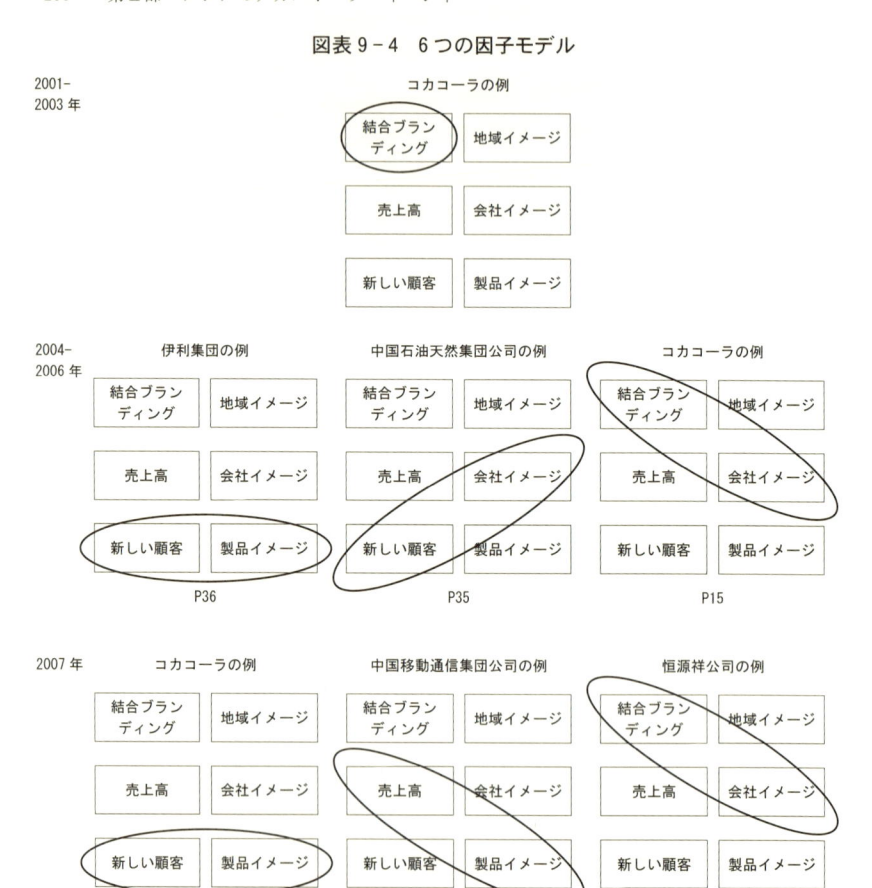

238 第Ⅱ部 アジアのメガスポーツ・イベント

図表 9-4 6つの因子モデル

2001-2003年　コカコーラの例

結合ブランディング	地域イメージ
売上高	会社イメージ
新しい顧客	製品イメージ

2004-2006年

伊利集団の例

結合ブランディング	地域イメージ
売上高	会社イメージ
新しい顧客	製品イメージ

P36

中国石油天然集団公司の例

結合ブランディング	地域イメージ
売上高	会社イメージ
新しい顧客	製品イメージ

P35

コカコーラの例

結合ブランディング	地域イメージ
売上高	会社イメージ
新しい顧客	製品イメージ

P15

2007年

コカコーラの例

結合ブランディング	地域イメージ
売上高	会社イメージ
新しい顧客	製品イメージ

P36

中国移動通信集団公司の例

結合ブランディング	地域イメージ
売上高	会社イメージ
新しい顧客	製品イメージ

P26

恒源祥公司の例

結合ブランディング	地域イメージ
売上高	会社イメージ
新しい顧客	製品イメージ

P15

　我々の分析によれば2004〜2006年の間に初めてのスポンサー活動があった。図表9-4と図表9-5にみるように，2005年のデータから6つの組合せの3つの類型が（P15, P35, P36）が現れた。コカコーラは持続的にオリンピック・スポンサー活動をしてきた唯一の企業である。コカコーラは製品に対する広告とキャンペーンも頻繁に行ってきたが，オリンピック競技に対する強力な支持を絶えず強調してきた（図表9-3, 第2パターンP15）。中国石油天然気集団公司（CNPC）は広告でブランドの認知度を上げようと努力した例になる（同，第8パターンP35）。2006年における26のスポンサーを分析し

図表9-5　6つのパターンの順位および類型サンプル

パターン・コード	2006年の順位（比率）	2007年の順位（比率）	企業例（2006年）	企業例（2007年）
P36	1　(64.5)	1　(32.4)	伊利集団	コカコーラ
P26		2　(23.5)		中国移動通信集団公司
P15	3　(4.7)	3　(17.6)	コカコーラ	恒源祥公司
P35	2　(30.8)	4　(11.8)	中国石油天然気集団公司	ユナイテッドパーセルサービス

たが、そのなかで8つのスポンサーがP35のパターンに属する。しかし、第9パターン、P36が最も多いパターンであり、乳製品メーカーである伊利集団グループがその代表的な例である。伊利集団のスポンサーシップはオリンピックに対する強力な支持を表明しながら新しい顧客を対象に乳製品に対する大々的なキャンペーンと広告を行った。

　2006年6月から2007年5月までに1年間、BOCOGが指定したスポンサーは80。56％の増加を示している。2007年には45のスポンサーが2段階におけるスポンサー活動を行ったが、P36（すなわち「新しい顧客」と「製品イメージ」を結合する型）、P26（「売上高」と「製品イメージ」との結合）、P15（「結合ブランディング」と「企業イメージ」との結合）のパターンが支配的であった。我々の分析においてそれぞれのパターンはまた典型的なスポンサーとつながる（図表9-4と図表9-5を参照）。

5. おわりに

　2008年北京オリンピックに向けてスポンサー活動を推進するにあたり、BOCOGは、スポンサーとサプライヤーが、オリンピックを支援する見返りとして、マーケティング活動においてオリンピック・マークを商標と広告に使い、さらに北京オリンピック、中国オリンピック委員会、そして中国オリンピック・チームなどに供給する物品のデザインをする権利と便益を受ける恩恵を享受しているとみていた。しかし、5つのスポンサーシップから、2006年には36のスポンサー中26、2007年には65のスポンサー中45のスポンサーだけが、我々が調査した2006年と2007年データに広告を掲載していた。オ

図表9-6 楕円形カーブの重力

第1スポンサーシップ レベル：「グローバル・ブランド」	第2スポンサーシップ レベル：「中国ブランド」	第3スポンサーシップ レベル「地域ブランド」
コカコーラの例	中国移動通信集団公司の例	恒源祥公司の例
結合ブランディング / 地域イメージ	結合ブランディング / 地域イメージ	結合ブランディング / 地域イメージ
売上高 / 会社イメージ	売上高 / 会社イメージ	売上高 / 会社イメージ
新しい顧客 / 製品イメージ	新しい顧客 / 製品イメージ	新しい顧客 / 製品イメージ
P36	P26	P15

リンピックを良好なビジネスの手段とする先行研究の主張からすると，中国の広告専門家とマネージャーにとってこれらの結果は衝撃的なことであった（Semenik and Tao, 1993 ; Liu, 2002）。恐らく，我々が印刷メディアだけをデータ収集の対象にしたのがこのような結果が現れた理由であり，企業は広告以外の他のスポンサーシップ戦略に焦点を合わせたようである。スポンサーシップは，ほとんど自発的であるが，政府が指定する場合もある。政府がスポンサーシップを企業に要請した理由は，基本的に北京オリンピックの財政的な負担を分散させるためであった。

我々のデータによれば，TOPプログラム・メンバーのうち，グローバル・ブランドをもつ企業は，中国国内の広告戦略において製品イメージと新しい顧客を結合するのに焦点を合わせていたとみられる（図表9-6を参照）。オリンピック・スポンサー戦略についてのインタビュー結果をみれば，この推論が確認できる。

(1) コカコーラ社の戦略

コカコーラ社のオリンピック・プロジェクト責任者である。ダビット（David Lu）は，コカコーラがスポーツと中国文化を製品に合わせ，消費者とのコミュニケーションはもちろんブランド価値を高める努力をしていると答えた（Chen, 2007 ; Choi, 2008）。彼は，オリンピック・マーケティング費用

の対価として3つを挙げている。まずは売上高の増大であり，第2に，消費者と企業の距離を無くすことであり，第3に，ブランド・パワーを強化することである。中国の中小都市においてコカコーラの売上は中国産ブランドのワハハコーラ（Wahaha Cola）に遅れている。したがって，コカコーラは，コカコーラの名声を強調しながら（Tai 2007によれば，すでに中国人の70％がコカコーラブランドを認知している）2007年の広告の焦点を製品イメージに合わせた。コカコーラのオリンピック広告は，オリンピック・マークの5つ円の代わりに5色のバブルが抽象的に浮かび上がるようにしてコカコーラの製品イメージを強調した。

(2) 中国移動通信集団公司の戦略

他方で，中国移動通信集団公司は，2006年と2007年に中国の最高ブランドとしてすでに認められた企業であった（Interbrand, 2007 ; Millward Brown, 2008a）。北京2008パートナー（第2スポンサーシップの範疇型）であり国際的ブランドである中国移動通信集団公司の広告は，製品の露出に焦点を合わせた。売上高において独占的な位置を享受している中国移動通信集団公司は，中国移動通信集団公司グループを世界で最も大きい移動通信ネットワークにつくり上げ，世界最大の加入者数を保持している。中国移動通信集団公司は，移動通信市場において他社に先立って新製品を出すリーダー的な位置にある。我々のデータにある中国移動通信集団公司のすべての広告は，サムスンのようなほかのオリンピック・スポンサーと協力し，新しい移動通信料金パッケージや記念カードなど，新製品または新しいサービスに焦点を明確に合わせていたのである。

(3) 恒源祥公司の戦略

恒源祥公司は，自分たちが純粋なローカル・ブランド型であり，北京2008スポンサー（第3スポンサーシップの範疇型）であるという地位を報告や広告ではっきり示している。恒源祥公司は，2005年に公式オリンピック・スポンサーになったが，これまでの100年間，純粋な繊維企業としてオリンピック・スポンサーに選定されたのは初めてのことである。毛織およびニット製品

を生産する80年の歴史をもつ恒源祥公司は，オリンピック・スポンサーを通じて中国で成功的にローカル・ブランド・イメージを確立した。しかし，恒源祥公司は，ハイアールやレボヴォーなど他の中国ブランドとは違い，国際市場に進出するため，オリンピック・スポンサーの役割を海外に知らせることに集中的に努力した（Dong, 2007）。恒源祥公司の代表であるLiu Ruiqiは，スポンサーシップ投資について「多くの人々が恒源祥公司の製品がオリンピックと関係がないと話します。しかし我々のスポンサーシップは単純に売上だけを目標としていません。我々はブランドの価値と消費者の認知度をアップさせています」と話した（www.chinaapparel.net/news/2008/2008-02-03/ 14916.shtml/ 2008年12月10日アクセス）。

恒源祥公司は，オリンピック・スポンサーの機会をオリンピック競技による売上の増大よりは国際市場におけるブランド価値を獲得するために活用すべきだと考えていた。恒源祥公司の代表Liu Ruiqiは，「オリンピックが世界最高のブランド価値をもっているので，オリンピック・ブランドを使う企業は社会的責任を果たしている産業界のリーダーとしてのブランド価値を得ます。これは，企業ブランドを創造し強化するうえで大きな力になります」と付け加えた（www.chinaapparel.net/news/2008/2008-02-03/14916.shtml　2008年12月10日アクセス）。

またLiu Ruiqiは，スポンサー活動の目標が，長期的なブランド構築であって短期的売上げ向上ではないことを強調した。彼は，マーケティング・キャンペーンが2つの原則を強調すると話した。1つはオリンピック精神と恒源祥公司の企業価値との統合であり，もう1つは2008年以後においても恒源祥公司がオリンピックに続けて協力するということであった（www.chinaapparel.net/news/ 2008/2008-02-03/14916.shtml　2008年12月10日アクセス）。

図表9-6にみるように，サンプル・パターンのブランド価値が上昇すると楕円形の重さの重心をつなぐ曲線は下降する。すなわち，ブランド力が強いほど顧客と製品に深く根をおろしていくということである。したがって我々はさらに成熟したスポンサーシップ市場であればあるほど，さらに経験が多いスポンサーであればあるほど，スポンサーシップを他のマーケティング・コミュニケーションと統合することをさらに重視するだろうという結論を出した。

(4) スポンサー企業の戦略の決定要因

　我々は図表9-4のように，2004年から2006年の期間におけるスポンサー広告のパターン（初めてのサンプル）と，2007年におけるスポンサー広告のパターン（2つ目のサンプル）を比較し，スポンサー契約の締結日とイベント開催時期との間隔期間の長・短が，スポンサー企業戦略に大きな影響を及ぼすと結論づけた。時間が経過すると，広告コンテンツも変化し，スポンサーは2001～2003年，2004～2006年，そして2007年ごとに互いに違う広告戦略を使用した。夏季オリンピック，そして冬季オリンピックともに，独占的なスポンサーとして開催都市決定後7年間にスポンサー活動をしているトップ・オリンピック・パートナーの広告や記事を分析しても，結果は同じであった。コカコーラの広告と記事を分析すると，最初はイベントに焦点を合わせている（2001～2003）。その次にはオリンピックと関係させたコカコーラのブランドに焦点を合わせている（2004～2004）。ローカル・スポンサーシップ・プログラムに属するメンバーは，国内オリンピック組織委員会によってレベルが権威づけられるが，独占サプライヤーと複数の独占サプライヤーが最終的に決められるのである。

　一般的に中国企業を評価することは容易ではなく，ブランド・イメージを推定するのも簡単ではない（Millward Brown, 2008b）。たとえば，中国石油天然気集団公司は，世界有数の国際的なエネルギー企業であり，石油，ガスの採掘と精製事業，エンジニアリング，建設，石油製品および石油関連装備の製造と供給，資本管理，金融，保険サービスおよび新種エネルギー事業まで手掛けている（www.cnpc.com.cn/eng/company/　2008年12月20日アクセス）。中国石油天然気集団公司はフィナンシャル・タイム誌の世界トップ500のなかで第2位の企業である（People's Daily Online, 2008）。しかし，ブランドは必ずしもグローバルなブランド・イメージであるとはいえない。BOCOGの総括責任者であるWang Weiは，中国石油天然気集団公司のスポンサーシップ・プログラムへの参加は，中国の石油産業発展に大いに役立つと話した（http://en.beijing2008.cn/66/77/article211927766.shtml/　2008年12月10日アクセス）。このことは，国際的なブランド認知度の向上を望む中国の大手国営企業の特殊性を代弁している。こうした期待は中国石油化工集団公司，中国人民財

産保険公司，国家電網公司など，ほかのスポンサーにとっても同じである。

スポーツ・スポンサーシップがマーケティング領域の有効な研究であることを提示した本研究に対しては多くの論議が存在する。戦略的なスポーツ投資を決定する前に，注意深く準備をすれば，多くのリスクと不確実性を減らすことができる。現在，この方面における知識は不充分であり，数多くの変数が概念化されなければならない。ギアノウラキス（Giannoulakis，2008，p.261）は，オリンピックには「雑多のものが含まれるもの」であるかもしれないと述べ，彼は続けて，オリンピックは「雑多の人目をひくマーケティング環境」になりかねないと，指摘した。西洋の市場と比べ，一部のアジア市場は不安定であるために，多くの米国およびヨーロッパの企業は，アジアの企業と一緒に協力ブランディング（co-branding）政策を行っている。

本研究の分析が終わった1年後，北京オリンピックと関連する新しい障害物がスポンサーに影響を与えた。権威主義的な政府に反発するチベットの事態が中国政治に影響を及ぼしている。チベット事態は，2008北京オリンピック前の事件であり，すでに選定されたスポンサーとスポンサーを考慮している企業に多くの不確実性と憂慮を与えたのである。

注

1）新聞：People's Daily, People's Daily Overseas Edition, China Business Post, China Economic Times, 21st Century Business Herald, Beijing Daily, Beijing Times, Economic Daily, Guangming Daily, The Economic Observer, Beijing Evening, Elite Reference, Chengdu Business, China Business Times, China Commercial Times, China Petrochemical News, China Quality Daily, Chinese Business, Chinese Customer, Economic Daily, First Financial Daily, Global Times, Health Paper, International Business Daily, Jiefang Daily, Jinghua Times, People's Post and Telecommunication News, Shandong Business, Southeast Business, Sports Weekly, Talents Market, The First, Tsingtao Daily, Tsingtao Evening, Xinjing Newspaper, 21st Century Business Herald.
雑誌及びジャーナル：*Beijing Youth Message, Caijing Magazine, CEO&CIO, Chinese & Foreign Entrepreneurs, China Entrepreneur, China Quality, China's Foreign Trade, China Telecommunication Trade, Chinese National Geography, Chinese Sports, Computer Space, English Salon, Fashion Shopping Guide, Global Entrepreneur, International Airlines, Lifeweek, Outlook Weekly, Marketing China, NanfengChuang, New Economy Weekly, New Fortune, Personal Computer, Sino-Foreign Management, Sports Pictures, The Investors, Tendermag, Tennis, Total Sports, World Broadcasting & TV, China Quality.*

学 習 課 題

1. スポンサーシップと広告の違いについて説明しなさい。
2. スポンサーシップの狭義と広義の意味について説明しなさい。
3. ドレスとゾェダーマンが挙げているブランドを広めるための手段とブランドの内容をそれぞれ3つ挙げなさい。
4. コカコーラ，中国移動通信集団公司，恒源祥公司のスポンサーシップ戦略をブランド結合との関係で説明しなさい。

参考文献

Aaker, D.A. (1996) *Building Strong Brands*, New York, NY: The Free Press.
Alford, W.P. (1995) *To Steal a Book is an Elegant Offence: Intellectual Property Law in Chinese Civilization*, Stanford: Stanford University Press.
Allison, D. (2003) *A Step Beyond: A Definitive Guide to Ultrarunning*, Weymouth: Ultrarunning Pub.
Alter, C. and Hage, J. (1993) *Organizations Working Together*, Newbury Park CA: Sage.
Amagai, K. (2002) "W-hai kaisai kikanchu no keizai koka [Economic impact during the world cup finals]", *NEC Monthly Report* 14, pp.1-2.
Anderson, J.R. and Bower, G.H. (1973) *Human Associative Memory: A Brief Edition ErJbaum and Associates*, Hillsdale, NJ.
Andranovich, G. and Burbank, M. (2004) "Regime politics and the 2012 Olympic games", *California Politics and Policy* 8(1), pp. 1-18.
Andranovich, G., Burbank, M. and Heying, C. (2001) "Olympic cities: lessons learned from mega-event polities", *Journal of Urban Affairs* 23(2), pp.113-131.
Aulakh, P.S., Kotabe, M. and Teegen, H. (2000) "Export strategies and performance offirms from emerging economies: evidence from Brazil, Chile, Mexico", *Academy of Management Journal* 43(3), pp.342-361.
Baade, R.A. (1996) "Professional sports as catalysts for metropolitan economic development", *Journal of Urban Affairs* 18(1), pp.1-17.
Baade, R.A. and Matheson, V.A. (2002) "Bidding for the Olympics: Fool's Gold?", in C.P. Barros, M. Ibrahimo and S. Szymanski (eds.) *Transatlantic Sport: The Comparative Economics of North American and European Sports*, London: Edward Elgar, pp.127-151.
Baade, R.A. and Matheson, V.A. (2004) "The quest for the cup: assessing the economic impact of the world cup", *Regional Studies* 38(4), pp.343-354.
Ball, D., McCulloch Jr., W., Frantz, P., Geringer, J.M. and Minor, M.S. (2005) *International Business.: The Challenge of Global Competition*, 10th ed., Boston, MA: McGraw-Hill.
Barney, J.B. (1991) "Firm resources and sustained competitive advantage", *Journal of Management*, Vol.17 No.1, pp.83-99.
BBC Monitoring Media (2006) "China: advertising market growth slows, says research firm", *BBC Monitoring Media*, 21 February, p.1.
Beech, H. (2002) "The morning after: the World Cup brought people together, but co-hosts South Korea and Japan must now ponder if it was worth footing the bill", *Time*, 1 July. Available at http://www.time.com/time/sampler/article/0, 8599 , 268254, 00.html, accessed 16 December 2007.
Bennett, P.D. (1995) *AMA Dictionary of Marketing Terms*, 2nd ed., Chicago, IL: American Marketing Association.
Berzel, C. (2005) "Die Präsentation der Olympischen Spiele von Athen 2004 in der Fernsehwerbung − ein internationaler Vergleich", *Unpublished Masters Thesis*, Mainz: Institute of Sports Science, Johannes Gutenberg University.
Blackett, T. and Boad, B. (1999) *Co-branding. The Science of Alliance*, London: Macmillan Business.
Brandle, F. and Koller, C. (2002) *Goal! Kultur und Sozialgeschichte des modernen Fußballs*,

Zürich: Orell Füssli.
Brenke, K. and Wagner, G. (2007) "Zum volkswirtschaftlichen Wert derFuBball-Weltmeisterschaft 2006 in Deutschland", *DIW Research Notes* 19, Berlin: DIW.
Brownell, S. (1995) *Training the Body for China: Sports in the Moral Order of the People's Republic of China*, Chicago: University of Chicago Press.
Bruhn, M. and Ahlers, M. (2003) "Ambush-marketing – `attack from behind", *Yearbook of Marketing and Consumer Research* 2(1), pp.40-61.
Burns, J.P.A., Hatch, J.H. and Mules, T.J. (eds.) (1986) *The Adelaide Grand Prix: The Impact of a Special Event*, Adelaide: Centre for South Australian Economic Studies.
Burns, T. and Stalker, G.M. (1961) *The Management of Innovation*, London: Tavistock.
Butler, O. (2002) "Getting the Games. Japan, South Korea and the Co-hosted World Cup.", in J. Home and W. Manzenreiter (eds) *Japan, Korea and the 2002 World Cup*, London: Routledge, pp.43-55.
Chandler Jr., A.D. (1962) *Strategy and Structure: Chapters in the History of the American Industrial Enterprise*, Cambridge: MIT Press.
Chang, S. (2002) "Korean Economy after the World Cup Games", in Korean Information Service (ed.) *Korean Experience with the World Cup*, Seoul: Government Information Agency, pp.80-85.
Chao, P., Saamiee, S. and Yip, L.-S. (2003) "International marketing and the Asia-Pacific region: developments, opportunities, and research issues", *International Marketing Review*, Vol. 20 No. 5, pp.480-92.
Chen, H.C. (2007) "How the Olympics make brand higher, faster and stronger", *First Financial Daily*, 27July, p. A09.
Choi, J.A. (2008) "Coca-Cola Chinas virtual Olympic torch relay programme at the 2008 Beijing Olympic Games: adding interactivity to a traditional offline Olympic activation", *International Journal of Sports Marketing and Sponsorship*, Vol. 9 No. 4, pp.246-55.
Close, P. and Askew, D. (2004) Globalisation and Football in East Asia. in W. Manzenreiter and J. Home (eds) *Football Goes East. Business, Culture and the People's Game in China, Japan and South Korea*, London: Routledge, pp.243-256.
Close, P., Askew, D. and Xu, X. (2007) *The Beijing Olympiad: The Political Economy ofa Sporting Mega-Event*, London: Routledge.
Collins, A.M. and Loftus, E.F. (1975) "A spreading-activation theory of semantic processing", *Psychological Review*, Vol. 82 No. 6, pp.407-28.
Cornwell, B. and Coote, L.V. (2005) "Corporate sponsorship ofa cause: the role of identification on purchase intent", *Journal of Business Research* 58(3), pp.268-276.
Cornwell, B., Weeks, S.C. and Roy, D.P. (2005) "Sponsorship-linked marketing: opening the black box", *Journal of Advertising*, 34(2), pp.21-42.
Cornwell, T.B. (1995) , "Sponsorship-linked marketing development", *Sport Marketing Quarterly*, Vol. 4 No. 4, pp.13-24.
Cornwell, T.B. (2008) "State of the art and science in sponsorship-linked marketing", *The Journal of Advertising*, VoL 37 No. 3, pp.41-55.
Cornwell, T.B. and Coote, L.V. (2005) "Corporate sponsorship of a cause: the role of identification on purchase intent", */owmfl/ of Business Research*, Vol. 58 No. 3, pp.268-76.
Cornwell, T.B., Weeks, C.S. and Roy, D.P. (2005) "Sponsorship linked marketing: opening the black

box", *Journal of Advertising*, Vol. 34 No. 2, pp.21-42.
Couvelaere, V. and Richelieu, A. (2005) "Brand Strategy in Professional Sports: The Case of French Soccer Teams", *European Sport Management Quarterly*, 5 (1), pp.23-46.
Creswell, J.W. (2003) *Research Design. Qualitative, Quantitative and Mixed Methods Approaches*, Thousand Oaks, CA: Sage.
Crompton, J.L. (1995) "Economic impact analysis of sports facilities and events: eleven sources of misapplication", *Journal of Sport Management*, 9(1), pp.14-35.
Crompton, J.L. (2004a) "Sponsorship ambushing in sport", *Managing Leisure*, 9(1), pp.1-12.
Crompton, J.L. (2004b) "Conceptualization and alternate operationalisations of the measurement of sponsorship.effectiveness in sports", *Leisure Studies*, Vol. 23 No. 3, pp.267-81.
Crompton, J.L. and McKay, S.L. (1994) "Measuring the economic impacts of festivals and events: some myths, misapplications and ethical dilemmas", *Festival Management & Event Tourism*, 2(1), pp.33-43.
Crow, D. and Hoek, J. (2003) "Ambush marketing: a critical review and some practical advice", *Marketing Bulletin*, 14(1), pp.1-14.
Davidsson, P. (2004) *Researching Entrepreneurship*, New York: Springer.
Davies, F. (2008) "Selection of leveraging strategties by national Olympic sponsors: a proposed model", *International Journal of Sports Marketing and Sponsorship*, Vol. 9 No. 4, pp.271–89.
de Chernatony, L. and McDonald, M. (1998) *Creating Powerful Brands in Consumer Service and Industrial Markets*, 2nd ed., Oxford: Butterworth-Heinemann.
DiMaggio, P.J. and Powell, W.W. (1983) "The iron cage revisited: Institutional isomorphism and collective rationality in organizational fields", *American Sociological Review*, 48(2), pp.147-160.
Doebele, J. (2002) "No A for Asia", *Forbes*, April, pp.35-7.
Dolles, H. (2006) "The Changing Environment for Entrepreneurship Development: Private Business in the People's Republic of China", in S. Soderman (ed.) *Emerging Multiplicity: Integration and Responsiveness in Asian Business Development*, Basingstoke: Palgrave, pp.234-254.
Dolles, H. and Söderman, S. (2005a) "Transfer of Institutional Practices in Sports – From European Football to the Development of Professional Football in Japan (J-League)."in: Dorow, W. (ed): *The Transfer of Organisational Practices: Enhancing Competitiveness in Asia/Pacific - European Business Relationships. Proceedings of the 22nd Annual Conference Euro-Asia Management Studies Association*, Frankfurt/Oder: European University Viadrina, pp.81 -105.
Dolles, H. and Söderman, S. (2005b) "Globalization of Sports – The Case of Professional Football and its International Management Challenges.", *DIJ Working Paper*, 05/1, Tokyo: German Institute for Japanese Studies.
Dolles, H. and Söderman, S. (2005b) "Implementing a professional football league in Japan – challenges to research in international business", *Working paper*, no. 05/6, Tokyo: German Institute for Japanese Studies.
Dolles, H. and Söderman, S. (2005) "Ahead of the game: the network of value captures in professional football", *Working Paper*, 05/5, Tokyo: German Institute for Japanese Studies.
Dolles, H. and Söderman, S. (2008a) "Mega-sporting Events in Asia. Impacts on Society, Business and Management: An Introduction", *Asian Business and Management*, 7 (2): pp.147-162.
Dolles, H. and S. Söderman (2008b) *The Network of Value Captures: Creating Competitive*

Advantage in Football Management, Wirtschaftspolitische Blatter Osterreich, 55 (1), pp.39-58.

Dolles, H. and S. Söderman (2008c) "Developing International Sport – Editorial", *International Journal of Sports Marketing and Sponsorship*, 10 (1), pp.7-8.

Donaldson, L. (1996a) *For Positivist Organisation Theory: Proving the Hard Core*, London: Sage.

Donaldson, L. (1996b) "The Normal Science of Structural Contingency Theory", in S.R.Clegg, C. Hardy and W.R.Nord, (eds.) *Handbook of Organization Studies*, London: Sage, pp.57-76.

Dong, J. (2007) "Olympics opens a door for us", *Chinese Business*, 6 August, p. B20.

Doust, D. (1997) "The ethics of ambush marketing", *Cyber-Journal of Sport Marketing*, 1(3), Retrieved 21 February 1999 from http://www.cad.gu.edu.au/cjsm/doust.html.

Downward, P.M. and Ralston, R. (2006) "The Sports Development Potentials of Sports Event Volunteering: Insights from the XVII Manchester Commonwealth Games", *European Sport Management Quarterly*, 6(4), pp.333-351.

Drengner. J. and Sachse, M. (2005) "Die Wirkungen von Ambush Marketing: Ausgewahlte Ergebnisse einer empirischen Untersuchung anlasslich der Fußball-Europameisterschaft 2004", in H.D. Horch. G. Hovemann, S. Kaiser and K. Viehahn (eds.) *Perspektiven des Sportmarketing: Besonderheiten, Herausforderungen, Tendenzen* – Beitrage des 4. Deutschen Sportokönomie-Kongresses, Köln: Institute for Sporteconomy and Sportmanagement, pp. 71-87.

Dunning, J.H. (1992) "The competitive advantages of countries and the activities of transnational corporations", *Transnational Corporations*, 1(1), p.135.

Dunning, J.H. (1993) "Internationalizing Porter's Diamond", *Management International Review*, 33(2), pp.7-15.

Eckstein, R. and Delaney, K. (2002) "New sports stadiums, community self-esteem, and community collective conscience", *Journal of Sport and Social Issues*, 26(3), pp.235-247.

ESRI (Economic and Social Research Institute). (2003) "Shohi doko chosa [Survey on trends in consumption]", ESRI, Cabinet Office, Government of Japan, Tokyo, Online at http://www.esri.cao.go.jp/jp/stat/menu.html#shohi-z, Accessed 1 0 December 2007.

Ettorre, B. (1993) "Ambush marketing: heading them off at the pass", *Management Review*, 82(3), pp.53-57.

Fahy, J., Farrelly, F. and Quester, P. (2004) "Competitive advantages through sponsorship – a conceptual model and research propositions", *European Journal of Marketing*, Vol. 38 No. 8 pp. 1013-1030.

Family, F. and Quester, P. (2005) "Examining important relationship quality constructs of the focal sponsorship exchange", *Industrial Marketing Management*, Vol. 34 No. 3, pp.211-219.

Farquhar, P.H., Han, J.Y., Herr, P.M. and Ijiri, Y. (1992) "Strategies for leveraging master brands: how to bypass the risks of direct extensions", *Marketing Research*, Vol. 4 No. 3, pp.32-43.

Farrell, K. and Frame, W.S. (1997) "The value of Olympic sponsorships: who is capturing the gold?", *Journal of Market Focused Management*, 2(2), pp.171-182.

Farrelly, F., Quester, P. and Greyser, S.A. (2005) "Defending the co-branding benefits of sponsorship B2B partnerships: the case of ambush marketing", *Journal of Advertising Research*, 45(3), pp.339-348.

FGRC (eds)(2004) "The State of the Game: The Corporate Governance of Professional Football 2004", *Football Governance Research Centre Research Paper* No. 3, London: Birkbeck,

University of London.
FIFA. (2002) 2002 nen Wdrudokappu kaisai ni yoru donai keizai e no hakyu koka ni tsuite [On the diffusion effects of the 2002 World Cup on the economy of Hokkaido]. Sapporo: Hokkaido Institute for the Future Advancement, Online at http://www.hi fa.or.jp/wc2002.pdf, Accessed February 20, 2005.
Filipsson, D. (2008) *In-between Brands. Exploring the Essence of Brand Portfolio Management*, Stockholm: Stockholm University School of Business.
Finer, J. (2002) "The grand illusion", *Far Eastern Economic Review*, 165(9), pp.32-36.
Florin, K. and Carlin, D. (1995) "Ambush protection for Olympic sponsors", *Advertising Age*, 66(44), pp.22-24.
Fowler, G.A. (2004) "Japan's world beaters", *Far Eastern Economic Review* 167(3), pp.48-49.
Frey, M., Iraldo, F. and Melis, M. (2007) "The impact of wide-scale sport events on local development: an assessment of the XXth Torino Olympics through the sustainability report", Paper presented at 'RSA, Region in focus?' international conference, April 2-5, Lisbon, Portugal.
Fyrberg, A. and Soderman, S. (2007) Varumdrken inoni idrottsrdreben (Brands in Swedish sports), Riksidrottsforbundet FoU rapport, Stockholm, No. 2007, p. 5.
Gannon, M.J. (2004) "Kimchi and Korea", in MJ. Gannon (eds.) *Understanding Global Cultures*, Thousand Oaks: Sage, pp. 123-130.
Gartner, W.B. (1985) "A conceptual framework for describing the phenomenon of new venture creation", *Academy of Management Review*, 10(4), pp.696-706.
Geng, L, Burton, R. and Blakemore, C. (2002) "Sport sponsorship in China: transition and evolution", *Sport Marketing Quarterly*, Vol. ll No. 1, pp.20-32.
Getz, D. (1991) *Festivals, Special Events and Tourism*, New York: Van Nostrand Reinhold.
Getz, D. (1997) *Event Management & Event Tourism*, New York: Cognizant Communication.
Giannoulakis, C, Stotlar, D. and Chatziefstathiou, D. (2008) "Olympic sponsorship: evolution, challenges and impact on the Olympic Movement", *International Journal of Sports Marketing and Sponsorship*, Vol. 9 No. 4, pp.256-70.
Goldsby, M.G., Kuratko, D.F. and Bishop, J.W. (2005) "Entrepreneurship and fitness: an examination of rigorous exercise and goal attainment among small business owners", *Journal of Small Business Management*, 43(1), pp.78-92.
Golovnina, M. (2002) "Korean tourism sector in blues despite World Cup", Forbes.com, 19 June.
Goo Research. (2002) "W-hai kaimaku mokuzen! 25000 nin ankcto kekka [Immediately before the curtain of the world cup rises: results from a survey of 25000 persons]", Online at http://research.goo.ne.jp/Result/0205op29/01.html, Accessed 10 February 2005.
Gotwals, J.K., Dunn, J.G.H. and Wayrnent, H.A. (2003) "An examination of perfectionism and self-esteem in intercollegiate athletes", *Journal of Sport Behavior*, 26, pp.17-37; Erratum, *Journal of Sport Behavior*, 26, pp.89.
Gould, S.J., Grein, A.F. and Lerman, D.B. (1999) "The role of agency-client integration in integrated marketing communications: a complementary agency theory interorganizational perspective". /ourwa/ *of Current Issues and Research in Advertising*, Vol. 21 No. 1, pp.1-12.
Graham, P.J. (1994) "Ambush marketing: an American perspective", *Third Annual Conference on Sports Marketing Law, Tax and Finance*, September 1994, Lausanne, Switzerland.
Gratton, C, Dobson, N. and Shibli, S. (2000) "The economic importance of major sporting events: a

case-study of six events", *Managing Leisure*, 5(1), pp.17-28.

Gratton, C, Shibli, S. and Coleman, R. (2006) "The Economic Impact of Major Sports Events: A Review of Ten Events in the UK", in J. Home and W. Manzenreiter (eds.) *Sports Mega-Events: Social Scientific Analyses of a Global Phenomenon*, Oxford: Blackwell pp.41-58.

Hall, CM. (1989) "Hallmark Tourist Events: Analysis, Definition, Methodology and Review", in G.J. Syme, B.J. Shaw, D.M. Fenton and W.S. Mueller (eds.) *The Planning and Evaluation of Hallmark Events*, Aldershot: Avebury, pp. 3-19.

Hamil, S. (1999) "A Whole New Ball Game? Why Football Needs a Regulator", in S.Hamil, J.Michie and C.Oughton (eds) *A Game of Two Halves? The Business of Football*, Edinburgh: Mainstream, pp.23-39.

Harada, M. (2002) *Supotsuibento to keizaigaku-megaibento to homuchimu ga shuto o kawaeru [Economics of mega-sporting events - mega-sporting events and hometeams change cities]*, Tokyo: Heibonsha.

Harada, M. and E. Ogasawara (2008) *Supotsu manejimento [Sport Management]*, Tokyo: Taishukan.

Hesse, C. (2002) "The rise of intellectual property, 700 B.C.-A.D. 2000: an idea in the balance", *Daedalus*, 131(2), pp.26-45.

Hill, C.W. (2005) *International Business. Competing in the Global Marketplace*, 5th ed., Boston: McGraw-Hill.

Hill, J.S. and James, W.L. (1990) "Effects of selected environmental and structural factors on international advertising strategy: an exploratory study", *Current Issues and Research in Advertising*, Vol. 12 No. 1/2, pp.135-54.

Hillyer, C. and Tikoo, S. (1995) "Effects of co-branding on consumer product evaluations", *Advances in Consumer Research*, Vol. 22, pp. 123-7.

Hindu Business Line. (1999) "Industry analysis - A bright decade", 10 October.

Hindu Business Line. (2000) "India: DD on fast forward to increase revenue", 7 April.

Hirose, I. (2003) "Warudokappu kaisai jigo kensho. Kaisai o keiki ni shita chiiki shinko [Ex-post evaluation of hosting the world cup]", Online at http://www.rieti.go.jp/jp/publications/rr/04r001.pdf, Accessed 20 December 2006.

Hirose, I. (2004a) "The Making of a Professional Football League", in W. Manzenreiter and J. Horme (eds) *Football Goes East. Business, Culture and the People's Game in China, Japan and South Korea*, London: Routledge, pp.38-53.

Hirose, I. (2004b) *J-Riigu no manejimento. hyakunen koso no seido sekkei wa ikanishite sozosareta ka [The J-League Management: How the Organzational Plan of the One Plundered Year Vision Was Created]*, Tokyo: Toyo Keizai Shinposha.

Hitt, M., Dacin, M.T., Levitas, E., Arregle, J.-L. and Borza, A. (2000) "Partner selection in emerging and developed market contexts: resource-based and organizational learning perspectives", *Academy of Management Journal*, 43(3), pp.449-467.

Hoek, J. and Gendall, P. (2002) "Ambush marketing: more than just a commercial irritant?", *Entertainment Law*, 1(2), pp.72-91.

Hollensen, S. (2007) *Global Marketing. A Decision-oriented Approach*, 4th ed., Harlow: FT Prentice Hall.

Home, J. (1996) "Sakka in Japan, *Media, Culture and Society*, 18 (4), pp.527-547.

Home, J. (2000) "Soccer in Japan: Is 'wa' all you need?", in G.Finn and R. Giulianotti (eds) *Football*

Culture: Local Contests and Global Visions, London: Frank Cass, pp.212-229.
Home, J. (2002) "Professional Soccer in Japan". in M.Raveri and J. Hendry (eds): *Japan at Play. The Ludic and the Logic of Power*, London: Routledge, pp.199-213.
Home, J. and Bleakley, D. (2002) "The Development of Football in Japan", in J. Home and W. Manzenreiter (eds.) *Japan, Korea and the 2002 World Cup*, London: Routledge, pp.43-55.
Home, J. and Manzenreiter, W. (2002) *Japan, Korea and the 2002 World Cup*, London/New York: Routledge.
Home, J. and Manzenreiter, W. (2004) "Accounting for mega-events: forecast and actual impacts of the 2002 Football World Cup finals on the host countries Japan/Korea", *International Review for the Sociology of Sport*, 39(2), pp.187-203.
Home, J. and Manzenreiter, W. (2006) "An Introduction to the Sociology of Sports Mega-events", in J. Home and W. Manzenreiter (eds.) *Sports Mega-Events: Social Scientific Analyses of a Global Phenomenon*, Oxford: Blackwell, pp.1-24.
Hong, K., Lee, Y.-J. and Ames, M.D. (2005) "Promoting business incubation for improved competitiveness of small and medium industries in Korea", *International Journal of Technology Management*, 32(3/4), pp.350-370.
Hook, G.D. (2002) "Japan's role in the East Asian political economy: from crisis to bloc?", *Asian Business & Management*, 1(1), pp.19-37.
Horton, E. (1997) *Moving the Goalposts: Football's Exploitation*, Edinburgh: Mainstream.
Hoskisson, R.E., Eden, L., Lau, CM. and Wright, M. (2000) "Strategy in emerging economies", *Academy of Management Journal*, 43(3), pp.249-267.
Hotzau, A. (2007) "Ambush Marketing: principles, stakes, creativity, applications", *Intelligence Report*, 1(1), pp.1-19.
Ide, Y. (2002) "2002nen Warudokappu no keizai koka 773 oku en [World cup has 77.3 billion yen impact on the prefectural economy]", Online at http://www.jsdi.or.jp/~y_ide/020222kash_kaizai.htm, Accessed 20 February 2005.
Industrial Robot (2002) "SGI Sponsors 2002 Robocup Soccer Competition", 29(6), pp.489.
Industry Snapshot (2004) Media 7 Entertainment Sector, 'ISI Emerging Markets Database', 15 November. Available at http://www.securities.com, Accessed 12 December 2007.
Interbrand (Ed) (2007) "Realizing the Potential. Best Chinese Brands: A Ranking by Brand Value: 2007", available at http://www.asiaing.com/best-chinese-brands-2007-interbrand.html, Accessed 23 December 2008.
International Events Group (Ed.) (2000) "Year one of IRL title builds traffic. Awareness for Northern Light", *IEG Sponsorship Report*, Vol. 19 No. 23, pp.1-3.
International Events Group (Ed.) (2004) "Sponsorship spending to see biggest rise in five years", *IEG Sponsorship Report*, Vol. 23 No. 24, pp.1-5.
International Monetary Fund. (2007) *International Financial Statistics*, Washington: IMF.
International Olympic Committee (1996) *Marketing Fact File 1996*, Lausanne: IOC.
International Olympic Committee (1997) *Olympic Market Research Analysis Report*, Lausanne: IOC.
International Olympic Committee (2004) *Olympic Charter*, Lausanne: IOC.
International Olympic Committee (2006) *Marketing Fact File 2006*, Lausanne: IOC.
IOC (International Olympic Committee) (Ed.) (2008) *IOC Marketing Media Guide. Beijing 2008*, available at http://multimedia.olynipic.org/pdf/en_report_1329.pdf, Accessed 19 December.

Ismail, M.N. (2002) "Foreign capital and sovereignty: a comparative study of Malaysian and South Korean experience during the Asian financial crisis", *Asian Business & Management*, 1(3), pp.329-351.

Jain, S. (1989) "Standardization of international marketing strategy: some research hypotheses", *Journal of Marketing*, Vol. 53 No. 1, pp.70-9.

James, D.O. (2006) "Extension to alliance: Aaker and Keller's model revisited",/cmma/ *of Product and Brand Management*, Vol. 15 No. 1, pp.15-22.

JATA (Japan Association of Tourist Agents) (2002) Dai ikkai JATA ryoko shijo doko chosa - kokunai 2002nen 6 gakki [The 1st JATA Survey on Trends in the Tourism Market, June 2002J, Tokyo: JATA, Online at https://wwwjata-net.or.jp/tokei/shijo/020805/02.htm, Accessed 10 December 2006.

JAWOC (Japan World Cup Organising Committee. (2003) 2002 *FIFA World Cup Korea/Japan*, Tokyo: JAWOC.

JNTO (Japan National Tourist Association). (2004) Hochi gaikyaku su, shukkoku Nihonjin su [Visitor Arrivals and Japanese Overseas Travellers], Tokyo: JNTO, Online at http://www.jnto.go.jp/info/statistics/pdfs/030410stat.pdf, Accessed 20 December 2006.

Johns, G. (2006) "The essential impact of context on organisational behavior", *Academy of Management Review*, 31 (2), pp.386-408.

Johnson, D. and C. Turner (2003) *International Business. Themes and Issues in the Modern Global Economy*, London: Routledge.

Kahn, G. (2003) "Local brands outgun foreigners in China's advertising market", *Wall Street Journal (Eastern edition)*, 8 October, p.1.

Kapferer, J.N. (1992) *Strategic BrandManagement*, London: Kogan Page.

Kasimati, E. (2003) "Economic aspects and the Summer Olympics: a review of related research", *International Journal of Tourism Research*, 5, pp.433-444.

Kattoulas, V. (2002) "Grudge match", *Far Eastern Economic Review*, 165(22), pp.56-58.

Kaufman, J. and Patterson, O. (2005) "Cross-national cultural diffusion: the global spread of Cricket", *American Sociological Review*, 70(1), pp.82-1 10.

Keller, K.L.(2000) "The Brand Report Card", *Harvard Business Review*, 78 (1), pp.147-157.

Keller, K.L, (2003) "Brand synthesis: the multidimensionality of brand knowledge", *Journal of Consumer Research*, Vol. 29 No. 4, pp.595-600.

Kidd, B. (1992) "The Toronto Olympic commitment: towards a social contract for the Olympic games", *Olympika*, 1(1), pp.154-167.

Kolata, G. (2007) "Team turns unsung runners into Elite Marathoners", *New York Times*, 31 October. Available at http://www.nytimes.com/2007/10/31/sports/othersports/31marathon.html , accessed 30 November 2007.

Kotler, P. and Gernter, D. (2002) "Country as brand, product and beyond: a place marketing and brand management perspective", *Brand Management*, VoL 9 Nos 4/5, pp. 249-61,

Kotler, P. and Keller, K.L. (2006) *Marketing Management*, 12th ed., Upper Saddle River, NJ: Pearsons Education.

Kotler, P., Asplund, C, Rein, I. and Haider, D. (1999) *Marketing Places: Europe*, Harlow: Pearsons Education.

Kuratko, D., Hornsby, J. and Naffziger, D. (1997) "An examination of owner's goals in sustaining entrepreneurship", *Journal of Small Business Management*, 35(1), pp.24-33.

Landry, F. and Yerles, M. (1996) *The Presidencies of Lord Killanin and Juan Antonio Samaranch*, Lausanne: IOC.

Lanfranchi, P., Mason, T., Wahl, A. and Eisenberg, C. (eds) (2004) *100 Years of Football. FIFA 1904-2004*, London: Weidenfeld & Nicolson.

LAOGOC (Los Angeles Olympic Games Organizing Committee) (1985) *Official Report of the Games of the XXIIIrd Olympiad Los Angeles, 1984*, Los Angeles: LAOGOC.

Larimer, T. (2002) "Japan's hooligan alert", Time, 10 June.

Light, R. and Yasaki, W. (2002) "J League Soccer and the Rekindling of Regional Identity in Japan", *Sporting Traditions*, 18 (2), pp.31-45.

Light, R. and Yasaki, W. (2003) "Breaking the Mould: Community, Education and the Development of Professional Soccer in Japan", *Football Studies*, 6 (1), pp.37-50

Light, R. and Yasaki, W. (2004) "Winds of Change for Youth and Children's Sport in Japan? A Case Study of the Kashima Antler's Soccer Development Program", *Asian Journal of Exercise and Sport Science*, 1 (1), pp.63-74.

Limb, J.-U. (2005) "Between exhaustion and exhilaration: ultramarathoners run for days, nights on end", *Joong Ang Daily*, 20 July.

Liu, W.L. (2002) "Advertising in China: product branding and beyond", *Corporate Communications*, Vol. 7 No. 2, pp.117-25.

Lyberger, M.R. and McCarthy, L. (2001) "An assessment of consumer knowledge of, interest in, and perceptions of ambush marketing strategies", *Sport Marketing Quarterly*, 10(3), pp.130-137.

Lynn, L.H. (2006) "US research on Asian business: a flawed model", *Asian Business & Management*, 5(1), pp.37-51.

MacAloon, J. (1992) "The Ethnographic Imperative in Comparative Olympic Research", *Sociology of Sport Journal*, 9 (2), pp.104-130.

Madden, J.R. (2006) "Economic and fiscal impacts of mega-sporting events: a general equilibrium assessment", *Public Finance and Management* 6(3), pp.346-394.

Maguire, J. (2005) *Power and Global Sport: Zones of Prestige, Emulation and Resistance*, London: Routledge.

Makabe, A. (2002) "Warudo Kappu wa, Nihon ni dono yona keizai koka o motarasu no deshoka? [What impact will the world cup have on Japan?]", Japan Mail Media, 20 May, Online at http://jmm.cogen.co.jp/jmmarchive/ml67001.html, Accessed 3 1 October 2002.

Mallard, W. (2002) "World cup may give Japan economy a kick, even if no goal", *Dow Jones Newswires*, 14 June.

Manz, C.C. (1986) "Self-leadership: toward an expanded theory of self-influence processes in organisations", *Academy of Management Review*, 11(3), pp.585-600.

Manz, C.C. (1992) "Self-leading work teams: moving beyond self-management myths", *Human Relations*, 45(11), pp.1119-1140.

Manzenreiter, W. (2004) "Japanese Football and World Sports: Raising the Global Game in a Local Setting", *Japan Forum*, 16 (2), pp.289-313.

Manzenreiter, W. (2006) "Fußball und die Krise der Mannlichkeit in Japan", in E. Kreisky and G. Spitaler (eds) *Fußball: Die männliche Weltordnung*, Frankfurt/Main: Campus, pp.296-313.

Manzenreiter, W. (2008a) "Football in the Reconstruction of the Gender Order in Japan", *Soccer & Society*, 9 (2), pp.244-258.

Manzenreiter, W. (2008b) "The 'Benefits' of Hosting: Japanese Experiences from the 2002 Football

World Cup", *Asian Business and Management*, 7 (2), pp.201-224.
Manzenreiter, W. and Home, J. (2002) "Global Governance in World Sport and the 2002 World Cup Korea/Japan", in J. Home and W. Manzenreiter (eds.) *Japan, Korea and the 2002 World Cup*, London: Routledge, pp. 1-25.
Manzenreiter, W. and Home, J. (2005) "Public Policy, Sports Investments and Regional Development Initiatives in Contemporary Japan", in J. Nauright and K. Schimmel (eds.) *The Political Economy of Sport*, London: Palgrave Macmillan, pp.152-182.
Manzenreiter, W. and Home, J. (2007) "Playing the post-fordist game in/to the far east: football cultures and soccer nations in China, Japan and South Korea", *Soccer and Society*, 8(4), pp.561-577.
Manzenreiter, W. and Home, J. (eds) (2004) *Football Goes East. Business, Culture and the People's Game in China, Japan and South Korea*, London: Routledge.
Maskus, K.E. (2000) "Lessons from studying the international economics of intellectual property rights", *Vanderbilt Law Review*, 53(6), pp.2219-2240.
Matheson, V.A. and Baade, R.A. (2004a) "The quest for the cup: assessing the economic impact of the World Cup", *Regional Studies*, 38(4), pp.341-352.
Matheson, V.A. and Baade, R.A. (2004b) "Mega-sporting events in developing nations: playing the way to prosperity?", *South African Journal of Economics*, 72(5), pp.1084-1095.
Mayer-Vorfelder, G. (2005) ""Konig Fußball"in Deutschland - Wirtschafts- und Kulturgut", in K. Zieschang and C. Klimmer (eds) *Unternehmensfuhrung im Profifussball Symbiose von Sport, Wirtschaft und Recht*, Berlin: Erich Schmidt, pp.1-16.
Mayring, P. (1994) "Qualitative Inhaltsanalyse", in A. Bohm, A. Mengel and T. Muhr (eds) *Texte verstehen: Konzepte, Methoden, Werkzeuge*. Konstanz: Universitätsverlag, pp.159-176.
Mayring, Philipp (2000a). Qualitative Inhaltsanalyse. Forum Qualitative Sozialforschung / Forum: Qualitative Social Research, 1 (2): Article 20, http://nbn-resolving.de/urn:nbn:de:0114-fqs0002204, last accesed 2009-02-04.
Mayring, P. (2000b) *Qualitative Inhaltsanalyse. Grundfragen und Techniken*, 7th ed. Weinheim: Deutscher Studienverlag.
McCarthy, L., Seguin, B., Lyberger, M.R., O'Reilly, N. and Preuss, H. (2005) "Consumer interest, awareness and intent to purchase: a three-country study of Olympic sponsorship", 13th European Congress of Sport Management, Newcastle-Gateshead, UK, 10 September.
McDaniel, S.R. and Kinney, L. (1996) "Ambush marketing revisited: an experimental study of perceived sponsorship effects on brand awareness, attitude towards the brand and purchase intention", *Journal of Promotion Management*, 3(1/2), pp.141-167.
McDaniel, S.R. and Kinney, L. (1998) "The implications of recency and gender effects in consumer response to ambush marketing", *Psychology & Marketing*, 15(4), pp.385-403.
McKelvey, S. (1994) "Sans legal restraints, no stopping the brash, creative ambush marketers", *Brandweek*, 35(16), p.20.
Meenaghan, J.A. (1991) "The role of sponsorship in the marketing communications mix", *International Journal of Advertising*, Vol. 19 No. 1, pp.35-47.
Meenaghan, T. (1994) "Ambush marketing – immoral or imaginative practice?", *Journal of Advertising Research*, 34(5), pp.77-88.
Meenaghan, T. (1996) "Ambush Marketing-A threat to corporate sponsorship", *Sloan Management Review*, 38(1), pp.103-113.

Meffert, H. and Althans, J. (1986) "Global advertising: multinational vs. international pros and cons", *International Advertiser*, Vol. 13 No. 7, pp.34-37.

Meyer, K. (2006) "Asian management research needs more self-confidence", *Asia Pacific Journal of Management*, 23(2), pp.119-137.

Miller, P. (2002) "The economic impact of sports stadium construction: the case of the construction industry in St. Louis, MO", *Journal of Urban Affairs*, 24(2), pp.159-173.

MillwardBrown (Ed.) (2008a) "Top 100 -most powerful brands 08", Available at http://www.brandz.corn/upload/BrandZ-2008-RankmgReport.pdf, Accessed 14 December.

MillwardBrown (Ed.) (2008b) "BandZ top 100 brands shows dramatic growth in the financial power of brands", Available at http://www.millwardbrown.com/Sites/Optimor/Media/ Pdfs/en/BrandZ/BrandZ-2008-PressRelease.pdf, Accessed 14 December.

Milroy, A. (1988) *Long Distance Record Book*, UK: Road Runners Club.

Moffett, S. (2002) *Japanese Rules. Why the Japanese Needed Football and How They Got It*, London: Yellow Jersey Press.

Mohr, S. and Merget, J. (2004) "Die Marke als Meistermacher"ìn K. Zieschang and C. Klimmer (eds) Unternehmensführung im Profifussball: Symbiose von Sport, Wirtschaft und Recht. Berlin: Erich Schmidt, pp.103-120.

Mohr, S. and M. Bohl (2001) *Markenstrategie: Die Königsdisziplin im Profisport. Absatzwirtschaft*, special edition (October), pp.142-149.

Montgomery, L. (2004) "Troubled waters for the development of China's film industry", Proceedings: Media Technology, Creative Industry and Cultural Significance; Taipei, Taiwan. http://eprints.qut.edu.au/archive/00002821/01/2821.pdf, Accessed 16 January 2008.

Montgomery, L. and Fitzgerald, B. (2006) "Copyright and the creative industries in China", *International Journal of Cultural Studies* 9(3): 407-418.

Narula, R. (1993) "Technology, international business and Porter's Diamond: synthesizing a dynamic competitive development model", *Management International Review*, 33(2), pp.85-107.

Neck, C.P. and Cooper, K.H. (2000) "The fit executive: exercise and diet guidelines for enhancing performance", *Academy of Management Executive*, 14(2), pp.72-83.

Neck, C.P. and Manz, C.C. (1992) "Thought self leadership: the influence of self talk and mental imagery on performance", *Journal of Organisational Behavior*, 13(7), pp.681-699.

Neck, C.P., Neck, H.M., Manz, C.C. and Godwin, J. (1999) "I think I can; I think I can: a self-leadership perspective toward enhancing entrepreneur thought patterns, self-efficacy and performance", *Journal of Managerial Psychology*, 14(6), pp.477-501.

Nelson, D.L. and McEvoy, C.L. (2002) "How can the same type of prior knowledge both help and hinderrecall?" *Journal of Memory and Language*, Vol. 46 No. 3, pp. 652-63.

Nelson, D.L., Bennett, D.J. and Leibert, T.W. (1997) "One step is not enough: making better use of association norms to predict cued recall", *Memory and Cognition*, Vol. 25 No. 6, pp. 785-96.

Netzle, S. (1996) "Ambush Marketing, die neue unfere marketing-Maßnahme im Sport", *SpuRt Zeitschrift fur Sport and Recht*, 13(3), pp.86-87.

Newport, J.P. (2007) "The Journal Report: how golf went off course", Wall Street Journal, 2 April. Available at http://www.online.wsj.com/page/0, , 2_1 144, 00.html, Accessed 1 2 December 2007.

Nibletto, P. (2002) "World Cup Network goes double", *Computer Dealer News* 18(11), p.9.

Nippa, M. (2004) *Markterfolg in China. Erfahrungsberichte and Rahmenbedingungen*, Heidelberg: Physica-Verlag.

Noakes, T.D. (2002) *Lore of Running*, Champaign: Human Kinetics.
Nogawa, H. and H. Maeda (1999) "The Japanese Dream: Soccer Culture Towards the New Millennium", in G. Amstrong and R. Giulianotti (eds) *Football Cultures and Identities*, London: Macmillan, pp.223-233.
Nogawa, H. and Mamiya, T. (2002) "Building Mega-events: Critical Reflections on the 2002 World Cup Infrastructure", in J. Home and W. Manzenreiter (eds.) *Japan, Korea and the 2002 World Cup*, London: Routledge, pp.177-194.
Nogawa, H. and M. Toshio (2004) "Building Mega-Events. Critical Reflections on the 2002 World Cup Infrastructure", in Home, J. and W. Manzenreiter (eds) *Japan, Korea and the 2002 World Cup*, London: Routledge, 177-194.
Noll, R. and Zimbalist, A. (eds.) (1997) *Sports, Jobs, and Taxes: The Economic Impact of Sports Teams and Stadiums*, Washington, DC: Brookings Institution Press.
Nomura, H. (2002) "Sutajiamu kensetsu, zankoku mohogatari! [Stadium Construction is a Lurid Tale!]", in T. Asano and H. Hara (eds.) *Shushi kessan Wdrudokappu. Kaisai shite hajimete wakatta kane, seiji, fukumaden*, Tokyo: Takarajimasha, pp. 188-199.
Nunn, S. and Rosentraub, M. (1995) *Sports Wars: Suburbs and Center Cities in a Zero Sum Game*, Indianapolis: Indiana University, Center for Urban Policy and the Environment.
OECD. (2004) *OECD in Figures – Statistics on the Member Countries*, Paris: OECD.
O'Guinn, T.C. and Muniz, A.M. (2001) "Brand community", *Journal of Consumer Research*, Vol. 27 No. 4, pp. 412-32.
Ophiils-Kashima, R. (2003) "Schiffe, Kirschbltiten, Eichhornchen und Hirschgeweihe.Die Struktur japanischer Vereinsnamen und die Konstruktion von Identitat im japanischen Fuiiball", in R. Adelmann, R. Parr and T. Schwarz (eds) *Querpässe. Beitrdge zur Literatur-, Kultur- und Mediengeschichte des Fufiballs*, Heidelberg: Synchron Wissenschaftsverlag der Autoren, pp.79-90.
O'Sullivan, P. and Murphy, P. (1998) "Ambush marketing: the ethical issues", *Psychology & Marketing*, 15(4), pp.349-366.
Osumi, Y. (1998) *Urawa Rezzu no kofuku [The Happiness of Urawa Reds]*. Tokyo: Asupekto.
Owen, J.G. (2005) "Estimating the cost and benefit of hosting Olympic games: what can Beijing expect from its 2008 games?", *Industrial Geographer*, 3(1), pp.1-18.
Park, S. H. (1996) *Managing an Inter-organizational Network: A Framework of the Institutional Mechanism for Network Control*, Organizational Studies, 17(5), pp.795-824.
Park, S.-W. (2002) "Korea loses a true hero", *Korea Times*, 15 November.
Payne, M. (1998) "Ambush Marketing: the undeserved advantage", *Psychology & Marketing*, 15(4), pp.323-331.
Pechtl, H. (2007) *Trittbrettfahren bei Sportevents: das Ambush-Marketing* Diskussionspapier 01/07, Rechts- and Staatswissenschaftliche Fakultat, Ernst-Moritz-Arndt-Universitat Greifswald.
Penrose, E.T. (1959) *The Theory of the Growth of the Firm*, Oxford: Basil Blackwell (reprinted in 1968).
People's Daily Online (2008) "Financial times' top 500: CNPC ranks second", Available at http://english.people.com.cn/90001/90776/90884/6440125.html, Accessed 17 December.
Pope, N. (1998) "Consumption values, sponsorship awareness, brand and product use", *Journal of Product and BrandManagement*, Vol. 7 No. 2, pp. 124-36.

Porter, M.E. (1990) *The Competitive Advantage Of Nations*, New York: Free Press.
Porter, M.E. (1991) "Towards a Dynamic Theory of Strategy", *Strategic Management Journal*, 12 (Special Issue), pp.95-117.
Pound, R.W. (1996) "Es ist unkreativ, [...]", DSM, *Marketing News*, 1(3), p.I.
Prahalad, C.K. and Hamel, G. (1990) "The Core Competence of the Corporation", *Harvard Business Review*, 68 (3), pp.79-91.
Preuss, H. (2004) *The Economics of Staging the Olympics. A Comparison of the Games 1972-2008*, Northampton: Edward Elgar.
Preuss, H. (2004) *The Economics of Staging the Olympics - A Comparison of the Games 1972-2008*, Cheltenham: Edward Elgar.
Preuss, H., Gemeinder, K. and Seguin, B. (2008) "Ambush marketing in China: counterbalancing Olympic sponsorship efforts", *Asian Business and Management*, Vol. 7 No. 2, pp. 147-62.
Probert, J. and Schütte, H. (1997) *Goal! Japan Scores in Soccer. INSEAD cases*, Fontainebleau: INSEAD.
Qu, S. (2002) *Chinese Copyright Law*, Beijing: Foreign Language Press.
Rao, A.R. and Rueckert, R.W. (1994) "Brand alliances as signals of product quality", *Shan Management Review*, Vol. 36 No. 1, pp. 87-97.
Reynolds, P.D., Bygrave, W.D. and Autio, E. (2004) Global Entrepreneurship Monitor. 2003 Executive Report, Babson College, London Business School, Kauffmann Foundation. Available at http://www.gemconsortium.org/about.aspx?page = global_reports_2003, Accessed 16 December 2007.
Richelieu, A., Lopez, S. and Desbordes, M. (2008) "The internationalization of a sports team brand: The case of European soccer teams", *International Journal of Sports Marketing and Sponsorship*, 10(1), pp.29-44.
Ritter, T. and H.G. Gemunden (2003) "Inter-organizational Relationships and Networks: An Overview", *Journal of Business Research*, 56 (9), pp.691-697.
Rizebos, D, (2003) *Brand Management A Theoretical and Practical Approach*, Harlow: Pearsons Education.
Roche, M. (2001) *Mega-events and Modernity*, London: Routledge.
Rosentraub, M. (1997) *Major League Losers: The Real Costs of Sports and Who's Paying for It*, New York: Basic Books.
Rowe, D. and McGuirk, P. (1999) "Drunk for three weeks. Sporting success and city image", *International Review for the Sociology of Sport*, Vol. 34 No. 2, pp.125-41.
Roy, D.P. and Cornwell, T.B. (2004) "The effects of consumer knowledge on responses to event sponsorships", *Psychology and Marketing*, Vol. 21 No. 3, pp. 185-207.
Rust, R.T. and Oliver, R.W. (1994) "The death of advertising", *Journal of Advertising*, Vol. 23 No. 4, pp.71-7.
Rutigliano, AJ. (1986) "The debate goes on: global vs. local advertising", *Management Review*, Vol. 75 No. 6, pp.27-31.
Ruttenberg, A., Kavizky, A. and Oren, H. (1995) "Compositioning - the paradigm shift beyond positioning", *Journal of Brand Management*, Vol. 3 No. 3, pp.169-79.
Sakka Hyoron Henshubu (1999) "J-riigu no hikari to kage: J-riigu cheaman Kawabuchi Saburo intabyu [Rise and Fall of the J-League: Interview with chairman Kawabuchi Saburo]", *Sakka Hyoron*, (4), pp.18-34.

Salomon Brothers (eds) (1997) UK Football Clubs: Valuable Assets? *Global Equity Research: Leisure*, November. London: Salomon Brothers.

Samiee, S., Shimp, T.A. and Sharma, S. (2005) "Brand origin recognition accuracy: its antecedents and consumers' cognitive limitations", *Journal of International Business Studies*, Vol. 36 No. 4, pp.379-97.

Sanderson, B., Webb, M. and Hobkinson, R. (2002) "Home advantage? The impact of the world cup on real estate markets", Global Insights 3, Online at http://www.am.joneslanglasalle.com/News/2002/05may, Accessed 5 August 2002.

Sandler, D.M. and Shani, D. (1989) "Olympic Sponsorship vs. `Ambush' marketing: who gets the gold?", *Journal of Advertising Research*, 29(4), pp.3-14.

Sandler, D.M. and Shani, D. (1993) "Sponsorship and the Olympic Games: the consumer perspective", *Sport Marketing Quarterly*, 2(3), pp.38-43.

Schewe, G. and Littkemann, J. (eds) (2002) *Sportmanagement: Der Profifussball aus sportökonomischer Perspektive*, Schorndorf: Hofman.

Schimmel, K. (2001) "Sport Matters: Urban Regime Theory and Urban Regeneration in the Late-Capitalist Era", in C. Gratton and I. Henry (eds.) *Sport in the City*, London: Routledge, pp. 259-277.

Schlossberg, H. (1996) *Sports Marketing*, Malden: Blackwell.

Schütte, Helmut and D. Ciarlante (1998) *Consumer Behaviour in Asia*, New York: New York University Press.

Seguin, B. (2002) "Olympic sponsorship and ambush marketing: a qualitative study", *Report to the International Olympic Committee*, Switzerland: Lausanne, Available at Olympic Studies Centre Library.

Seguin, B. and O'Reilly, N. (2008) "The Olympic brand, ambush marketing and clutter", *International Journal of Sports Marketing and Sponsorship*, 4(1/2), pp.62-84.

Seguin, B., Lyberger, M., O'Reilly, N. and McCarthy, L. (2005) "Internationalising ambush marketing – a comparative study", *International Journal of Sports Marketing & Sponsorship*, 6(4), pp.216-230.

Semenik, R.J. and Tao, D. (1993) "Chinese managers attitudes towards advertising: before and after the Tiananmen Square incident", *International Journal of Advertising*, Vol. 13 No. 3, pp.243-55.

Shani, D. and Sandler, D.M. (1998) "Ambush marketing: is confusion to blame for the flickering of the flame?", *Psychology & Marketing*, 15(4), pp.367-383.

Shank, M. (2005) *Sports Marketing: A Strategic Perspective*, Upper Saddle River, NJ: Pearson Prentice-Hall.

Shim, W.S. and Steers, R.M. (2001) "The entrepreneurial basis of Korean enterprise: past accomplishments and future challenges", *Asia Pacific Business Review*, 7(4), pp.22-43.

Shimizu, S. (2000) "Sapota. Sono hyosho to kioku soshite ima tsukurarete iku mono toshite [Supporters. Their Symbols and Memories in Regards to the Club They Support]", *Gendai Supotsu Hyoron*, (3), pp.75-90.

Shimizu, S. (2002) "Japanese Soccer Fans. Following the Local and the National Team", in J. Home and W. Manzenreiter (eds) *Japan, Korea and the 2002 World Cup*, London: Routledge, pp.133-146.

Shukla, A. (2005) "The business of sport: managing sport in India is big money and big polities",

Business Today, 9 October.
Siegfried, J. and Zimbalist, A. (2002) "A note on the local economic impact of sports expenditures", *Journal of Sports Economics*, 3(4), pp.361-366.
Simonin, B.L. and Ruth, J.A. (1998) "Is a company known by the company it keeps? Assessing the spillover effects of brand alliances on consumer brand attitudes", *Journal of Marketing Research*, Vol. 35 No. 1, pp.3042.
Simons, C. (2003) "Marketing to the masses", *Far Eastern Economic Review*, Vol. 166 No. 35, 4 September, p. 32.
Smith, A. and H. Westerbeek (2004) *The Sport Business Future*, Houndmills, Basingstoke: Palgrave Macmillan.
Söderman, S. and Dolles, H. (2008) "Strategic fit in international sponsorship. The case of the Olympic Games in Beijing", *International Journal of Sports Marketing and Sponsorship* Vol. 9 No. 2, pp. 95-110.
Söderman, S.; Dolles, H. and T. Dum (2009) "Managing Football: International and Global Developments", in S. Chadwick and S. Hamil (eds): *Managing Football: An International Perspective*, Amsterdam: Elsevier (in print).
Solberg, H.A. and Preuss, H.. (2007) "Major sport events and long-term tourism impacts", *Journal of Sport Management*, 21(2), pp.215-236.
Solberg, H.A., Andersson, T.D. and Shibli, S. (2002) "An exploration of the direct economic impacts from business travellers at world championships", *Event Management*, 7(3), pp.151-164.
Stonehouse, G.; Campell, D.; Hamill, J. and Purdie, T. (2004) *Global and Transnational Business: Strategy and Management*, 2"ed., Chichester: John Wiley.
Stotlar, D.K. (1993) "Sponsorship and the olympic winter Games", *Sport Marketing Quarterly*, 2(1), pp.35-43.
Subramanian, N. (1999) "Business – Trickle-down hope sustains ad industry", *Telegraph India*, 8 November.
Sugden, J. and A. Tomlinson (2002) "International Power Struggles in the Governance of World Football: The 2002 and 2006 World Cup Bidding Wars", in J. Home and W. Manzenreiter (eds) *Japan, Korea and the 2002 World Cup*, London: Routledge, pp.56-70.
Sugden, J. and Tomlinson, A. (1998) *FIFA and the Contest for World Football*, Cambridge: Polity.
Sugimoto, A. (2004) "School Sport, Physical Education and the Development of Football Culture in Japan", in W. Manzenreiter and J. Home (eds) *Football Goes East. Business, Culture and the People's Game in China, Japan and South Korea*, London Routledge, pp.102-116.
Syme, G.J., Shaw, B.J., Fenton., D.M. and Mueller, W.S. (1989) *The Planning and Evaluation of Hallmark Events*, Aldershot: Avebury.
Szymanski, S. (2002) "The economic impact of the world cup", *World Economics*, 3(1), pp.169-177.
Tai, S.H.C. (2007) "Correlates of successful brand advertising in China", *Asia Pacific Journal of Marketing and Logistics*, Vol. 19 No. 1, pp.40-56.
Teece, D.J. (1986) "Profiting from technological innovation: implications for integration, collaboration, licensing and public policy", *Research Policy*, 15(6), pp.285-305.
Terjesen, S. (2005) "A history of major milestones in women's athletics and ultrarunning", *Ultrarunning*, 25(March), pp.10-11.
Timmons, J. (1999) *New Venture Creation: Entrepreneurship for the 21st Century*, Boston:

McGraw-Hill.
TKK. (2003) Kakei chosa [Survey on Household Economy], Tokyo: Statistical Bureau, Ministry of Internal Affairs and Communication, Government of Japan, Online at http://www.stat.go.jp/data/soutan/l.htm, Accessed 20 February 2005.
Townley, S., Harrington, D. and Couchman, N. (1998) "The legal and practical prevention of ambush marketing in sports", *Psychology & Marketing*, 15(4): pp.333-348.
Tsuboi, Y. and Yaki, T. (2002) *J. League Kanzen Databook 2002*, Tokyo: Kanzen.
Ukman, L. (2006) *IEG's Guide to Sponsorship*, Chicago: IEG.
Vallaster, C. and de Chernatony, L. (2005) "Internationalisation of service brands: the role of leadership during the internal brand building process", *Journal of Marketing Management*, Vol. 21 No. 1/2, pp. 181-203.
Versi, A. (2003) "Seize the World Cup opportunity", *African Business*, 1 February.
Versi, A. and Nevin, T. (2003) "Bonanza for South Africa (Sport: Cricket World Cup)", *African Business*, 20 February.
Vesper, K. (1990) *New Venture Strategies*, Englewood Cliffs: Prentice-Hall.
Wagman, R.G. and Scofield, S.B. (1999) "The competitive advantage of intellectual property", *S.A.M. Advanced Management Journal*, 64(3), pp.4-8.
Warner, F. (1997) "Japan poised to rival U.S. and Europe in beaming pop culture to Asia Viewers", *Wall Street Journal Eastern Edition*, 230(33), B17.
Watts, J. (1998) "Soccer shinhatsubai. What are the Japanese Consumers Making of the J.League?", in Martinez, D.P. (ed) *The Worlds of Japanese Popular Culture: Gender, Shifting Boundaries and Global Cultures*, Cambridge: Cambridge University Press, pp.181-201.
Whitson, D. and Horne, J. (2006) "Underestimated Costs and Overestimated Benefits? Comparing the Outcomes of Sports Mega-Events in Canada and Japan", in J. Horne and W. Manzenreiter (eds.) *Sports Mega-Events: Social Scientific Analyses of a Global Phenomenon*, Oxford: Blackwell, pp. 73-89.
Witt, S. (1988) "Mega events and mega attractions", *Tourism Management*, 9(1), pp.76-77.
Woodward, J. (1965) *Industrial Organisation: Theory and Practice*, London: Oxford University Press.
Woodward, S. (2005) "Banking on Beijing", *Sport Business Journal*, Vol. 8 No. 30, pp.19-21.
Xu, X. (2006) "Modernising China in the Olympic Spotlight: China's National Identity and the 2008 Beijing Olympiad", in J. Horne and W. Manzenreiter (eds.) *Sports Mega-Events: Social Scientific Analyses of a Global Phenomenon*, Oxford: Blackwell, pp.90-107.
Yamamoto, Y. (2002) *Warudo Kappu no keizai koka ni tsuite [On Economic Impacts of the World Cup]*, Tokyo: Sumitomo Seimei Sogo Kenkyujo.
Yang, S.X., Sparks, R. and Li, M. (2008) "Sport sponsorship as a strategic investment in China: perceived risks and benefits by corporate sponsors prior to the Beijing 2008 Olympics", *International Journal of Sports Marketing and Sponsorship*, Vol. 10 No. 1, pp. 63-78.
Yang, X. and Terjesen, S. (2007) "Commentary: in search of context, collaboration, confidence, constraints and care", *Asia Pacific Journal of Management*, 24(4), p.4.

索　引

A～Z

AFC　18
bj リーグ　60
BOCOG　233
COC の公認オリンピック・スポンサー　214
ESPN　168
F1 グランプリ　116
faab　183
FC バイエルン・ミュンヘン　105
FIFA　18, 58
　　——の目標　86
　　——ワールド・カップ　11, 98, 118, 154
GDP　14
GDSP　13, 14
IAU　175
　　——選手権大会　125
　　——ワールド・カップ　175, 181
ICC ワールド・カップ　154, 160
IOC　58, 203, 224
　　——・TOP スポンサー（10 社）　214
ISL　167
IT インフラ　172
J1 各クラブの財政状況　35, 37
J1 クラブの株式所有状況　25
J1 クラブの資格要件　21
J1 実行委員会　30
JFA（日本サッカー協会）　19, 86, 92
J クラブの株主　24
J クラブの健全経営　24
J リーグ（日本プロサッカー）　11, 47, 59, 92, 159
　　——エンタープライズ　33
　　——準加盟規定　22
　　——組織　4
　　——の会員の資格要件　21
　　——のガバナンス　28

　　——の管理　99
　　——の競技・事業の領域　33
　　——の業務組織　32
　　——のクラブ　102
　　——のコーポレート・ガバナンス　27
　　——の事業目的　30
　　——の実行委員会　28
　　——の使命，目標，戦略　163
　　——の初期の成功　89
　　——のスポンサー　100
　　——の総会　28
　　——の入会金・年会費と報奨制度　23
　　——のビジネスモデル　166
　　——のマネジメント　31
　　——の理事会　28
　　——「百年構想」　42, 165
　　——フォト　33, 34
　　——本部財政状況　35
　　——メディアプロモーション　33, 34
J. ロッゲ　198
KUMF のメンバー　189
MLB　71
NBA　72
NFL　71
NHL　65, 72
NPB　59
OCOG　203
TOP 事業（1 業種 1 社事業）　198, 199
toto（サッカーくじ）　56
UEFA　40, 41, 65
ULEB　65
VIP チケット　96
VISA　202

ア行

アジア　103
　　——オリンピック委員会　118, 120

——競技連盟　120
　　　——サッカー連盟　18
　　　——大会　120, 121
　　　——の経済危機　193
　　　——の先進国　154
明日の労働・勤務への糧　8
新しい顧客　223, 231
新しいマーケットの創造　103
アマチュア　51
　　　——精神　52, 120
　　　——選手　52
　　　——リズム　54, 70
アメリカ型プロスポーツ市場（共存共栄型）　70
アメリカン・エクスプレス社　202
新たな挑戦　188
アリーナ　95
アンタ（Anta）社　216
アンブッシュ・コマーシャル　220
アンブッシュ・マーケティング　80, 126,
　　　199, 200, 201, 211, 220
　　　——（定義）　200
　　　——の分類　213
　　　——を行う機会ないし技術　212
イギリス連邦スポーツ大会連盟　118
イギリス連邦大会　121
遺産的影響　162
一貫指導体制　64
5つの顧客グループ　93
5つの輪　208
一般均衡状態分析　122
イベント　95, 104
　　　——・スポーツの提供　9
　　　——と競技場　94
医療費の抑制効果　42
インターナショナルな選手　164
インタビュー　179
インド　159
　　　——（クリケット）　157
インプット–アウトプットの分析　122
インフラ　155, 162, 163
　　　——・ストラクチャー　154
　　　——設備　163
ヴァーチャル　96
　　　——広告　79

浦和レッズ　105
売上高　223
　　　——要素　231
ウルトラマラソン　175, 176
　　　——のコミュニティー　185
ウルトラランナー　185
ウルトラランニング選手権大会　125
影響　181
映像権　11
エージェント業務　76
エレクトロニクス　165
エンターテイメント産業　165
エンブレム　103, 208
欧州サッカー連盟（UEFA）　40
大型スポーツ施設の建設　132
大相撲　59
億万長者の所有者と途方もないギャラ　108
オフィシャル・スポンサー　203
オリンピック　192
　　　——運動　211
　　　——憲章 14　207
　　　——賛歌　208
　　　——・シンボル　208
　　　——・シンボルマーク　214
　　　——・スポンサー　207, 225, 233, 237
　　　——・スポンサー製品　204
　　　——組織委員会（OCOG）　198
　　　——の興味　204
　　　——の財産権　207
　　　——の旗　208
　　　——標語　208, 216
　　　——表象　208
　　　——北京組織委員会　208
　　　——・メッセージ　205

カ行

カースト制度　159
カール・シュランツ　120
会員資格　96
外国人観光客　141
外国人旅行者の増加率　141
開催地域の平均成長率　143
開催の条件　190
海賊行為　210

索　引　265

開拓者精神　183
概念枠組み　108
会費収入　35
開幕戦　79
家族の強い絆　183
価値観　124
学校教育制度　51
学校体操指導要領　51
各国オリンピック組織委員会（NOCs）　198
活動クラブ員　96
過程で消費するイベント　157
カテゴリー法　179
環境保護オリンピック　120
韓国ウルトラマラソン連盟（KUMF）　178, 182
韓国横断315km　182
韓国オリンピック委員会委員　180
韓国縦断537km　192
韓国スポーツ議会　191
韓国スポーツ省　191
韓国の同好会的文化的価値　193
韓国の文化的な価値観　125
韓国のメディア　191
韓国文化　184
韓国陸上連盟の会長　180
観衆やサポーター　95
感情的な表現　125
感情の直接的表現　183
間接マーケティング　229
観戦する観客の行為　6, 8
完走　186
管理運営　94
官僚の自己評価　148
関連企業　161
関連産業　157, 168
関連産業活動力　157
関連産業の成長　161
関連・支援産業　162, 163, 165, 167, 168
企業　223
　──イメージ　223, 232
　──スポーツ　53, 87
　──戦略と競争関係　167
　──チーム　180
　──の計画や組織の競争関係　157
　──の戦略，構造，競争関係　163, 169

起業家精神　125, 178, 185
起業活動　178
技術的な強さ　163
既存の施設　181
基本計画　56
基本的な資源　194
逆指名ドラフト制度　75
キャラクター商品　16
競技者主導　181
競技場内周辺広告　96
協賛金　35
共産主義　199
競争　163
　──的優位性　165
　──範囲　177
共同開催　154
共同独占サプライヤー　234
拒否権　204
キョン・ソン　180
キルヒ　167
近代スポーツ　50
勤勉さ　183
銀メダリスト　216
草の根クラブ　163, 168
草の根クリケットクラブ　168
草の根的スポーツ　193
草の根的な性格　177
草の根のイベント　194
グッズ　102
組み合せ学習タスク　230
クラブ　94
　──会員　95
　──の自己責任　99
　──経営　91
　──財政管理パネル　69
　──ハウス　64
　──への配分　35
クリケット管理委員会（BCCI）　159
クリケットのワールド・カップ　161
グローバル化　86
グローバル・ブランド　106, 226
グローバル・マーケティング　226
軍事訓練　51
経営と広報活動　94

警告（証明つき手紙）　206
経済価値獲得のネットワーク　85
経済危機　181
経済効果　89, 154, 156
経済成長　154
経済的数値　149
経済の回復　183
契約　166
　──金　40
ケース・スタディ　179
ゲームの普及　97
ゲーム・マーク　225
結合ブランディング（co-branding）　223, 231
権利代金　205
権利保持の公認　208
高エネルギーな食べ物　183
高カロリーの食べ物　185
貢献　154
広告一覧表　204
広告活動　164
広告ゲーム　229
広告産業　168
広告戦略　226
広告の露出　229
広告パターン　127
広告費　169
公式ウェブサイト　105
公式スポンサー　199, 200
公式のショップ　105
公的辱め　206
合同招致　160
高度な演技　217
公認スポンサーを保護　211
コース　190
コーチ　100
コカコーラ社の戦略　240
顧客の忠誠心　107
国技　159
国際オリンピック委員会　224
国際オリンピック連盟　114
国際化戦略　86
国際貢献　97
国際サッカー連盟　18
国際親善　42

国際的総合スポーツ大会　118
国内競技会の構造　172
国内サッカーリーグ　164
国内スポーツ総生産　13
国内トーナメント　160
国内の競技の成熟度　163
国内の試合　168
国内の需要の強さ　161
国民心身の健全な発達　42
国民的娯楽　169
5項目の顧客のカテゴリー　108
50km（31.1マイル）　176
50マイル（80.5km）　176
個人的な要因　193
個人的要素　178
個人の知的財産　199
個人レベル　191
コスト　95
　──と利益の分析　122
古代ギリシャの神殿　216
国家経済と社会に及ぼす諸影響　124
国家的プロジェクト　119
個別的な要因　125
コマーシャル　216
　──出演　214
コンティンジェンシー理論　125

サ行

サービス労働　6
在庫　97
財団法人日本サッカー協会　19
裁判　206
財政状況　35, 37
財務規則　40
作者への敬意　209
「支える」スポーツ　63
サッカーエリート　86
サッカークラブが提供　94
サッカー商品　100
サッカーのグローバル化　88
サッカーの事象　108
サッカーのマードック化　67
サッカー・ビジネス　91, 107
札幌冬季オリンピック　11, 54

索　引　267

差別化　106
サポーター　95
　　——の習性　88
サポート　96
さまざまな挑戦　187
サラリーキャップ制度　75
30の経済価値の獲得　108
賛助金　166
3本柱　165
試合後　156
ジェイ・セイフティ　33
支援関係　208
支援する産業　155, 168
自己実現　8
自己支配　186
自己対話　186
事後的影響　162
事後的影響力　170
自己統率力　186
事前的影響力　170
実業団スポーツ　88
実業団運動部　53
実業団チーム　53, 55
実行委員会規定　30
指定管理者制度　64
指導者　64
芝生のスタジアム　165
社会文化とスポーツ環境　180
社団法人日本プロサッカーリーグ　18, 27
ジャック・ロゲ　114
収益分配制度　74
集団主義　183
集団的　184
主管試合入場料　35
儒教　199
　　——の観念　209
主催　172
手段－目的モデル　223
趣味としてのスポーツ　177
需要条件　157, 163, 167, 169
障害の思考　187
商業化商品　95
商業的利益　211
招致による利益　150

焦点を絞る　187
消費者の混乱　201
商業化の基本的な危険　107
商業的利益　211
商品　93, 94, 95
　　——化（merchandising）　102
　　——化権料　35
情報技術（IT）　163
情報公開の原則　211
新興国　154
新興組織　178
シンボル　208
　　——の使用　214
　　——保護　206
ジンライケ（Jinlake）社　217
スカウト情報　105
スター選手　164
ステージ設定　176
ストックポート　105
　　——・カウンティー　105
すべての年齢の人々を結ぶ　165
スポーツ（sports）　5, 49
　　——エージェント業務　77
　　——関連産業　61
　　——関連支出　11
　　——基本法　47, 55
　　——競技を観に行く行為　8
　　——クラブ　165
　　——権　56, 81
　　——行為　6
　　——行為は労働　4
　　——サービス・情報産業　15, 16
　　——産業　7, 9, 11, 15, 116
　　——産業論　3
　　——産業論の領域　15
　　——支出関連消費　13
　　——施設・空間産業　15, 16
　　——振興基本計画　15
　　——振興法　47, 56
　　——・スポンサー権　221
　　——・スポンサーシップ　204
　　——チームの公共性　81
　　——の肯定的な訴求力　132
　　——の試合　94

──の商品特性　62
──の振興　42
──の政治　129
──の大衆化　11
──の本質　4
──の歴史　48
──・ビジネス　15, 57, 172
──文化　88
──文化を普及　153
──放映権　50
──・マーケティング　211
──・マネジメント　3, 9
──マンシップ　70
──用品　10
──用品企業の発展　11
──用品産業　15, 16
──用品店の店舗数　10
スポンサー　93, 95, 164, 234
──企業の戦略の決定要因　243
──権を取得　203
──広告　224, 226
──シップ　96, 100, 102, 199, 223, 227
──シップ契約　226
──シップの額　99
──シップの定義　228
──シップ料　227
──シップ連係マーケティング　227
──収入　126
──のイメージ　203
──の数　166, 221
──の価値　221
──の市場　206
──のロゴ　96
「する」スポーツ　15, 49, 63
スローガン　208
聖火とジンライケの社旗　217
成功する精神イメージ　186
成功の一番の尺度　191
成熟した国　123
製品　223
──イメージ　223, 232
──に対するターゲット　106
──のポジショニング　106
生命の享受　8

生命の再生産　8
世界オリンピック委員会（IOC）　198
世界規模の工場　86
世界規模のレース　186
世界クリケット委員会 ICC　159
世界大会　87, 97
世界の舞台　165
世界陸上競技連盟 IAAF　176
セリエ A　68
セルフ・リーダーシップ　179, 186
全国高校野球大会　11
潜在的マーケット　103
潜在利益　207
選手　93, 94
──権大会　97
──の移動費　189
──の彫像　217
──のマネジメント　76
戦術　97
先進国　157, 162
──市場　161
──発達経済　170
先進市場と新興市場の差異　124
専門知識　204
戦略目標　223
総合型地域スポーツクラブ　64
ソーシャル・ネットワーク　190

タ行

大学サッカー　88
体系だった研究　108
対抗勢力　203
体操　49, 51
ダイヤモンドモデル　123
ダイヤモンド理論　154, 170
体練　51
体練科　51
男女団体戦　177
地域　223
──イメージ　232
──経済に対する経済効果　140
──コミュニティー　97
──スポーツ統治組織体　97
──スポンサー　126

索　引　269

──性　107
──大会　87
──のアイデンティティ　147
──のブランド化　147
──密着　95
チーム　94
──間の対等関係　94
──志向　184
──・商標　102
──スポーツ　184
──ダイナミズム　188
──デザイン　103
──・マネジメント　75
チケット販売　95
知的財産　204
──権　210
──法　206
地方政府の関与　129
地方の保護主義　210
知名度　154, 170
チャレンジ杯　160
チャンスの思考　187
仲介エージェント　96
中国移動通信集団公司の戦略　241
中国オリンピック委員会　208
中国公共テレビ・ネットワーク CCTV5　200
超長距離走イベントの国際化　194
著作権法　209
ツーリズム　181
強いブランド資産　107
定性分析　179
テレビ産業　168
──の成長　169
テレビ聴取権　99
テレビ放映権　166, 169, 204
──料　166
伝統的なマーケティング　106
天皇杯　87
ドイツ・オリンピック委員会　204
統一組織　50
統一的マーケティング　107
統一ルール　50
投下資本　162
東京オリンピック　4, 11, 49, 54, 119

東西海岸レース　182
導入部の音響　217
ドゥリーブ杯　160
独占サプライヤー　234
独占的商品分類　96
都市型オリンピック　120
都市成長機構の神話　123
途上国　162
──市場　161
トックポート・カウンティー　105
トップアスリート　55
トップ選手　95
トレーニング・キャンプ　105

ナ行

長野冬季オリンピック　4
2カ国共同開催　160
24時間　176
2010年冬のオリンピック　207
2002年 FIFA ワールド・カップ共催　180
2004年アテネ　200
日韓共同開催　117, 158
200km（124マイル）　176
220km 地点　192
日本（サッカー）　157
日本サッカー協会（JFA）　18, 89, 165
──の目的　86
日本蹴球連盟　87
日本植民地主義下　180
日本代表　159
日本とインド　123
──間比較　123
──の比較分析　154
──の分析　170
日本のサッカー団体　17
日本のサポーター　88
日本のプロ野球リーグ　87
日本バスケットボールリーグ　60
日本・フットボール協会（JFA）　89
日本プロサッカー協会　47
日本プロサッカーリーグ　4
──の事業目的　42
日本プロ野球（NPB）　59
日本リーグ　159

日本ワールド・カップ招致委員会（JAWOC） 165
日本ワールド・カップ組織委員会（JAWOC） 164
入会金 15
認知度 163, 170
「盗まれた」会社 201
「盗むこと」 201
ネット配信 79
粘り強さ 188
年会費 15

ハ行

パートナー・スポンサー 58
　──の権利 58
パイオニア精神 193
88年夏季オリンピック 180
86年の夏季アジア大会 180
パッケージ 94
発展途上経済 170
発展途上国 157
幅広いアクセス 188
伴奏 217
販促プロモーション 96
控えチーム 100
非公式スポンサー 199
ビジネス・サイクル指標 171
ビデオゲーム 165
人にみせるスポーツ 8
100マイル（161km） 176
費用便益分析 173
5TOPスポンサー 214
ファン 104
フィールドホッケー 159
フィナンシャル・フェアプレー 40
フーリガン 161
フェア・プレー・ファイナンス 69
物的資源のサポート 190
フットボール統轄機関 86
武道 49, 51
フランチャイズ・システム 100
ブランド 107, 226
　──価値 223, 225
　──連関 231

　──所有者 206
　──戦略 127
　──訴求 127
　──知識 226
　──認知度 226
　──の定義 228
　──・マネジメント・システム 206
フリーエージェント 75
ブルックス・ハンソン・ランニング 194
フレームワーク研究 91
プレーヤー 100
プレミアリーグ 67
プロ化 153, 161
プロクラブの存在 163
プロサッカーチーム 180
プロジェクト・マネジメント 190
プロ野球 11, 59
プロリーグ 87
文化 97
　──財 211
　──的規範 124
　──普及 161
　──を紹介する機会 177
ヘオン・ジ・ベ 180
北京オリンピック組織委員会 233
ベンチャーチーム 188
恒源祥公司の戦略 241
防御機構 206
放映権 11, 96
　──からの収入 107
報奨金 35
放送権料 35
方法論 178
法律違反 206
ポーターの競争優位性 154
ポーツ・ビジネス 172
ポーツマスFC 68
ホーム・タウン制度 100
補強し合う 172
ボクジン・パク 183
保健衛生 51
保健体育 51
ホスト 98
本質的には集団的 184

索　引　271

マ行

マーケット競争相手　203
マーケティング・コミュニケーション　229
マーチャンダイジング　104
マクロ環境的要因　193
マクロ経済　178
マクロ経済的環境要因　181
マクロ経済的要因　125
マスコット　102，103，208
マスメディア露出　89
ミッシェル・プラチニ　68
3つの情報源　212
「観る」スポーツ　15，49，63
民主教育　51
6日間　176
6つのカテゴリー　190
6つの提供物（売物）　93
名称　208
命名権　96
メガ　117
　──イベントの定義　177
　──スポーツ・イベント　59，113，115，123，153，177
　──スポーツ・イベントという政治経済学　130
　──スポーツ・イベントの役割　116
　──スポーツの定義　117
メディア　93，95，96
　──・イベント　95
　──・インフラ　164
　──市場　224
　──スポーツ　59
　──とエンターテイメント産業　155
　──の活性化　147
　──・プラットフォーム　86
メンタル・イメージ　187
モニタリング・メディア　225

ヤ行

野球　159
遊戯　51
友好試合　105
ユース・選手の交換制度　105
ユース・チーム　100
用具・備品　163
要素条件　157，163，167，168
要素の資質　161
ヨーロッパ型プロスポーツ市場（自由市場）　65
ヨーロッパサッカー連盟　118
ヨーロッパ・ジュニア水泳　177
ヨーロッパ短水路水泳　177
ヨーロッパのサッカー　107
ヨーロッパのサッカークラブの借入金と収入　41
ヨーロッパのトップサッカークラブ　103
ヨーロッパの人の啓蒙思想　209
ヨーロッパ・リーグの財政状況　40
余暇活動　5，6，115
余暇としてのスポーツ活動　6
余暇・レジャーの普及化　11
4つの項目　172
4つの主要因　156
48時間　176

ラ行

ライブ　96
リーガ・エスパニョーラ　68
リーグ　97
　──運営費　35
　──の構造　94
　──レベルの戦略　104
リー・ヨンシク　182
利益　97
陸上シューズ会社「faab」　184
理論の提案　91
倫理　201
倫理的でない　201
レース・スケジュール　184
レジャー産業　4
レジャー・スポーツ用品産業　4
レジャーの大衆化　11
レベル　97
連想ネットワーク理論　230
労働の概念　4，5
労働力の再生産　8
6項目の経済価値　108

6 スポンサー　214
6 大学野球　11
ロシェの定義　177
露出　172
ロサンゼルス・オリンピック　202

ワ行

ワールド・カップ　156
　——開催地の地域経済　142
　——後におけるＪリーグ観客売上げ額　134
　——後の平均成長率　138
　——に関するJAWOCの予算　134
　——の開催地域における経済的負担　136
　——の国民経済への影響　136
　——の成功（勝者）と失敗（敗者）　148
　——の地域経済への影響　140
　——前の平均成長率　138
ワールドシリーズ　79
枠組み（フレームワーク）　91
ワンポイント制度　101

編著訳者紹介

高橋由明（たかはしよしあき）

中央大学名誉教授，経営学史学会理事長（2009-2011年），日本経営学会常任理事国際担当（2001-2004年），Euro-Asia Management Study Association（EAMSA）の President 会長（2002-2005年）等歴任。主な業績：『グーテンベルク経営経済学－基礎理論と体系』（中央大学出版部，1984年），『基礎と応用で学ぶ経営学－ひとつの国際比較』（文眞堂，2006年），『ベーシック経営学辞典』（共編，中央経済社，2004年），『日本語とベトナム語で学ぶ経営学と日本の企業経営』（Thaihabooks, ハノイ，2011），他英語論文多数。

早川宏子（はやかわひろこ）

中央大学商学部教授。主な業績：「フランスのスポーツシステム」（中央大学『体育研究』32号，1998年，「スポーツクラブ"スタッド・フランセ"の設立と発展」（中央大学商学研究会『商学論纂』42巻6号，2000年）。学外活動：パリ第V大学客員研究員（1987.4-1988.3, 1997.4-1998.3,）。八王子教育委員会スポーツ振興委員会等委員長（2003年-2006年）。

ハラルド・ドレス（Harald Dolles）

ドイツ，ハイリボーン・ビジネス・スクール教授，スウェーデン，イエテボリ・ビジネス・スクール客員教授，上記 EAMSA, General Secretary 事務局長（2002-2009年）。ドイツ・日本研究所，アジア・日本担当専任研究員（2001-2009年）。主な業績：編著 *Sport as a Business*, palgrave macmillian 2011, Addressing Ecology and Sustainability in Mega-Sporting Events: The 2006 Football World Cup in Germany (*Journal of Management and Organization*, September 2010, with S. Söderman).

ステン・ゾェダーマン（Sten Söderman）

スウェーデン，ストックホルム大学ビジネス・スクール教授，ルクセンブルグ大学客員教授，上記 EAMSA の理事（2008-2010年）。主な業績：編著 *Sport as a Business*, palgrave macmillian 2011, 'Addressing Ecology and Sustainability in Mega-Sporting Events: The 2006 Football World Cup in Germany (*Journal of Management and Organization*, September 2010, with H. Dolles).

執筆者・訳者紹介（担当の章）

第1章　高橋由明（職位は編著者の欄参照）
第2章　早川宏子　（同上）
第3章　ハラルド・ドレスとステン・ゾェダーマン（同上）訳：早川宏子・高橋由明
第4章　ハラルド・ドレスとステン・ゾェダーマン（同上）訳者：孫　榮振（ソン・ヨンジン，前中央大学兼任講師）
第5章　ヴォルフラム・マンツェンライター（Wolfram Mazenreiter）（オーストリア，ウィーン大学，東アジア研究部，フランス，ドイツ，日本で客員教授），訳者：孫　榮振（ソン・ヨンジン）

第6章　C. ラックスマン（C. Lakshman）（インド・マネジメント研究所，経営組織・人的資源管理部門部長）　訳者：早川宏子・高橋由明
第7章　シリ・テーリエセン（Siri Terjesen）（オーストラリア，クインズランド技術大学講師，アメリカ，テキサス・クリスチャン大学・マックスプラン経済研究所研究員）訳者：早川宏子・高橋由明
第8章　ホルガー・プレス（Holger Preuss）（ドイツ，ヨーハネス・グーテンベルグ大学・スポーツ科学研究所研究員），カイ・ゲマインダー（Kai Gemeinder）ドイツ，ヨーハネス・グーテンベルグ大学・スポーツ科学研究所・研究員，ベノイ・セギン（Benoit Seguin）（カナダ，オタワ大学・人間動学研究所・研究員）訳者：早川宏子・高橋由明
第9章　ハラルド・ドレスとステン・ゾェダーマン（同上）訳者：孫　榮振（ソン・ヨンジン）

スポーツ・マネジメントとメガイベント
―Ｊリーグ・サッカーとアジアのメガスポーツ・イベント―

2012年4月20日 第1版第1刷発行 検印省略
2014年7月10日 第1版第3刷発行

編著者	高 橋 由 明
	早 川 宏 子
	ハラルド・ドレス
	ステン・ゾェダーマン
編訳者	高 橋 由 明
	早 川 宏 子
発行者	前 野 弘
	東京都新宿区早稲田鶴巻町533
発行所	株式会社 文 眞 堂
	電 話 03(3202)8480
	ＦＡＸ 03(3203)2638
	http://www.bunshin-do.co.jp
	郵便番号 162-0041 振替 00120-2-96437

印刷・㈱キタジマ　製本・イマヰ製本所

© 2012
定価はカバー裏に表示してあります
ISBN978-4-8309-4749-0　C3034